Viktor Farkas, Jahrgang 1945, ist international tätiger Werbefachmann, Sachbuchautor und freier Journalist. Sein Bestseller »Unerklärliche Phänomene« gilt als grenzwissenschaftliches Standardwerk. Farkas ist außerdem Autor der Bücher »Esoterik, eine verborgene Wissenschaft«, »Das SF-Quizbuch 1984 – Fragen und Antworten aus Science-fiction und Fantasy« sowie, gemeinsam mit Peter Krassa, »Lasset uns Menschen machen – Schöpfungsmythen beim Wort genommen«.

W0189976

Vollständige Taschenbuchausgabe Juni 1998
Droemersche Verlagsanstalt Th. Knaur Nachf., München
Copyright © 1996 für die deutschsprachige Ausgabe by
Verlag Orac im Verlag Kremayr & Scheriau, Wien
Originalverlag: Orac Verlag, Wien
Umschlaggestaltung: Agentur ZERO, München
Umschlagfoto: Fortean Picture Library / Amilton Vieira
Satz: Ventura Publisher im Verlag
Druck und Bindung: Clausen & Bosse, Leck
Printed in Germany
ISBN 3-426-77322-8

2 4 5 3 1

VIKTOR FARKAS

Jenseits des Vorstellbaren

Ein Reiseführer durch
unsere phantastische Realität

Knaur

Inhalt

Computerbesessenheit – Sich verändernde Bilder – Die Feuerwehr warnt vor dem »weinenden Jungen« – Marcellins tödliche
Porträts – Eine instabile Tonbandaufnahme

TEIL II
RÄTSEL DES LEBENDIGEN

Fremde Wirklichkeit 357

Nachgedanken:
Hoffnung aus dem Unbegreiflichen? 372

Achtung: Realitätsverlust!
Warnung an den Leser

Am 26. April 1986 ereignete sich im Kernkraftwerk von Tschernobyl ein folgenschwerer Unfall. Über die Katastrophe in der Ukraine wurde seither viel geschrieben. Die ersten Sätze auf der Rückseite eines Taschenbuches lauten: »Am 26. April 1986 beginnt das große Abenteuer, der Kampf ums Überleben im Chaos einer Apokalypse, die todbringend um die Erde rast.« Eine reißerische Aufarbeitung der Tschernobyl-Tragödie? Keineswegs, sondern der Inhaltsanriß zu Gerhard R. Steinhäusers *Unternehmen Stunde Null 1986 – Leben nach dem Jüngsten Tag*, Erscheinungsdatum: Juli 1975.

Ganz schön bizarr, dieser »Zufall«, nicht wahr? Doppelt skurril durch den Umstand, daß es sich um einen Satzfehler handeln muß (der allerdings *zweimal* auftritt), da in der Erzählung selbst der 16. April der Stichtag ist. Eine der unbedeutenden Seltsamkeiten, die in ihrer Gesamtheit die Realität so irreal erscheinen lassen. Im vorliegenden Buch werden einige kühne Vermutungen über die vielzitierte Wirklichkeit geäußert. Gedankengänge, die uns die Welt als einen noch unheimlicheren Ort erscheinen lassen, als sie schon ist. Viele davon werden zum Widerspruch herausfordern oder das bekannte »ungute Gefühl« aufsteigen lassen; speziell die unerquickliche Möglichkeit, das Unbekannte könnte keine ziellos agierende Kraft, sondern mit Bewußtsein erfüllt sein – gelenkt von einem steuernden Willen aus dem Anderswo.

Eindeutig beweisen läßt sich keine der Hypothesen. Jede einzelne mag richtig oder falsch sein, desgleichen die daraus gezogenen Schlußfolgerungen. Dasselbe gilt allerdings auch für die derzeit gängigen Theorien über die Naturgesetze, über die Beschaffenheit des Universums, über den Aufbau der Atome, über das Wesen von Gravitation und Elektrizität und für alle anderen Vorstellungen, die wir von »der Welt an sich« haben. Sämtliche Theorien, die unsere Beobachtungen zu erklären versuchen, können goldrichtig oder grundfalsch sein. Albert Einstein meinte mit der Einsicht des wahrhaft Weisen, daß Millionen Experimente nicht ausreichen würden, um die Relativitätstheorie für alle Zeiten abzusichern, aber nur *eines*, um sie zu widerlegen. Nicht anders verhält es sich mit dem hier vorgestellten Denkgebäude. Es ist rein theoretisch, zusammengesetzt aus mehr als unterschiedlichen Bausteinen. Genau wie die wirren Naturvorgänge, die wir registrieren, sind auch Unerklärlichkeiten schwer unter einen Hut zu bringen. Eine Gemeinsamkeit weisen sie allerdings auf: Sie sind Tatsachen, wenn auch groteske.

Tatsachen, die weit stiefmütterlicher behandelt werden als noch so widersinnige, aber »salonfähige« Falschmeldungen. (Man denke an das bekannte China-Syndrom. Obgleich es sich dabei um eine journalistische Fehlinterpretation handelt, ist die für jeden Grundschüler unakzeptable Vorstellung, ein in einem amerikanischen Atomkraftwerk durchgehender Reaktorkern könnte die gesamte Erde durchdringen, also ab dem Erdmittelpunkt wieder aufsteigen, um vor den Augen der entsetzten Chinesen hervorzubrechen, zum gängigen Synonym für den größtmöglichen Kernreaktorunfall geworden. Supergau absurd.)

Wieso breitet sich ein Mantel der Nichtbeachtung über die Absonderlichkeiten, mit denen Leser gelegentlich konfrontiert werden?

Wieso schlagen solche Vorfälle nicht *die* Wellen, die sie verdienen würden? Viele sind durchaus sensationell.

Jedoch: Wo bleiben die öffentlichen Diskussionen über die

beunruhigenden Unerklärlichkeiten auf der Erde, zu Wasser und in der Luft? Gibt es die globale Verschwörung des Schweigens, die immer wieder in den Köpfen der Menschen herumspukt? Es gibt sie tatsächlich, aber nicht – wie ich meine – als weltweite Vertuschungskampagne, sondern aufgrund naturgegebener Ignoranz: eine stillschweigende Übereinstimmung ohne Absprache, die ein integraler Teil der westlichen Gesellschaftsstruktur zu sein scheint. Sie wird mit dem berühmten Morgenstern-Wort »daß nichts sein kann, was nicht sein darf« treffender charakterisiert, als mir das möglich wäre.

Wer das nicht glauben kann, der möge sich an zwei typischen Beispielen erbauen:

Im Jahr 1975 wandte sich eine Hausfrau im englischen Hertfordshire mit folgender Meldung an die Presse: »Mein Mann liebt Currygerichte. Vor fünf Jahren hat er eine Blechdose mit Koriander gekauft, aus der er seine Speisen reichlich würzt. Ich weiß nicht, wie viele Kilo er von dem Zeug in dieser Zeit schon verbraucht hat, die Dose ist jedenfalls noch immer bis an den Rand voll. Es läßt sich beobachten. Wenn er einen Löffel voll herausnimmt und die Dose schließt, ist sie beim Öffnen wieder bis an den Rand gefüllt.« Wie reagierten die Medien auf dieses unerklärliche Phänomen? Gab es Schlagzeilen wie »Ein Gegenstück zur biblischen Brotvermehrung« oder »Englische Familie besitzt eine Art Aladins Wunderlampe«? Zwei Zeilen in einem kleinen Lokalblatt waren die ganze Reaktion auf ein Geschehen, das die Gesetze von Materie, Energie und Entropie auf den Kopf stellen könnte, wenn es einer wissenschaftlichen Untersuchung standhielte. Nur: Eine solche Untersuchung gab es niemals. Noch krasser ist folgender Fall: In New York fand eine wissenschaftliche Tagung statt. Die Teilnehmer waren Physiker und Astronomen. Während einer Pause wurden Erfrischungen gereicht. Plötzlich rief einer der Kellner, der zufällig aus dem Fenster geblickt hatte, aufgeregt: »Meine Herren, meine Herren, sehen Sie nur, draußen ist ein UFO!« Die anwesenden Wissenschaftler zuckten mit keiner Wimper, sie fanden es nicht einmal der Mühe wert, aus dem Fenster zu sehen. Kommentar überflüssig.

Wer sich mit den kaum glaublichen Fakten dieses Buches befaßt, sieht aus dem Fenster. Was er von dem hält, das sich ihm dort darbietet, ist natürlich seine persönliche Sache. Und jetzt: Anschnallen für eine Berg-und-Tal-Fahrt ins Wunderland oder in die Schreckenskammer des Unbekannten. Beide liegen direkt nebenan.

Nichts ist, wie es sein sollte
Ein provokantes Vorwort

Daß ich erkenne, was die Welt
im Innersten zusammenhält.

Johann Wolfgang von Goethe, *Faust*

Sie kennen das Gefühl. Man blickt in die Zeitung oder hört Nachrichten und kommt spontan zu der Ansicht: *Dieses* Tollhaus *kann* nicht die alles beherrschende Wirklichkeit sein. Auswege aus diesem Dilemma sind jedoch nirgends zu entdecken. Im Gegenteil. Spätestens in unseren Tagen dürften selbst extremste Idealisten und Schwarmgeister erkannt haben, daß die lautstark verkündete Humanität eine Schimäre ist. Nicht die stets ins Treffen geführte und nunmehr beendete Zweiteilung der Welt verhinderte, daß die Menschheit eine große, glückliche Familie wurde, sondern die menschliche Natur. Eine Erkenntnis, die von Zynikern (man könnte auch sagen: Realisten) zu allen Zeiten formuliert wurde. So sagt man sich eben resignierend: Der Mensch ist nun einmal ein fehlerhaftes Geschöpf – und entsprechend verhält er sich auch.

Je mehr die Unvernunft das Zepter schwingt, um so inbrünstiger klammern wir uns an das einzige Gegengewicht zu den irrationalen Emotionen, die den Karren so in den Dreck gefahren haben: an unseren Verstand. Die Fähigkeit, zu denken, zu analysieren und zu extrapolieren, zu forschen und zu erkennen, ist etwas Einmaliges, Trostspendendes. Sicher, es kann nicht geleugnet werden, daß unsere Geisteskräfte etwas ins Kraut schießen. Übertriebener Stolz auf Monsterstädte, Wasserstoffbomben, Ozonlöcher, Vernichtung von Fauna und Flora, Umweltverschmutzung und manch andere Peinlichkeit, die der Höhenflug des menschlichen Hirns nach sich gezogen hat – und noch zieht –, ist nicht angebracht. Ebensowenig wie auf die zweifelhafte Fähigkeit unseres abstrakten Denkvermögens, über das Wesen der vierten Dimension jederzeit die Frage zu ignorieren, was sechzehn Milliarden Menschen im Jahr 2030 essen sollen. Gleichzeitig, so mag ein Einwand lauten, verfügen wir aber über *das* Werkzeug, um die Schäden wieder in den Griff zu bekommen, die ebendiese Entwicklung verursacht hat: die menschliche Vernunft, der Joker im Spiel des Lebens. Diese Vernunft hat uns befähigt, mit kühnen Strichen ein stimmiges Bild unserer Welt und des Kosmos zu entwerfen. Jedenfalls theoretisch. Auch wenn wir noch nicht alle Geheimnisse enträtselt haben, so liegen wir doch grundsätzlich richtig.

Eben nicht! Dieser Halt erweist sich nämlich als trügerisch. Das Eis gesicherten Wissens ist dünn und wird täglich brüchiger.

Die Zukunft (und zwar die unmittelbare) wird zeigen, ob der *Homo sapiens* aus eigenem Verschulden die Bühne des Lebens verlassen muß, um einer nachfolgenden, wirklich vernunftbegabten Spezies Platz zu machen, oder ob er sich an den eigenen Haaren aus dem selbstgeschaffenen Sumpf ziehen kann. Die Gegenwart jedoch zeigt bereits, daß wir keine Ahnung haben, was *wirklich* auf »unserem« Planeten vor sich geht. Wir tun nur so. De facto ist es eines der Hauptanliegen der »seriösen Wissenschaft«, das Verrutschen der Scheuklappen zu verhindern, die den Blick auf ein ungeheures Panorama an Seltsamkeiten allerorten verwehren sollen. Hat man den Mut, die Blenden abzunehmen oder gar da und dort tiefer zu blicken, so entfaltet sich eine phantastische Wirklichkeit, die mit den Lehrmeinungen soviel gemein hat wie eine Landkarte mit dem Land selbst. Buchstäblich nichts ist so, wie es sein sollte.

Die Realität erweist sich als subjektive Angelegenheit, die wie eine Seifenblase zerplatzt, wenn man sie ansticht. Diesen Eindruck mußte zumindest Professor John Wilson vom Afrikanischen Institut der Londoner Universität bekommen, als er und sein Team den Stammesmitgliedern eines afrikanischen Dorfes einen Film über Hygienemethoden vorführten. Verblüffenderweise war keiner der dreißig Dorfbewohner in der Lage, den Film zu sehen. Das einzige, was sie auf der Leinwand erkennen konnten, war *ein Huhn*, das kurz auftauchte – ihre ganz persönliche, für sie einzig wahrnehmbare Realität.

Auch Vergangenheit, Gegenwart und Zukunft sind nichts anderes als schöne Illusionen. Sie bestehen nur in unseren Köpfen, damit wir der Welt einen Ablauf geben und uns orientieren können. Gelegentlich scheinen jedoch Zeitgenossen aus dieser Konvention aussteigen zu können, manche sogar mit persönlichem Gewinn. Wäre es nicht so, müßten vom Glücksspiel lebende Institutionen nicht Schutzmaßnahmen gegen Hellseher ergreifen. Beispielsweise verweigerte der berühmte Londoner Buchmacher William Hill dem zweiundsechzigjährigen Dauergewinner Barney Curley aus Folkestone die weitere Annahme von Pferdewetten. Der Lottogesellschaft des US-Bundesstaates Pennsylvania in Pittsburgh wäre es mehr als lieb, wenn der Hellseher Jim Karol in seiner wöchentlichen Radiosendung die Vorhersage von Gewinnzahlen unterlassen würde. (Lotteriesprecher Mark Schreiber: »Mehr solche Voraussagen, und wir gehen bankrott.«) Die Zukunft scheint also nicht das »unerforschte Land« zu sein, von dem Shakespeare in *Hamlet* sprach. Auch die Vergangenheit ist nicht so tot, wie man meinen sollte. Andernfalls hätte 1985 nicht eine Artilleriegranate in Kalifornien niedergehen können, die vierzig Jahre vorher abgefeuert worden war. Öffentlich wenig beachtet, hat sich die Wissenschaft schon längst von der Vorstellung verabschiedet, die man sich gemeinhin von »der Zeit« macht. Für die Physiker hat der Zeitpfeil mehr als eine Richtung, ist die Zeit plastisch und kann konkret beeinflußt werden, zum Beispiel durch Gravitation oder die Bewegung eines Systems, ja sogar durch bloße Beobachtung eines Vorgangs (Stichwort: »Doppelspalt-Galaxis«), ein Phänomen, das absurder nicht sein könnte und im Kapitel »Zwischenspiel: Der Geist der Materie« näher erklärt wird. Als Kostprobe nur so viel: Gegenwärtiges Verhalten beeinflußt das Umfeld eines Milliarden Jahre alten und Milliarden Lichtjahre entfernten Milchstraßensystems *rückwirkend!*

Als nicht weniger diffus stellen sich der angeblich so »fest umrissene« Stammbaum von Fauna und Flora, die »wohlbekannte« Entwicklung der Arten und das »Wissen« um die Natur des Lebendigen dar. Abweichler und Atavismen werden links liegengelassen und unleugbare Absonderlichkeiten dezent ignoriert, beispielsweise das indische Dorf Golida bei Rajkot, in dem seit vielen Jahren mit schöner Regelmäßigkeit Kinder mit sechs Fingern an jeder Hand zur Welt kommen (das halbe Hundert ist schon fast voll). Apropos Finger: Wie sehr die Schulwissenschaft permanent mit Überraschungen rechnen muß, zeigt die verblüffende Tatsache, daß fast alle Mütter ihre eben zur Welt gekommenen Babys durch Betasten mit den Fingerspitzen untrüglich von anderen Neugeborenen zu unterscheiden vermögen, ohne daß sie ihre Sprößlinge sehen, hören oder riechen können (festgestellt an der Hebräischen Universität in Jerusalem).

Genaugenommen gibt es unumstößliche Wahrheiten in keinem Bereich unseres Forschens, Analysierens, Katalogisierens und Dogmenschmiedens. Selbst kühnste Gedankengänge, die schon leicht paranoide Züge aufweisen, lassen sich nicht mit Sicherheit widerlegen. Etwa die Hypothese, Übermenschen, Außerirdische, Zeitreisende oder noch fremdartigere Exoten würden unter uns weilen und die Geschicke der Menschheit lenken (nicht sehr wohlwollend, wenn man den Zustand unserer Erde in Rechnung zieht). Gelegentlich ragen aus der menschlichen Gemeinschaft Geister heraus, die nicht auf unseren Planeten – oder in die jeweilige Zeit – zu gehören scheinen. Als Beispiel soll (mit Absicht) nicht der in solchem Zusammenhang gern zitierte Leonardo da Vinci herangezogen werden, obgleich es verführerisch wäre und sich im Codex Madrid der ebenso seltsame wie kryptische Ausspruch dieses Malers, Bildhauers, Architekten, Ingenieurs, Festungsbauers, Musikers und Schriftstellers der Renaissance findet: »Lies mich, Freund, denn nur sehr selten kehre ich zu dieser Welt zurück.«

Weit anachronistischer als da Vinci ist der fast gänzlich vergessene Rudjer Boscovich. Er wurde 1711 in Dubrovnik geboren und starb 1787 in Madrid. Nach dem Studium der Mathematik, Astronomie und Theologie trat er dem Orden der Jesuiten bei. Unerklärlicherweise befähigte ihn eine Ausbildung, die ihm maximal das Wissen des frühen achtzehnten Jahrhunderts vermitteln konnte, zu erkenntnistheoretischen Aussagen, die in unseren Tagen von Physikern und Mathematikern als zukunftsweisend angesehen werden. Sie sind nahe den Grenzen unseres gegenwärtigen Wissensstandes angesiedelt, gehen vielleicht sogar darüber hinaus. Im *New Scientist* vom 6. März 1958 kommt der Wissenschaftsjournalist Allan Lindsay Mackay aus dem Staunen über eine Arbeit nicht heraus, die Boscovich 1758 in Wien veröffentlichte. Mackay und führende Wissenschaftler vertreten die Überzeugung, Boscovich sei seiner Zeit um mindestens zweihundert Jahre voraus gewesen. Immerhin verfocht der

Geheimnisvolle die Ansicht, es müsse eine einheitliche Theorie des Universums geben; eine umfassende Gleichung, die Mathematik, Physik, Chemie, Biologie und sogar die Psychologie einschließt. Boscovich definierte nicht nur die Erscheinungen Licht, Magnetismus und Elektrizität – welche zu seiner Zeit nur schemenhaft erkennbar waren –, sondern beschrieb Quantenphänomene, Wellenmechanik und ein durchaus modernes Atommodell aus Nukleonen. Seine Auffassung von Materie, Raum und Zeit, bestehend aus winzigen Körnchen, entspricht den letzten Erkenntnissen der theoretischen Physik über die Quantelung von Materie und Energie. Der Grundstein zu dieser Weltsicht wurde von Einstein, Schrödinger, Bohr, Bell, Aspect und anderen Giganten der Physik im zwanzigsten Jahrhundert gelegt.

Der Wissenschaftshistoriker L. L. White ist überzeugt, daß selbst unsere computergestützte Wissenschaft die Gedankengänge von Boscovich nicht in ihrer gesamten Tragweite erfassen kann, weil bis dato eine dafür unerläßliche Grundlage fehlt: die Verbindung zwischen Relativitätstheorie und Quantenphysik, hinter der die Forscher auch an der Schwelle vom zwanzigsten zum einundzwanzigsten Jahrhundert immer noch erfolglos herjagen. Dies gilt ebenso für die von Boscovich geforderte einheitliche Feldtheorie, welche die vier Grundkräfte, nämlich den Elektromagnetismus, die schwache und die starke Kernkraft und die Gravitation, zusammenführt. Boscovich sprach von ihr im achtzehnten Jahrhundert wie von etwas Altvertrautem. Vielleicht hätte er unseren Denkfabriken die Hinweise liefern können, die ihnen immer noch fehlen. Mit dem Werk von Boscovich lassen sich viele Fragen beantworten. Eine aber nicht. Sie lautet: Kann man das Auftreten eines Mannes, der zwei Jahrhunderte »zu früh« die Planksche Konstante einführte, der eine statistische Theorie der damals völlig unbekannten Ra-

dioaktivität ausarbeitete und an Voltaire über die energeti-
sche Natur der menschlichen Psyche schrieb, hinlänglich mit
dem Begriff Genialität erklären? Anders gefragt: Haben wir
es hier mit einer irdischen Lebensgeschichte zu tun oder mit
etwas Fremdartigem?

Genug. Es ist klar, daß es auf die endlose Reihe solcher Fragen nur eine einzige definitive Antwort geben kann, und
zwar: Wir wissen es nicht. Sollten wir Marionetten in einem
astralen Spiel sein, von dem wir nicht einmal ahnen, daß es
im Gange ist, oder Versuchsobjekte auf einem kosmischen
Experimentierfeld, so können wir das nicht durchschauen.
Wir können lediglich Seltsamkeiten entdecken und den Mut
aufbringen, sie nicht unter den Teppich zu kehren. Nichts,
was in diesem Vorwort ziemlich willkürlich herausgegriffen
wurde und als Spitze eines wahrhaft gigantischen Eisberges
an Unerklärlichem zum Vorschein kommt, erklärt, *was* eigentlich vor sich geht, sondern nur, *daß* etwas vor sich geht.
Ob es sich um steuernde Umtriebe schattenhafter Mächte
oder um ein Ensemble grotesker Naturphänomene handelt,
wage ich nicht zu entscheiden. Die Meinungsbildung bleibt
dem Leser überlassen. Meine Absicht ist es, Denkanstöße zu
vermitteln, einen roten Faden des Unbegreiflichen zu suchen und unserer in Verruf geratenen Phantasie Nahrung zu
geben. Sie, und nichts anderes, ist das Rüstzeug für die titanischen Herausforderungen des kaum vorstellbaren einundzwanzigsten Jahrhunderts.

Viktor Farkas

TEIL I

Hinter den Grenzen
des Begreifens

Spielball des Unbekannten

Ich bin erstaunt, wie viele Menschen
sich unbekannten Mächten ausgeliefert fühlen
und wie sorgsam sie das verheimlichen.

C. G. Jung

Ein unheimlicher Besucher

An einem Novembertag des Jahres 1967 suchte eine unheimliche Erscheinung die Hügel des Ohio-Tales in West
Virginia, USA, heim. Es war drei Uhr früh an einem kalten
Morgen. Der Regen fiel in dicken Strömen aus dem wolken-
verhangenen Himmel, als ein dämonischer Fremdling an
die Tür eines kleinen Farmhauses pochte. Nach einigen Minuten öffnete eine junge Frau. Sie hatte einen Hausmantel
übergeworfen, und in ihrem Gesicht mischten sich Verschla-
fenheit mit Ärger. Der Anblick des Störenfrieds ließ beides
verfliegen – sie verspürte nur noch eines: Angst.
Vor ihr stand ein Mann wie aus einem Alptraum. Fast einen
Meter neunzig groß, ganz in Schwarz gekleidet, einschließlich des Mantels, der Krawatte und der völlig depla-
zierten schwarzen Lackschuhe, die mit Schlamm bedeckt
waren. Sein nur vage erkennbares Gesicht wirkte durch den
messerscharfen Schnurrbart und den anachronistischen
Spitzbart noch unmenschlicher.
»Darf ich Ihr Telefon benützen?« fragte der Besucher mit
einer tiefen Baritonstimme, in der keine Spur des lokalen
West-Virginia-Akzentes mitschwang.
Die Frau schluckte unwillkürlich und wich ein Stück ins
Haus zurück. »Mein Mann ... sprechen Sie mit meinem

Mann«, stammelte sie und warf die Tür zu. Gemeinsam mit ihrem Mann trat sie dem Unheimlichen ein zweites Mal gegenüber, der unbeweglich im eisigen Regen gewartet hatte. Der Herr des Hauses erbleichte ebenfalls, als er des Besuchers ansichtig wurde. Hastig sagte er durch den Türspalt: »Wir haben kein Telefon« und schloß die Tür.

Der große Fremde drehte sich auf dem Absatz um und verschmolz mit dem Dunkel der Nacht.

Die Story von der rätselhaften »Heimsuchung« machte die Runde. Bärte waren 1967 in West Virginia ein seltener Anblick. Männer in Anzügen, die Krawatten und Lackschuhe trugen und nächtens durch den Regen wanderten, ein noch seltenerer. Dementsprechend stand schon bald ziemlich fest, wer an die Tür des Farmhauses geklopft hatte: der Teufel. »Ein böses Omen«, meinten die Bewohner des kleinen Tals, in dem die Zeit in mancher Beziehung stehengeblieben war. Das junge Paar, dem »der Teufel« erschienen war, hatte vom Zeitpunkt der unheimlichen Begegnung an nur noch drei Wochen zu leben. Die beiden starben beim Einsturz der Silver Bridge, die den Ohio River überspannt.

Was steckt hinter dieser eigenartigen Begebenheit? Wenn wir einmal davon absehen wollen, daß der leibhaftige Beelzebub West Virginia einen Besuch abgestattet hat, so bleibt die Frage unbeantwortet, welche exotische Erscheinung wohl hier ein nächtliches Gastspiel gegeben hatte. Ein MIB, wie die rätselhaften »Men in Black«, die Männer in Schwarz, genannt werden, die UFO-Zeugen durch Besuche terrorisieren oder in »unauffälligen« Limousinen verfolgen und ihre Telefone anzapfen? Ein Geschöpf nicht von dieser Erde? Ein Geistwesen? Auf jeden Fall handelte es sich bei dem finsteren Fremden eindeutig um einen Unheilskünder, welcher Natur auch immer.

Irrtum auf der ganzen Linie.

Der Fremde aus dem Nichts war der amerikanische Autor und Journalist John A. Keel. Dieser überzeugte Nonkonformist, der konservative Kleidung und satanische Barttracht aus persönlichem Geschmack schätzte, hatte bei der Rückfahrt von einem Kongreß in Atlanta im US-Bundesstaat Georgia auf einer Nebenstraße in den Hügeln von West Virginia eine Panne gehabt. Er bringt in seinem Buch *The Mothman Prophecies* die Überzeugung zum Ausdruck, daß seine simple Frage nach einem Telefon als das Auftreten eines sinistren Vorboten der Silver-Bridge-Katastrophe in die lokale Geschichte eingehen dürfte. Was auch geschah.

Rätselhaftes West Virginia

Allerdings – und hier verlassen wir die Ebene skurriler Alltäglichkeit und betreten den Bereich des wahrhaft Rätselhaften – ist die Bevölkerung von West Virgina bereits »weichgeklopft« und besonders anfällig für Legendenbildungen der geschilderten Art. Diese begrenzte Region der USA scheint ein Brennpunkt bizarrer Heimsuchungen unterschiedlichster Natur zu sein, die sich bis in die fernste Vergangenheit zurückverfolgen lassen.

Seit Jahren treibt sich hier der berüchtigte »Mottenmann« herum, der den Lesern meines Buches *Unerklärliche Phänomene – jenseits des Begreifens* und anderer Veröffentlichungen kein Unbekannter sein dürfte. Er steht düster am Straßenrand und starrt Vorbeifahrende mit riesigen, rotleuchtenden Augen an, verfolgt Autos mühelos, auch wenn sie mit Höchstgeschwindigkeit dahinrasen, und dreht selbst ihn verfolgenden Flugzeugen eine lange Nase (sofern er eine solche besitzt). Ein Etwas, für das es im irdischen Stammbaum der Arten keinen Platz zu geben scheint. Woher es wohl kommen mag, und was es ausgerechnet nach West Virginia zieht?

Doch gehen wir weiter.

Mysteriöse Lichterscheinungen und über den Himmel huschende Objekte gehören in diesem Fleckchen Erde seit jeher fast zum Lokalkolorit. 1897 kam es zu einem massierten Auftreten der mysteriösen »Luftschiffe über Amerika«, die damals für gehörige Aufregung sorgten. Diese frühe UFO-Welle traf West Virginia voll. Es verzeichnete weit mehr als einen »normalen Anteil« an den Besuchen jener anachronistischen Flugpioniere, die im vorigen Jahrhundert überall in den USA schimmernden Maschinen entstiegen, mit Farmern, Polizisten, Tankwarten und anderen Durchschnittsmenschen triviale Gespräche führten, um dann wieder in lichte Höhen zu entschwinden.

Seit es Funkgeräte und Radios gibt, spielen sie in West Virginia regelmäßig verrückt. Das Sichten von UFOs stellt hier ebensowenig eine Sensation dar wie die im Schlepptau der unbekannten Flugobjekte auftretenden »Men in Black«. So erschienen eine Woche nach dem Einsturz der Silver Bridge merkwürdige Männer, die sicher keine Teufel waren, aber ebensowenig nach einer Autopanne im Regen herumirrende Autoren im Städtchen Point Pleasent. Sie wollten von der überlasteten Redakteurin der Lokalzeitung *Messenger*, Mrs. Mary Hyre, Auskünfte über UFO-Aktivitäten und ähnliches und stellten Fragen, die im Chaos nach dem Brückeneinsturz mehr als deplaziert waren. Hyre beschrieb die Unbekannten als »fremdartig, fast nicht menschlich«.

West Virginia kann noch mit weit mehr aufwarten. Tiere sterben unerklärliche Tode beziehungsweise fallen jener rätselhaften Metzelei zum Opfer, die unter dem Schlagwort »Rinderverstümmelung« in Amerika seit Jahrzehnten bekannt ist, obwohl auch immer wieder verstümmelte Leichen von Haustieren, Pferden und anderen Vierbeinern aufgefunden werden. Ein Mysterium, das uns noch in diesem Abschnitt intensiver beschäftigen wird.

Auch die Natur selbst präsentiert sich nicht, wie wir es gewöhnt sind. So entstehen aus heiterem Himmel engbegrenzte Zonen, die ein Mensch nicht betreten kann, ohne plötzlich in Panik zu verfallen beziehungsweise Nasen- oder Ohrenbluten zu bekommen.

Ein wahres Kaleidoskop des Unerklärlichen, das wir nur streifend unter die Lupe genommen haben. Trotzdem erkennt man eindeutig die Glieder einer langen Kette von Seltsamkeiten, für die West Virginia offenbar eine spezielle Anziehungskraft besitzt. Sie weisen so wenig Gemeinsamkeiten auf, daß man über mögliche Zusammenhänge oder über eine einheitliche Grundstruktur nur sehr vage spekulieren kann. Die einzige verbindende Komponente war und ist die geographische.

Interessanterweise dürfte bereits den amerikanischen Ureinwohnern, den heute in Reservaten ihr Dasein fristenden Indianern, dieses Gebiet nicht ganz geheuer gewesen sein. Ehe die Europäer den Kontinent für sich beanspruchten, war ganz Nordamerika von Indianerstämmen, man könnte fast sagen Nationen, bewohnt – mit Ausnahme des heutigen West Virginia. Anthropologen und Historiker, die Karten der ehemaligen Indianerpopulationen erarbeiteten, stellten überrascht fest, daß West Virginia – und zwar ganz exakt abgegrenzt – »tabu« gewesen war. Sachliche Gründe gibt es dafür keine. Die Region ist reich an Wald und Wild. Ein ideales Siedlungsgebiet für die genügsamen Rothäute, die sogar die menschenfeindlichsten Wüsten im tiefen nordamerikanischen Westen bewohnten.

Der rote Faden des Geheimnisses von West Virginia ist sehr fein und schwer zu fassen, aber unleugbar existent. Wir müssen uns jedoch nicht der Sisyphusarbeit unterziehen, ihn aufzurollen, und noch weniger wollen wir uns mit der heiklen UFO-Thematik herumschlagen, über die genug publiziert wird. Um spezifische Einzelphänomene geht es nicht, vielmehr um die unerquickliche Erkenntnis, daß wir eindeutig nicht die Hauswirte auf dieser Erde sind. Nein, schlimmer noch, daß jeder von uns, oder die Spezies des *Homo sapiens* als Ganzes, ein Spielball des Unbekannten ist – dargelegt am Musterbeispiel West Virginia, wo die Indizien dafür konzentriert, gehäuft und extrem vielgestaltig auftreten: ein mikroskopisches Spiegelbild unserer Erde, die wir anscheinend nicht wirklich beherrschen.

Todeswälder

Zahlreiche Plätze auf unserem Globus sollten mit Warnschildern versehen sein, auf denen steht: »Privatgrund unbekannter Mächte – Betreten auf eigene Gefahr.« So findet man überall auf der Welt zahlreiche »Todeswälder«, mehrere davon in den USA. Das muß nicht zwangsläufig eine Bevorzugung von »Gottes eigenem Land« durch rätselhafte Mächte bedeuten, sondern wird wohl daran liegen, daß in den USA riesige Wälder existieren und gleichzeitig eine bis in den letzten Winkel des Landes reichende Kommunikationsinfrastruktur vorhanden ist.

Statistische Untersuchungen haben (abgesehen von den unheimlichen Vorgängen selbst) zwei Charakteristika zutage gefördert, die solche »Todeswälder« von ungefährlichen Waldungen unterscheiden: Sie befinden sich unmittelbar *am Fuß eines Berges* oder *in Höhenlagen.* Der berühmteste – oder berüchtigteste – dieser Orte ist der Schwarze Wald nördlich des mächtigen Susquehanna-Flusses im US-Bundesstaat Pennsylvania. Vom Schatten der nahen Appalachen verdüstert, scheint diese ausgedehnte Waldregion den sinistren Namen zu verdienen, den die deutschen Einwanderer von den Indianern übernommen haben.

Der in Coudersport, einer Stadt am Nordrand des Waldes,

beheimatete Historiker Robert Lyman versuchte die Geschehnisse im Schwarzen Wald zu erfassen und so weit wie möglich in die Vergangenheit zu verfolgen. Er schuf eine Chronologie des Schreckens, die die Fälle von unerklärlichem Verschwinden bis zum Anfang des vorigen Jahrhunderts exakt belegt. Alles spricht dafür, daß dieser Wald immer schon eine riesige Falle war, doch verlieren sich die Hinweise im Dunkel der Vorzeit.

Lyman registrierte Hunderte von Vorkommnissen, bei denen Einzelpersonen und Gruppen unterschiedlicher Größe vor Zeugen in der Schwärze des Waldes oder in seiner unmittelbaren Nähe verschwanden: Erwachsene und Kinder, Männer und Frauen. Außergewöhnlich ist die Tatsache, daß die Opfer in manchen Fällen Widerstand zu leisten versuchten, wenn auch ohne Erfolg.

So beobachtete kurz vor der Jahrhundertwende eine zusammengewürfelte Gruppe von Personen von der Terrasse des einzigen Hotels in Hammersley Fork, Clinton County, einen Mann, der auf der Straße von South Forks den Wald verließ. Er schwankte leicht. Das verwunderte niemanden, denn in dieser Gegend gab es zahlreiche Schwarzbrennereien. Als der offensichtlich Betrunkene an der Hotelterrasse vorbeigetorkelt war, schien er mitten auf der Straße gegen ein Hindernis zu prallen, das keiner der mehr als zwanzig Hotelgäste sehen konnte. Unsichtbare Hände hoben den Mann in die Luft, der zappelte und laut schrie: »Laßt mich los, laßt mich los.« Dann verschwand er. Seine Fußspuren waren im Straßenstaub deutlich auszumachen.

Eine so klare und eindeutige Beschreibung mysteriösen Verschwindens durch eine Reihe von glaubwürdigen Zeugen, deren einzige Gemeinsamkeit der Aufenthalt auf einer Hotelveranda ist, stellt einen glücklichen Zufall dar. Damit kann man üblicherweise nicht rechnen. Dennoch wiegen

31

auch die Indizien in zahlreichen anderen Fällen durchaus schwer.

Mit unschöner Regelmäßigkeit kehren Angler und Jäger aller Altersstufen nicht wieder, die im Schwarzen Wald ihrem Hobby nachgehen. Ihre Ausrüstung wird zumeist unbeschädigt aufgefunden. Nicht selten haben die Gegenstände einen beträchtlichen Wert, beispielsweise der einsam auf einer Lichtung zurückgelassene nagelneue Jeep des Texaners Arthur Wiseman, in dem sich Gewehre mit einem Kaufpreis von mehreren tausend Dollar, Reservekleidung und eine größere Geldsumme befanden.

Natürlich sind in Waldgebieten schon immer Menschen in Felsspalten gestürzt, von Raubtieren getötet und als Nahrungsvorrat in Höhlen geschleppt worden, oder sie haben sich einfach verirrt. Nichts davon ereignet sich so *spurlos*, wie es im Schwarzen Wald die Regel ist. Dazu kommt die Tatsache, daß (als Folge der Vorfälle) seit dem amerikanischen Bürgerkrieg kein zweiter Wald auf unserem Erdball so oft, so gründlich – und so erfolglos – durchkämmt wurde wie der Schwarze Wald unmittelbar unterhalb der Appalachen.

Die USA können noch mit weiteren »verwunschenen Wäldern« aufwarten, die Menschen zu verschlucken pflegen (beispielsweise der Ocala National Forest in Florida, das Teufelstor-Reservat in Kalifornien, die Wälder um Bennington in Vermont, auf denen der Schatten von Mount Glastonbury ruht, der Rogue River National Forest am Fuß des Mount Hood in Oregon, um die bekanntesten zu nennen).

Auch in anderen Ländern und Kontinenten finden sich Waldungen, in denen sich Einbahnstraßen ins Nichts aufzutun scheinen. Ein isoliertes Phänomen? Teil einer generellen, unbekannten Naturkraft? Umtriebe fremder Mächte (nicht national gemeint), die es vollkommen kaltläßt, was wir als Gegenmaßnahmen aushecken mögen? Fragen über Fragen, doch keine wirklichen Antworten.

Ein See verschwindet

Die Spekulation, ob sich in den fraglichen Wäldern jene Kraft eingenistet hat, die sonst ohne lokale Präferenz von jeher Menschen einzeln und in Massen sowie Flugzeuge, Schiffe, Autos etc. auf dem Erdboden, zu Wasser und in der Luft verschwinden läßt, ist reizvoll, bringt uns aber nicht weiter. Dazu müßten wir uns erst einmal eine vage Vorstellung davon machen, womit wir es überhaupt zu tun haben. Fest steht nur, daß *es* überall auf der Welt hemmungslos nach Lust und Laune mit uns verfährt, ungebunden von menschlichen und physikalischen Gesetzen.

Doch nicht nur mit uns reichlich anmaßenden Zweibeinern und mit der Kummer gewöhnten Tierwelt, sondern mit den Naturgesetzen selbst, zumindest mit einigen von jenen, an denen wir uns noch die Zähne ausbeißen.

Wie sonst sollte man die folgenden Vorgänge klassifizieren? Bis zu einem heißen Julitag des Jahres 1980 lag ein namenloser kleiner See wenig beachtet in den italienischen Dolomiten versteckt. Er bot seit Jahrhunderten Gelegenheit zum Fischen und zum Schwimmen inmitten herrlicher Natur. So auch an diesem Sommertag, an dem zahlreiche Schwimmer und Angler, die sich am und im See befanden, ein unerklärliches Geschehen im wahrsten Wortsinn hautnah miterlebten.

Kein Wölkchen stand am azurblauen Himmel, aus dem die Sonne herabstrahlte. Nicht der leiseste Windhauch regte sich, als in der Mitte des Sees plötzlich ein Strudel entstand. Das Wasser begann zu rotieren, wölbte sich spiralförmig nach oben und stieg in den Himmel, wo der gesamte See verschwand. Zurück blieben das leere Becken, etwas Schlamm und zahlreiche Fische, wie auch die Angler und Schwimmer. Bis dato konnten weder Geologen, Hydrauliker, Meteorologen noch andere Wissenschaftler den Vorfall erklären.

Es gibt jedoch auch die umgekehrte Situation, nämlich daß Wasser sich aus dem Nichts ergießt.

Vom Wasser verfolgt

Bei ihrem Nachhausekommen am 11. November 1958 mußte Mrs. R. Babington zu ihrer Verblüffung feststellen, daß es auf ihr kleines Grundstück herabregnete. Wasser prasselte auf das Dach ihres Hauses und auf den Rasen. Seltsam, denn es war ein klarer, sonniger und völlig trockener Herbsttag. Sie starrte nach oben, konnte jedoch weder eine Wolke noch sonst einen Ursprung des nach wie vor anhaltenden Schauers entdecken. Sie alarmierte die Nachbarschaft. In kürzester Zeit versuchten Dutzende Leute, dem Geheimnis des seltsamen Platzregens auf die Spur zu kommen, unter ihnen Adras LaBorde, der Herausgeber der Zeitung *Alexandria Daily Town Talk*. Ratlosigkeit machte sich breit, denn die Herkunft des Regens, der mehrere Stunden lang örtlich begrenzt aus dem Nichts herunterströmte, blieb im dunkeln, auch wenn das Firmament hell und freundlich war. Fachleute des Weather Bureau und der England Air Base waren nicht in der Lage, den Vorgang irgendwie zu erklären. Wasserströme aus unsichtbaren Himmelsquellen sind seit Jahrhunderten bekannt, nicht aber enträtselt.

Besonders bizarr ist die Regensäule, die 1886 in Dawson im US-Bundesstaat Georgia aus wolkenlosem Himmel eine Stunde lang ein abgezirkeltes Gebiet mit dem bescheidenen Durchmesser von 7,5 Meter unter Wasser setzte. Ursache rätselhaft.

Das Jahr muß es diesbezüglich überhaupt in sich gehabt haben, denn im darauffolgenden Monat, dem Oktober 1886, ereigneten sich in den USA weitere Phänomene gleicher Art. Wie die Zeitungen *Charleston News* und *Courier* meldeten, ging in der Seehafenstadt Charleston einige Stunden lang ein widernatürlicher Schauerregen auf ein Haus und einen Garten nieder. Ursache rätselhaft.

Am 24. des Monats konnte man in der *New York Sun* lesen, daß ein kleiner Teil von Chesterfield County in South Carolina mehrere Wochen lang von einem Dauerregen bewässert wurde, der aus einem klaren, sonnigen Himmel herunterschüttete, in dem sich weit und breit keine Wolke befand. Ursache rätselhaft.

Geisterhafte Quellen sprudeln jedoch nicht nur im Freien. Es war ein milder und trockener Oktoberabend im Jahr 1963 in Methuen im US-Bundesstaat Massachusetts. Francis Martin und seine Familie bemerkten, daß sich auf einer Wand des Hauses ein nasser Fleck bildete und sich immer weiter ausbreitete. Plötzlich gab es einen Knall, und Wasser spritzte weit in den Wohnraum. Zwanzig Minuten lang, dann versiegte es ebenso unerklärlich, wie es hervorgesprudelt war. Die Martins rätselten noch immer über den Vorfall, als es eine Viertelstunde nach dem ersten Wasserausbruch zu einem zweiten kam. Er dauerte nicht lange.

In den Tagen darauf sprangen Wasserfontänen auch in anderen Zimmern des Hauses aus den Wänden, ohne daß sich dort Leitungen befanden. Binnen kurzem war das Haus unbewohnbar. Die Familie übersiedelte zu Mrs. Martins Mutter ins nahe gelegene Lawrence. Die unheimlichen Quellen folgten ihnen. Fachleute wurden mobilisiert. Der stellvertretende Feuerwehrhauptmann untersuchte alle Leitungen und fand nicht das geringste Leck. Währenddessen ereignete sich vor zahlreichen Zeugen – darunter den zu Hilfe gerufenen

Fachleuten – laufend Wasserspiele der nun schon wohlbekannten Art.

Um ihren Fluch nicht in andere Häuser zu tragen, beschloß
die wassergeplagte Familie Martin, in das eigene Heim in
Methuen zurückzukehren. Der Vater sagte dem Absurden
den Kampf an. Er drehte die Wasserzufuhr ab und entleerte
alle Leitungen bis zum letzten Tropfen. Vergeblich. Wasser
sprudelte an vielen Stellen hervor. Man resignierte und zog
wieder zur Mutter nach Lawrence, unvermindert verfolgt
von Wasserausbrüchen. Das grausame nasse Spiel ging noch
einige Wochen weiter; dann endete es so abrupt, wie es begonnen hatte.

Letzterer Fall könnte – obgleich Wasser eine dominierende
Rolle spielte – anderer Natur sein als jene mysteriösen Re-
genfälle aus dem Nirgendwo. Schließlich handelte es sich
nicht um ein lokales, von bestimmten Personen unabhängi-
ges Phänomen, sondern um eine Erscheinung, die eindeutig
die Familie Martin heimsuchte und ihr folgte.

Vorkommnisse dieser Art sind bekannt, wenn auch nicht so
häufig wie etwa Poltergeisterscheinungen, mit denen sie eine
gewisse Verwandtschaft zu besitzen scheinen. Ab und zu gibt
es allerdings ganz konkrete Überschneidungen.

Bizarre Poltergeister

Dr. Michele Claire von der britischen Sheffield Society for
Psychical Research erforschte eine solche Begebenheit be-
sonders gründlich, in deren Mittelpunkt eine Frau Ende
Dreißig stand.

Dr. Claire bezeichnete sie in ihrem Bericht nur als »Mrs. B.«.
Diese lebte mit ihren fünf Kindern und zwei erwachsenen
Verwandten in einem Haus in der englischen Grafschaft
South Yorkshire. Ihre psychische Verfassung war zum Zeit-
punkt der Ereignisse nicht die beste. Zweimal geschieden –

das letzte Mal von einem gewalttätigen Ehemann, der psychiatrisch behandelt werden mußte –, befand sich die junge Frau nicht im seelischen Gleichgewicht. Im Gegenteil. 1979 bezogen die acht Personen das Haus, in dem sich bereits im nächsten Jahr Seltsames zu ereignen begann. Auf den Böden entstanden immer wieder Wasserpfützen, manchmal regelrechte Miniseen. Eine normale Quelle wie etwa ein defektes Leitungsrohr ließ sich nicht entdecken. Der bizarrste dieser Wasserausbrüche war ein Regenfall im Wohnzimmer. Wasser materialisierte sich in der Luft und sprühte auf den Zimmerboden.

Auch sonst ging es in dem Haus zu wie in einer Geisterbahn. Unerklärliche Geräusche, die klangen, als würden Steine verstreut werden, Krachen, Explosionen, Knirschen, Ächzen und eine ganze Symphonie anderer Laute erfüllten das Haus bei Tag und Nacht. Es versteht sich von selbst, daß ihre Verursacher unauffindbar blieben.

Unangenehme Gerüche – wie von Stinkbomben oder faulen Eiern – traten auf. Der Hund der Familie benahm sich immer wieder seltsam. Er fletschte ohne ersichtlichen Grund mit gesträubtem Fell knurrend oder fiepend die Zähne, starrte in die Luft und weigerte sich gelegentlich, bestimmte Räume zu betreten. Schattenhafte, ungreifbare Formen drifteten durchs Haus. Fernsehübertragungen wurden seltsam gestört, Radio und Plattenspieler schalteten sich selbsttätig ein und aus, und Objekte aller Größen (manche davon sehr schwer) bewegten sich geisterhaft ...

Halt! Wir wollen uns nicht in einem Dickicht einander überlappender Erscheinungen verstricken. Darum erst einmal genug der Poltergeistaktivitäten mit ihren möglichen parapsychologischen Aspekten. Menschliche und tierische »Superfähigkeiten« werden uns in Teil II, »Rätsel des Lebendigen«, beschäftigen.

Die Grundfrage, der wir weiter nachgehen wollen, lautet immer noch: Sind wir Spielbälle rätselhafter Mächte? Verständlicherweise ist man versucht, örtlich gebundene Wasserausbrüche und solche, die einen oder mehrere Menschen zu verfolgen scheinen, unterschiedlichen Kategorien zuzuordnen. *Hier lokale* Absonderlichkeiten und bizarre Umtriebe wie etwa im besonders heimgesuchten West Virginia, *dort die individuellen* Plagen. Aber: Wo steht geschrieben, daß eine solche – oder jede andere – Einstufung zwingend sein muß? Vielleicht haben wir es mit unterschiedlichen Erscheinungsformen ein und derselben Kraft zu tun, vielleicht mit etwas gänzlich anderem. Schließlich handelt es sich um Unerklärliches, das immer für Überraschungen gut ist.

Wasser und Feuer: zwei Seiten einer Medaille

Oft genug sehen sich die Forscher veranlaßt, einen Phänomenkomplex neu zu definieren beziehungsweise einzelne Komponenten umzureihen. Bei paranormalen Phänomenen zieht dies besondere Frustrationen nach sich, da ihre systematische Erfassung von Haus aus weit schwieriger ist als etwa die Klassifizierung schwanzloser Lurche.

Vor einer solchen Neubewertung stehen wir auch jetzt. Gewisse Aspekte rücken eine gänzlich anders geartete, fast altbekannte Erscheinung unerwartet in die Nähe der mysteriösen Wasserausbrüche. Die Parallelen sind verblüffend, wenn auch sozusagen unter umgekehrten Vorzeichen: Parallelen zwischen *Wasser und Feuer* sowie eine mögliche Querverbindung zu »Spontaner Selbstverbrennung« (»spontaneous human combustion«, SHC) – dem Feuer der Hölle, das ohne Warnung aus unserem Inneren hervorzubrechen scheint.

Rekapitulieren wir: SHC wurde bislang als *personenbezogener* Vorgang betrachtet, der *lebende Menschen* auf spektakuläre Weise verzehrt und fast immer vom Leben zum Tode befördert. Spekulationen über äußere Einwirkungen (Kugelblitze etc.) erbrachten keine stichhaltigen Indizien. Unter Umständen könnten Schwankungen des Erdmagnetfeldes eine gewisse Auslöserfunktion haben, was jedoch auch für psychologische Faktoren zu gelten schien. (Viele SHC-Opfer waren geistig labil, befanden sich in schweren Krisen oder standen vor dem Selbstmord beziehungsweise flammten auf, als sie ihn eben in die Tat umsetzen wollten.) Die Klassifikation als Individualphänomen galt als hinlänglich untermauert, bestätigt durch die Untersuchung der gänzlich oder partiell eingeäscherten Toten wie auch durch unmittelbare Zeugenaussagen. Beispielsweise die des Mathematikprofessors der Universität Nashville in Tennessee, James Hamilton, der eine Flamme wieder erstickte, die plötzlich aus seinem linken Bein hervorgebrochen war, oder die des Arztes B. H. Hartwell, der in einem Wald bei Ayer, Massachusetts, einer Frau Erste Hilfe zu geben versuchte, die sich unter Flammen krümmte, deren Ursprung ihre eigenen Schultern waren.

Hunderte Fälle sind aktenkundig. Sie alle scheinen ein gemeinsames Grundmuster zu haben: Die Personen erfreuen sich mehr oder weniger guter Gesundheit, und im nächsten Augenblick verglühen sie in einem Strahlungsblitz, der *von innen* kommt.

Allein diese Tatsache und die Begleitumstände sind mysteriös genug, sollte man meinen. Die auftretende Hitze ist um ein vielfaches stärker als jedes normale Feuer, punktgenau konzentriert und unglaublich kurz. Zahlreiche der verbrannten Körper tragen unversehrte Kleidung. In der unmittelbaren Umgebung entzündet sich selbst leichtbrennbares Material nicht, obgleich weit über tausend Grad Celsius erforderlich sind, um das menschliche Knochengerüst ganz oder teilweise zu veraschen und Autofensterscheiben zu schmelzen (was in einigen Fällen geschah, in denen verbrannte Leichen in der lässigen Haltung völligen Überraschtseins in ihren verkohlten Autos saßen). Bleiben Körperteile erhalten, ist ihr Zustand auch nicht der erwartete. So schrumpfen die Schädel der Opfer, was für einen Feuertod völlig untypisch ist. Dazu der Gerichtssachverständige, Anthropologe und Spezialist für Spontane Selbstverbrennung, Dr. Wilton Krogman: »Niemals habe ich einen Schädel gesehen, der durch Hitzeeinwirkung *geschrumpft* wäre. Sie blähen sich vielmehr auf oder zerspringen in kleine Stücke. Es gibt keine Ausnahme!« Völlig rätselhaft findet darüber hinaus nicht nur Dr. Krogman die gänzliche Abwesenheit von Brandgeruch.

Gelegentlich werden die Unglücklichen zu regelrechten Feuersäulen. SHC-Opfer verwandeln sich einzeln, zu zweit oder in Gruppen zu Schlacke. Niemand hat auch nur die leiseste Ahnung, welche Kraftquelle in uns *solche* Energieausbrüche speisen könnte. Esoterische Überlegungen über ungezügelte Chakra-Energien oder abstrakt-wissenschaftliche Hypothesen von Vakuum-Energie (ein Begriff der theoretischen Physik), die durch die menschliche Zirbeldrüse fokussiert wird, wollen wir unkommentiert im Raum stehenlassen. SHC ist auch so bizarr genug.

Konzentrieren wir uns lieber auf die angesprochene Parallele zwischen Feuer und Wasser, auf die individuelle Note des Geschehens. Menschen ziehen Wasserausbrüche – und rätselhafte Feuer – an beziehungsweise werden von ihnen verfolgt. Auch hier gibt es eine endlose Liste. Ohne ersichtlichen Grund brechen in der Gegenwart bestimmter Menschen Brände aus, von Großfeuern bis zu Flammen aus der Schreibtischschublade. Da meist die Feuerwehr zu Hilfe gerufen wird, existieren zahlreiche Zeugenaussagen und Berichte. Letztere klingen allerdings recht ratlos. Es ist von Feuern die Rede, die in Wandschränken, ja sogar zwischen Buchdeckeln, hinter Tapeten, in festen Wänden und an anderen unmöglichen Orten auftraten und kaum zu löschen waren. Manchmal kam es zu regelrechten Epidemien, die Brandbekämpfer mehrmals zu ein und demselben Haus rasen ließen.

Eine Brandursache konnte niemals gefunden werden. Meist begnügte man sich mit der Auflistung der reichlich vorhandenen Seltsamkeiten, wie da sind: extreme Hitze (man denkt an SHC), jähes Aufflammen der unterschiedlichsten Objekte (Haustiere eingeschlossen) und ebenso abruptes Erlöschen des Feuers, wenn das brennende Objekt ins Freie getragen wurde (sofern es sich transportieren ließ). Einen Augenblick. Wie es scheint, spricht zwar einiges für eine denkbare Verwandtschaft bei Feuer- und Wasserepidemien, die durch Einzelpersonen oder Familien ausgelöst werden, nichts aber für eine Verbindung von lokalen und personenbezogenen Phänomenen. Im Gegenteil. Das bislang Dargelegte ist eher eine Grenzziehung zwischen Menschen, die entweder »feuer-« oder »wasseranfällig« sind, und vergleichbaren, aber an einen Ort gebundenen Erscheinungen. Wollte man hier einen großen Zusammenhang im Sinne der Kapitelüberschrift herstellen, müßte es Fälle geben, die *beide* Elemente vereinigen: am besten ein Feuer aus dem Nichts (nur mit weit schlimmeren Folgen). Kurzum: SHC müßte zur *anonymen* Kraft werden, die an keinen Menschen gekoppelt ist, sondern *ihn aufs Korn nimmt.*

Dazu wie üblich eine gute und eine schlechte Nachricht. Die gute ist: Möglicherweise tragen wir doch nicht einen unsichtbaren Brandsatz in uns, der unter gewissen Bedingungen hochgeht. Und die schlechte: Es kann jeden von uns erwischen.

Spontane Selbstverbrennung könnte durchaus eine externe Attacke von was auch immer sein. Die Fakten dafür sind das vielzitierte Geheimnis innerhalb eines Rätsels, aber sie existieren. Man muß sie nur ans Tageslicht befördern. Nehmen wir sie uns also vor.

An einem Februarmorgen des Jahres 1985 ging die Studentin Jacqueline Fitzsimon nach einem Kochkurs mit Freunden die Treppe des Halton College in Widnes in der englischen Grafschaft Ceshire hinunter. Sie befand sich im Blickfeld mehrerer Personen, als über der Schulter der Siebzehnjährigen ein seltsames Licht in der Luft erschien. Es senkte sich auf Jacquelines Schulter, die laut aufschrie, denn sie war plötzlich von Flammen eingehüllt.

Der Chemiestudent John Foy und sein Kollege Neil Gargan löschten das Feuer. Zu spät. Jacqueline starb kurz darauf im Krankenhaus. Eine Untersuchung wurde vorgenommen. Ihr Ergebnis war gleich Null. Die darauffolgenden Erklärungsversuche kann man nur als hilflos – und als peinlich – bezeichnen.

Man vermutete, Jacqueline könnte beim Kochkurs an einem Gaskocher Feuer gefangen haben, das kurz danach voll ausbrach. Eine unsinnige Vorstellung, die noch dazu daran krankte, daß die Kocher erwiesenermaßen nicht eingeschaltet waren. Der Institutschemiker Philip Jones gehörte zu den besonders Hartnäckigen. Verbissen, jedoch ohne jeglichen Erfolg, quälte er sich mit einer »Rekonstruktion« des Vorganges ab, der sich ohnedies *so* nicht abgespielt haben *konnte*, da eine zur Gänze glosende und rauchende Jacke weder ihrer Trägerin noch den neben ihr Gehenden entgangen wäre.

Jones brachte eine Jacke, wie sie das Opfer getragen hatte, mit großer Mühe zum Glosen und wollte sie durch Luftzufuhr aufflammen lassen. Ebensogut hätte er versuchen können, mit nassen Lappen ein Freudenfeuer zu entzünden. Schließlich resignierte er wie vor ihm die Polizeiexperten, die Brandsachverständigen der Feuerwehr, die Gerichtschemiker, das British Home Office und das berühmte Shirley Institute von Manchester.

Beim Tanzen aufgeflammt

Die unglückliche Studentin ist nicht der einzige Fall, in dem SHC eindeutig *von außen* zuschlug. Phyllis Newcombe war ein lebenslustiges Mädchen von zweiundzwanzig Jahren. Sie tanzte für ihr Leben gern, und dabei ereilte sie am 27. August 1938 in der randvollen Chelmsford Shire Hall in der englischen Grafschaft Essex ein grausiges Schicksal.

Vor den Augen ihres entsetzten Verlobten Henry McAusland und Dutzender Zeugen brachen *aus ihrem Kleid* blaue Flammen heraus. Sie verwandelten das Mädchen binnen Minuten, in denen die Zeugen hilflos durcheinanderliefen und -schrien, in einen verkohlten Leichnam. Lediglich Phyllis' Verlobter schlug auf das unirdische Feuer mit den Händen ein, was ihm schwere Verbrennungen eintrug. Selbst fachmännische Löschmaßnahmen hätten mit Sicherheit gegen solche Flammen der Hölle nichts ausrichten können.

Allen Absonderlichkeiten zum Trotz verlautbarte der Coroner, der amtliche Leichenbeschauer, Phyllis' Kleid sei durch eine Zigarette entzündet worden. Abgesehen davon, daß ein brennendes Kleidungsstück – sofern es nicht mit Benzin, Kerosin oder ähnlichem durchtränkt ist – einen Menschen nicht in einen Zustand versetzen kann, zu dem ein Verbrennungsofen erforderlich wäre, war die Zigarettentheorie auch sonst nicht haltbar.

Der verzweifelte Vater des jungen Mädchens gab sich nicht mit dem offiziellen Beschwichtigungsgewäsch zufrieden. Er forderte den Coroner auf, ein Kleid von der Art, wie es Phyllis getragen hatte, mit einer Zigarette zu entzünden, was dem Beamten in zahlreichen Versuchen nicht gelang.

Immer wieder stößt man auf SHC-Fälle, in denen auflodernde Kleidungsstücke, Matratzen oder andere Objekte tödliche Wirkungen zeitigten. Solches klingt schon fast wieder normal, ist es jedoch nicht. Der Unterschied zwischen besagten Vorkommnissen und dem bekannten Einschlafen mit der Zigarette ist ein himmelweiter. Typisch für Spontane (Selbst?-)Verbrennung ist auch hier die abnormale Begrenzung der Brände. Ein Nachtgewand verkohlt die Trägerin, entzündet aber sonst absolut nichts. Würde es sich nicht um ein tragisches Geschehen handeln, könnte man dem Erstickungstod der neunundsiebzigjährigen Ellen Steers aus dem Städtchen Shaw im englischen Berkshire eine gewisse Skurrilität nicht absprechen.

Die alte Dame, die als hypochondrisch und neurotisch galt, pflegte trotz aller Warnungen im Bett zu rauchen. Es wunderte im Grunde daher auch niemanden, daß sie an Rauchgasvergiftung in ihrem Schlafzimmer starb. Unerklärlicherweise hatte das Feuer lediglich ihr Bett buchstäblich verzehrt – wobei sie erstickt sein mußte –, darüber hinaus jedoch keinen erwähnenswerten Schaden angerichtet.

Dennoch mögen Skeptiker die Theorie nicht gänzlich ad acta legen, SHC könnte eine seltene Verbindung von Selbstzerstörungsdrang und paranormalen Fähigkeiten darstellen, ausgelöst durch eine Verkettung außergewöhnlicher Umstände. Das Festhalten an einer solchen Hypothese ist verständlich, wären dann immer noch wir *selbst* unseres UnGlücks Schmied. Die Vorstellung einer externen Macht oder Naturkraft, die Unterwäsche, Betteinsätze oder menschliche Körper (ganz oder partiell) nach Belieben in superheiße Flammen aufgehen lassen kann, ist nämlich mehr als unerquicklich.

Selbstverbrennung nach dem Tod

Trotzdem werden wir uns mit ihr anfreunden müssen, ob wir wollen oder nicht. Sonst müßte nämlich eine *noch* haarsträubendere Kategorie von SHC eingeführt werden, die jeden vernünftigen Erklärungsversuch endgültig zunichte macht: die verzögerte Selbstverbrennung, konkreter: *posthume* Selbstverbrennung. Ein Vorgang von solcher Absurdidät, daß er vom *San Francisco Chronicle* unter die zehn bizarrsten Ereignisse des Jahres 1973 eingereiht wurde.

Am 7. Dezember dieses Jahres fiel die fünfzigjährige Betty Satlow in Hoquiam, US-Bundesstaat Washington, einem Unfall zum Opfer. Sie wurde in der Coleman-Leichenhalle aufgebahrt, in der es plötzlich zu brennen schien. Drei Tage *nach Mrs. Satlows Tode*, wohlgemerkt.

Die Verblüffung der Feuerwehrleute war grenzenlos, als sie feststellten, daß der Rauch aus dem Sarg drang, der jedoch nicht der Brandherd war. Das Feuer mußte *in Mrs. Satlow* ausgebrochen sein und hatte ihre sterblichen Überreste zur Hälfte verzehrt. Sie waren nur noch von der Hüfte abwärts vorhanden. Der Oberkörper hatte sich in Asche verwandelt. Richard Barnes, der Polizeichef von Hoquiam, ordnete eine Untersuchung an, die nichts ergab. Brandstiftung mußte ebenso ausgeschlossen werden wie jede andere natürliche Erklärung. Verbittert sandte Barnes den angesengten Sarg zu den Laboratorien des Schatzamtes in Washington. Dort wird man bekanntlich mit den kniffligsten Fällen fertig.

Ob auch mit diesem, steht in den Sternen. Wie bei anderen Fällen Spontaner Selbstverbrennung, scheinen die US-Bundesbehörden einen Mantel des Schweigens über die Sache zu breiten. Entweder scheuen sie sich, ihr Nichtwissen zuzugeben, oder ihre Entdeckungen sind zu brisant, um der Öffentlichkeit zugänglich gemacht zu werden.

Tatsache ist und bleibt, daß weder Polizeichef Barnes noch

seine Nachfolger seither bereit waren, irgendeinen Kommentar zu der Angelegenheit abzugeben. Dem US-Magazin *Pursuit*, das sich mit Unerklärlichkeiten auseinandersetzt, gelang es trotz mehrmaliger Anfragen nicht, den offiziellen Stellen irgendeine Reaktion zur Satlow-Affäre zu entlocken. Dieser Fall von Selbstverbrennung nach dem Tode ist nicht der einzige. Eine wenig beachtete Erscheinung bei einem anderen posthumen SHC-Fall könnte ein weiteres Indiz für die Hypothese von Fremdeinwirkung sein. Das Vorkommnis selbst war so grotesk, daß besagter Fingerzeig nicht die Bedeutung erhielt, die er eigentlich verdient hätte.

Am Sonntag, den 13. Dezember 1959 starb der siebenundzwanzig Jahre alte Autoschweißer Billy Peterson in seiner Garage in Pontiac im US-Bundesstaat Michigan – Selbstmord nach der offiziellen Lesart.

Diese war allerdings von einer gewissen Uneinheitlichkeit gekennzeichnet: Der Pathologe des General Hospital von Pontiac, Dr. Donald McCandless, konstatierte Tod durch Kohlenmonoxidvergiftung. Für den stellvertretenden Leichenbeschauer Dr. John Marra lag ein Unfall vor, während der Police Detective Robert Wachal zuerst Mord und dann Selbstmord vermutete. Der Feuerwehrchef James White erklärte, Peterson sei nach seinem Tod durch extreme Hitze regelrecht gekocht worden. Schließlich lautete die offizielle Stellungnahme »Unfalltod«.

Parallel dazu gab der Bezirksstaatsanwalt George F. Taylor bekannt: »Wir haben den Fall noch nicht abgeschlossen«, was bis zum heutigen Tag zu gelten scheint. Es ist nicht verwunderlich, daß im Durcheinander eines Rätsels, das selbst nach all diesen Jahren immer noch unheimlich ist, signifikante Details durch den Rost fallen konnten.

Was also hatte sich tatsächlich ereignet, und worin besteht der verborgene Fingerzeig auf mögliche Fremdeinwirkung?

Als der Feuerwehrleutnant Richard Luxon mit seinen Männern in Petersons Garage stürmte, aus der Rauch gemeldet
worden war, bot sich ihm ein makabres, aber nicht unver-
trautes Bild: Ein Toter saß hinter dem Lenkrad. Er war an
den Abgasen des laufenden Motors erstickt, die er mit einem Schlauch ins Wageninnere geleitet hatte. Der klassische
Selbstmord.

Unüblich waren allerdings die Verbrennungen am Körper
des »Selbstmörders«. Feuer brannte keines, wohl aber
qualmten einige Teile des Wageninneren ohne erkennbare
Ursache.

Im Krankenhaus wurde der Grad der Verbrennungen festgestellt. Er war beträchtlich. Große Teile der Körperoberfläche
und das Gesicht waren verschmort beziehungsweise in
Schlacke verwandelt. Der linke Arm mußte einer so extremen Hitzeeinwirkung ausgesetzt gewesen sein, daß sich die
Haut gelöst hatte und quasi heruntergerollt war. Petersons
Körperbehaarung war jedoch nicht einmal angesengt. Seltsamer noch war die Tatsache, daß seine Kleidung völlig unbeschädigt war, einschließlich der Unterwäsche.

Die Polizei vermutete Mord, und *The Detroit Free Press* befand
am 14. Dezember: »Möglicher Foltertod.«

Gegen diese Schlußfolgerung protestierten die untersuchen-
den Ärzte. Das Opfer, so stellten sie fest, hätte niemals ent-
kleidet, verbrannt und dann wieder angezogen werden können. Zudem wäre es ein Ding der Unmöglichkeit gewesen,
Petersons Körperbehaarung selektiv zu schonen.

Der entscheidende Fingerzeig ist jedoch ein stiefmütterlich
behandeltes Detail. Bei all dem Hin und Her machte man
von dem unheimlichen Faktum wenig Aufhebens, daß die
Verbrennungen an Petersons Körper eindeutig Symptome
radioaktiver Verstrahlung waren. Der Journalist Paul Foght
wies in mehreren Artikeln auf diesen bedeutsamen Aspekt

hin, erregte jedoch nur bei einigen UFO-Gruppen Aufmerksamkeit. Die Reaktion aus der Fachwelt – die SHC ohnedies am liebsten nicht zur Kenntnis nimmt – war gleich Null.

An diesem Punkt wollen wir einhalten. Was über die angeführten Überlegungen hinausginge, wären haltlose Spekulationen. Fest steht: Es *gibt* Spontane Selbstverbrennung. Sie könnte ein mysteriöses, in uns allen schlummerndes Potential zur Selbstzerstörung sein, aber ebenso eine Attacke aus dem Anderswo. Legt man streng wissenschaftliche Kriterien an, müßte man der Hypothese von Fremdeinwirkung den Vorzug geben, gemäß dem ehernen Gesetz, daß eine Theorie durch tausend stimmige Fakten nicht bewiesen, durch *eine einzige* widersprechende Tatsache aber widerlegt werden kann. Und gegen die These des von innen herausbrechenden Feuers spricht mehr als eine einzige Tatsache. Unter diesen nimmt das Auftreten von Radioaktivität allerdings eine Sonderstellung ein, da unser Körper diese beim besten Willen nicht produzieren könnte.

Wem die angeführten Indizien zu dünn erscheinen, um ein rein biologisches Phänomen auszuschließen, der möge sich an den zahlreichen Versuchen der Wissenschaft delektieren, ebendiese biologische Natur von SHC zu beweisen.

Makabre Experimente

Seit Spontane Selbstverbrennung aktenkundig ist, schwankt die Schulwissenschaft zwischen dem Bestreben, die ganze Sache totzuschweigen oder vernünftig zu erklären. Letzteres hat immer wieder zu den absonderlichsten Thesen und Experimenten geführt. Eine beliebte Deutung war jene, der Körper von Trunkenbolden sei so mit Alkohol durchtränkt, daß er dazu tendiere, in Flammen aufzugehen – die gerechte Strafe des Himmels für Säufer, Wüstlinge und ähnliche Unholde. Obgleich diese Vorstellung der Temperenzlerbewegung des neunzehnten Jahrhunderts großen Auftrieb gegeben hat, kommt ihr keine sachliche Bedeutung zu. Sie gehört vielmehr ins Reich der Legenden, und zwar in die Kategorie, in der auch jene angesiedelt ist, daß Selbstbefriedigung zu Schwachsinn, Siechtum, Rückenmarkschwund etc. führt. Genug des Aberglaubens. Wenden wir uns den ernsthaften Versuchen zur Klärung des SHC-Phänomens zu.

In der Nummer 10 des *New Orleans Medical and Surgical Journal* vom April 1894 äußerte sich der Arzt Dr. Adrian Hava dazu in einem Beitrag mit dem voluminösen Titel *So-called Spontaneous Combustion or Increased Incombustibility of the Human Body, with Experiments* (»Sogenannte Spontane Verbrennung oder gesteigerte Unverbrennbarkeit des menschlichen Körpers, mit Experimenten«). Er vertrat die Ansicht, die Körper von Säugetieren (zu denen der *Homo sapiens* schließlich auch gehört) könnten Kohlenmonoxid (CO) aus ihrer Umgebung in sich akkumulieren. Das müßte bei starker Konzentration dieses Gases irgendwann einmal zur Selbstverbrennung führen.

Um der Theorie die Praxis folgen zu lassen, setzte er Kaninchen und Hähne einer stark CO-haltigen Atmosphäre aus. Und siehe da: Es gelang tatsächlich, die unglücklichen Geschöpfe zum Aufflammen zu bringen. Allerdings dauerte es 169 Tage, bis das Hämoglobin der Kaninchen für diesen Effekt genügend Kohlenmonoxid gespeichert hatte. Die Hähne mußten sogar acht Monate lang mit CO geflutet werden, ehe es soweit war. Die Resultate dieses grausamen Experiments, das sich nahtlos in die Reihe der heute so selbstverständlichen bestialischen Tierversuche einfügen würde, waren allerdings keine SHC-typischen Aschenhaufen, sondern Tierkadaver wie nach einem herkömmlichen Brand.

Das Experiment aus dem vorigen Jahrhundert macht die immer wieder geäußerte Hypothese zunichte, Selbstmörder, die wie Billy Peterson Autoabgase einatmen, würden ihren Blutstrom bis zur Selbstentzündung mit Kohlenmonoxid anreichern. Ein Durchschnittsmensch, der ein Vielfaches der Masse eines Hahnes auf die Waage bringt, würde dazu auch ein Vielfaches der Zeit brauchen, also mehrere Jahre in der mit CO gefüllten Garage verbringen müssen. Und selbst nach dieser Zeit wäre er nichts anderes als ein normales Brandopfer.

Geht es nicht so, dann vielleicht anders, mochte sich Professor David Gee aus Leeds gedacht haben, sofern ihm die Versuche seines Kollegen Dr. Hava bekannt waren. Seit Dr. Gee als junger Gerichtsmediziner im November 1963 in Leeds zu einem SHC-Fall gerufen worden war, hatte ihn dieses Mysterium nicht mehr losgelassen. Damals wurde eine ältere Frau von den unirdischen Flammen fast komplett verschlungen. Nur ihr rechter Fuß ragte völlig unversehrt aus dem Aschenhaufen hervor, der noch vor kurzem ihr Körper gewesen war. Um die Brandstelle herum befand sich entzündliches Material in Hülle und Fülle. Nichts davon hatte Feuer gefangen. Mit einem Wort: ein völlig »normaler« Fall von Spontaner Selbstverbrennung. Für den jungen Mediziner allerdings ein Ereignis, das er nie vergessen sollte.

Es beschäftigte ihn jahrelang, bis er es nicht mehr aushielt. Obgleich er es eigentlich hätte besser wissen müssen, versuchte er, eine Spontane Selbstverbrennung im Labor durchzuführen, um ihre natürlichen Ursachen zu beweisen. Dabei ging er um nichts weniger verbissen vor als der Institutschemiker Jones in seinem Bemühen, die Jacke von Jacqueline Fitzsimon als Brandherd zu enttarnen. Und ebenso erfolglos.

Dr. Gee rollte aus menschlichem Körperfett eine 24-Zentimeter-Kerze, hüllte sie in Menschenhaut, umwickelte sie mit Stoff und zündete das gruselige Gebilde schließlich mit einem Bunsenbrenner an. Korrekter ausgedrückt, er versuchte es anzuzünden, denn das Fett fing erst nach einer Minute Direktbeflammung Feuer. Die menschliche Kerze benötigte über eine Stunde zum Verbrennen. Dabei blieben große Mengen klebrigen Rußes zurück. Das Labor war hinterher eine stinkende Räucherkammer. Dem Ort einer »normalen« Spontanen Selbstverbrennung glich es in keiner Weise. Das Ergebnis des makabren Experiments – eine armselig flackernde menschliche Kerze – wies mit einem SHC-Fall soviel Ähnlichkeit auf wie eine Schwarzpulverexplosion mit der Detonation einer Atombombe.

Allen Bemühungen der Aufklärung zum Trotz ist und bleibt Spontane Selbstverbrennung ein beunruhigendes Rätsel. Gerade die genaue Kenntnis, die wir von der Selbstentzündung im Reich der Pflanzen und Minerale besitzen, welche Getreidesilos, unter Dächern angelagerten Vogelmist, pulverisierte Kohle etc. in Brand geraten läßt, betont die absolute Andersartigkeit von SHC. Es gibt in der Natur nichts Vergleichbares, und die Begleiterscheinungen sprechen den Gesetzen der Physik und den Erkenntnissen der Medizin hohn. Niemand weiß, wie die superheißen Kurzzeittemperaturen erzeugt, gebündelt und konzentriert werden. Ebenso sind die Auswahlkriterien mit einem Fragezeichen versehen, die Personen einzeln, in Paaren oder in ganzen Gruppen zu SHC-Opfern werden lassen. Zu alldem gesellt sich als Gipfel des Unheimlichen die beunruhigende Erkenntnis, daß SHC kein unliebsames, verborgenes »Talent« des *Homo sapiens* sein dürfte, sondern etwas gänzlich anderes. So betrachtet, zeigt das scheinbar bekannte flammende Mysterium ungeahnte Facetten und Implikationen. Es hört auf, ein isoliertes Phänomen zu sein, und wird zum Puzzlesteinchen im großen unsichtbaren Mosaik der Kräfte, die mit uns Schindluder treiben.

Lassen wir einmal die Zügel schießen, und machen wir uns kühn, aber nicht hemmungslos auf die Suche nach möglichen Querverbindungen, nach denen bis dato kaum jemand Ausschau gehalten hat.

Unerwartete Zusammenhänge

Der englische Sachbuchautor Michael Harrison beschäftigt sich seit langem mit SHC und hat versucht, Muster beim Auftreten des Feuers sowie Gemeinsamkeiten bei den Opfern, den Örtlichkeiten und bei diversen anderen Parametern zu entdecken. Die Problematik eines solchen Unterfangens liegt auf der Hand. Echte Parallelitäten mögen durch Informationsmangel verborgen bleiben und Pseudoübereinstimmungen mehr verwirren als erhellen. Was ist beispielsweise davon zu halten, daß der Buchstabe S bei einundzwanzig SHC-Fällen, die sich von August 1971 bis Oktober 1975 in England ereigneten, als erster, und damit als Großbuchstabe, im Namen des Opfers (zum Beispiel Seaton) beziehungsweise der Lokalität (zum Beispiel Stoney Lane, Somerset oder Swan Hotel) auftritt? Offen gesagt: wahrscheinlich nichts.

Weniger gekünstelt ist allerdings folgende Koinzidenz, die dem britischen Science-fiction-Autor Eric Frank Russell 1939 auffiel, ohne daß er jedoch alle bizarren Details realisierte. Russell (1905–1978) hatte ein Faible für das Unerklärliche und ging diesem mit wissenschaftlicher Akribie nach. Interessanterweise gelangte er bei seinen Forschungen – über die er unter anderem das Sachbuch *Great World Mysteries* verfaßte – zu der Überzeugung, daß die Erde ein riesiges Experimentierfeld oder Reagenzglas unsichtbarer Mächte sei. Das nur nebenbei.

Russell katalogisierte und ordnete auch SHC-Vorfälle nach statistischen Gesichtspunkten. Dabei stieß er auf drei Männer, die dem Höllenfeuer am selben Tag und zur selben Uhrzeit – 7. April 1938, am späten Nachmittag – zum Opfer gefallen waren. Russell genügte dieser Grad an Seltsamkeit für seine Ordner. Am Vorabend des Zweiten Weltkriegs hatte er als Mitglied der Royal Air Force andere Sorgen und Aufgaben.

Fast drei Jahrzehnte später befaßte sich der US-Journalist Michael McDougal mit Russells Aufzeichnungen und war speziell von diesem Fall fasziniert. In seinem Artikel vom 13. März 1966 schrieb er im *Newark Sunday Star-Ledger* wörtlich: »Es war, als ob ein galaktisches Lebewesen von ungeheuren Ausmaßen mit einer dreizackigen Gabel auf die Erde gestochen hätte: drei feurige Finger, die nur Fleisch verbrannten.« So dramatisch diese Formulierung auch ist, den wahren Absonderlichkeiten, die weder Russell noch McDougal bemerkt hatten, wird sie nicht gerecht. Sie fielen erst Michael Harrison auf und sind es wert, unter die Lupe genommen zu werden: An besagtem 7. April 1938 verkohlten der irische Steuermann des Schiffes *SS Ulrich*, John Greeley, der Lastwagenfahrer George Turner und der achtzehnjährige holländische Student Willem ten Bruik auf die schon bekannte Weise. Das heißt: Weder in Greeleys Steuerhaus noch in Turners Fahrerkabine oder in Bruiks Pkw, hinter dessen Lenkrad er starb, fanden sich Brandspuren oder entzündete sich etwas.

Die drei Zacken der feurigen Gabel, um bei McDougals phantasievoller Analogie zu bleiben, waren auf folgende Plätze heruntergestoßen: aufs Meer, auf ein Straßenstück nahe Chester in Westengland, und auf einen Ort an der holländischen Küste bei Nimwegen. Bis auf das Datum sind nicht viele Gemeinsamkeiten erkennbar. Oder doch?

Nimmt man eine Europakarte zur Hand und verbindet die drei »Spitzen der feurigen Gabel«, so entsteht ein gleichschenkliges Dreieck. Ein Dreieck mag ja noch erklärlich sein, es sei denn, die drei Örtlichkeiten hätten sich auf einer Linie befunden, was nicht der Fall war, aber ein gleichschenkliges? Die Geographie der Ereignisse wartet mit einer weiteren Überraschung auf. Die Entfernung der *SS Ulrich* betrug zum Zeitpunkt von Greeleys Feuertod exakt dreihundertvierzig Meilen zu der Straße am Rande von Chester, wo Turner zu Asche wurde, und diese Koordinaten sind wiederum exakt dreihundertvierzig Meilen von dem Ort bei Nimwegen entfernt, an dem ten Bruik in seinem unbeschädigten Auto ein flammendes Ende fand.

Es kommt noch skurriler. Greeley stand am Steuer der *SS Ulrich*, Turner befand sich mit seinem Lastwagen im Vorort *Upton*-by-Chester und war nach der Ortschaft *Ulrich's* unterwegs (die noch dazu Greeleys Heimathafen war). Willem ten Bruik war eben in *Ubbergen* nahe Nimwegen eingefahren, als das Unbekannte zuschlug.

Diese dürren Fakten werfen Fragen über Fragen auf: Erwischte es die drei Unglücklichen, weil sie sich zu einem bestimmten Moment an den Eckpunkten eines gleichschenkligen Dreiecks befanden, dessen kurze Seiten exakt dreihundertvierzig Meilen lang sind? Und wie paßt der Buchstabe *U* dazu, der hier weit augenfälliger herumgeistert als das *S* in der Auflistung der einundzwanzig SHC-Fälle? Gibt es vielleicht doch eine lokale Komponente wie bei West Virginia, den Todeswäldern oder dem Wasser aus dem Nichts?

SHC und Tierverstümmelung

Wenn wir einmal so weit gegangen sind, sollten wir den letzten Schritt nicht scheuen, der gleichzeitig den Kreis schließt. Ort der Handlung: Lincolnshire, in gewisser Weise ein Gegenstück zu West Virginia, was das Auftreten unterschiedlicher Phänomene am selben Ort betrifft. Phänomene, die vielleicht zusammenhängen – oder auch nicht.

Gleich vorweg: Bereits die Gravitation ist in dieser englischen Grafschaft anders als sonstwo auf der Erde. Die dort herrschende Fallbeschleunigung beträgt weniger als die 9,8 Meter in der Sekunde, die man in den Physikbüchern angegeben findet. Lincolnshire ist anders; ein Faktum, das oft gemessen, aber nie ergründet wurde.

Wer sich jetzt vielleicht gefragt hat, ob dieser Landstrich auch von Spontaner Selbstverbrennung geplagt wird, dem sei gesagt: er wird. Von speziellem Interesse ist jedoch ein aktenkundiger Fall vom Januar 1905, der sich auf einer Farm in Binbrook, einem kleinen Ort zwischen Market Rasen und New Waltham, ereignete. Genauer gesagt sind es mehrere Fälle, die möglicherweise einen gemeinsamen Nenner haben.

Als Farmer White an diesem kalten Januartag in die Küche seines kleinen Anwesens kam, bot sich ihm ein unheimlicher Anblick. Das Hausmädchen stand in Flammen, den Besen noch in den Händen, mit dem sie zusammengekehrt hatte. Lodernd stürzte sie zu Boden, während White auf sie zurannte. Es gelang ihm, das Feuer mit Säcken zu ersticken. Die junge Frau wurde mit Verbrennungen dritten Grades ins Krankenhaus der Stadt Louth gebracht. Die Brandursache war rätselhaft. Das Mädchen hätte nirgendwo in der Küche Feuer fangen können und bestand, als sie vernehmungsfähig war, darauf, ihr Kleid sei plötzlich aufgeflammt. Die Schwere der Verletzungen stand in keinem Verhältnis zu dem in Brand geratenen Kleid, das noch dazu sofort gelöscht worden war.

Bei einem Interview über diesen Vorfall meinte White, ein Unglück würde selten allein kommen. Feuer in der Küche, Gemetzel im Stall, was mochte das nächste sein? Tatsache war, daß ein unsichtbarer und nicht zu fassender Unhold Whites Hühner ebenso bestialisch wie rätselhaft massakrierte. Den unglücklichen Tieren wurde die Luftröhre herausgerissen und ein präzise abgezirkelter Teil der Haut – von der Rückseite des Nackens bis zur Brust – abgezogen. Der Farmer White und seine Leute bewachten den Hühnerstall Tag und Nacht. Kein Eindringling hätte ihnen entgehen können. Dennoch fanden sie bei jeder Inspektion des Stalls stets mehrere tote Hühner vor. Der ursprüngliche Bestand von zweihundertvierzig Stück hatte sich auf diese Weise zum Zeitpunkt der Spontanen Verbrennung bereits auf vierundzwanzig reduziert.

Der Redakteur der *South and North Lincolnshire News* sah keinen Zusammenhang zwischen beiden Absonderlichkeiten. Auch wir müßten uns hinsichtlich solcher Vermutungen Zurückhaltung auferlegen. Ein Indiz, das Jahrzehnte später bei einem anderen Fall auftauchte, legitimiert jedoch, exakt diesen Zusammenhang in der Rückschau für möglich zu halten und weitreichende Überlegungen anzustellen.

Die Zeit: Dezember 1973. Klingt irgendwie vertraut. Erinnern wir uns: Am 10. Dezember dieses Jahres veraschten die sterblichen Überreste der fünfzigjährigen Betty Satlow drei Tage nach dem Tode in ihrem Sarg in der Coleman-Leichenhalle von Hoquiam, US-Bundesstaat Washington, durch SHC bis zur Körpermitte.

Fast gleichzeitig setzte in den USA eine wahre Welle der sogenannten Rinderverstümmelungen ein, die auch heute noch andauert und sich von Anfang an absolut nicht auf Rinder beschränkte. Pferde erwischt es fast ebenso häufig, doch auch andere Nutz- und Haustiere müssen dran glauben.

Bekannt ist diese makabre Erscheinung bereits viel länger. Die ersten Aufzeichnungen stammen aus dem Jahr 1810. Sie beschreiben eine derartige Metzelei an der schottisch-englischen Grenze. Mündliche Überlieferungen verlieren sich im Dunkel der Vergangenheit.

Der ungreifbare »Jack the Ripper der Tiere«, wie ich ihn in meinem Buch *Unerklärliche Phänomene – jenseits des Begreifens* genannt habe, agiert ebenso unverfroren wie monströs. Planquadrataktionen konnten Verstümmelungen innerhalb der hermetisch abgeriegelten Weideflächen nicht verhindern. Nichts, was größer war als ein Hase, hätte durchkommen können. Mit Ausnahme des Verstümmlers.

Er oder es hinterläßt gräßlich zugerichtete Tierleichen, bei deren Anblick harte Männer sich übergeben müssen. Kein Wunder, denn ein wahnsinniger Riese mit einem Seziermesser entsprechender Größe scheint sich nächtens über die bedauernswerten Geschöpfe herzumachen, begleitet von einem blutsaugenden Vampir. Untersuchungen zeigen, daß die Kadaver kein Blut mehr enthalten, desgleichen weder Gehirn noch Gehirnflüssigkeit. Zahlreiche Organe sind mit chirurgischer Präzision entfernt, darunter die Genitalien, Darmteile, Zunge, Sektionen der Haut und andere Körperpartien.

Spuren gibt es niemals, auch keine Blutspritzer an den jeweiligen Fundorten. Letztere sind so exotisch wie alles andere. Die Opfer liegen nicht nur auf den Weiden herum, sondern auf Highways, neben Farmen und Raketensilos. Sie sind mit Stahlkabeln an den höchsten Punkten von Tafelbergen festgebunden, in Baumwipfeln drapiert oder in Brunnen hineingestopft. Verstümmelt und getötet werden sie niemals am Ort ihres Auffindens. Manche erleiden ihr im wahrsten Wortsinn tierisches Schicksal unter Wasser. Andere haben keinen heilen Knochen mehr im Leibe wie nach einem Sturz aus großer Höhe. Einmal fiel tatsächlich eine halbe Kuh vom Himmel.

So ist das generelle, man könnte fast sagen »normale« Erscheinungsbild. Eine beliebig lange Liste von Monstrositäten, die jeden Gruselfilm-Drehbuchautor in helle Begeisterung versetzen müßte, ließe sich erstellen, doch das wäre lediglich eine unnötige Belastung der Magennerven. Interessanter sind kleine, unauffällige Informationssplitter, die sich vielsagend in unser Bild einfügen.

Im einzelnen: Der Fall des verstümmelten Wallachs Snippy, der 1967 auf dem Gebiet der Harry-King-Farm nahe Alamosa im San-Luis-Tal in South Colorado gefunden wurde, ist schon fast legendär, brachte er doch die Lawine bundesweiter Aufmerksamkeit ins Rollen. Das Lieblingspferd einer Mrs. Berle Lewis befand sich nicht nur in der bekannten Verfassung, sondern es war auch – was nicht soviel beachtet wurde – *radioaktiv verstrahlt.*

Am 10. März 1989 wurden fünf verstümmelte Kuhleichen, fein säuberlich in einer Reihe liegend, auf der Wyatt-Ranch in Hampstead County, Arkansas, entdeckt. Alle Tiere waren trächtig gewesen. Neben einer der Kühe lag die Gebärmutter, in der sich das Kalb befand. Ebenso stiefmütterlich wie Snippys radioaktive Verseuchung behandelten die Medien eine Feststellung aus dem Bericht von Dr. Altshuler über den Wyatt-Vorfall. Sie lautete: »Die Veränderung der Gefäßstruktur deutet auf *hohe Temperaturen* hin«, und weiter: »... ergibt sich die Schlußfolgerung, daß der an den Tieren vorgenommene Eingriff sehr schnell und unter Einsatz von Hochtemperaturschneidern, zum Beispiel Laser, abgewickelt wurde.« Laser? Schon möglich, vielleicht aber auch eine andere Hitzequelle.

Sind wir die Hauswirte auf unserer Welt?

Genug des Horrors und der Suche nach Puzzlesteinen. Was dargelegt werden sollte, ist dargelegt worden, und Altbekanntes zeigt sich plötzlich in neuem Gewande. Kommen

wir also zur Zusammenfassung der vielfältigen Indizien, An-
deutungen und möglichen Verknüpfungen und damit zum
Resümee des ersten Abschnittes. Es lautet: So unterschiedlich diese fremdartigen Erscheinungen auch sein mögen, so
könnten sie dennoch in eine einzige Feststellung münden:
nämlich daß irgend etwas unseren Globus mit uns teilt und
hier nach Lust und Laune in jeder nur erdenklichen (und
manchmal undenklichen) Weise fuhrwerkt. Es zieht kreuz
und quer durch die Lande, macht gewisse Gebiete zu seinen
speziellen Spielwiesen und kümmert sich keinen Deut um
unsere Reaktionen. Vielleicht ist unsere Erde sogar der Tum-
melplatz verschiedener Mächte, Kräfte, Wesenheiten oder
was auch immer, doch weiter wollen wir nicht mutmaßen.
Wir könnten uns vergaloppieren.
Rekapitulieren wir statt dessen: Manche Phänomene scheinen aus einer Schreckenskammer des Unfaßbaren zu stammen. Andere sind nicht ganz so grauenvoll. Es gibt:
* lokale und mobile Erscheinungen;
* »verwunschene« Gebiete, wo Naturgesetze kopfstehen,
  nichtmenschliche Exoten ihr Unwesen treiben und Lichter
  über den Himmel huschen;
* schattenhafte Aktivitäten;
* mysteriöse Wasserspiele und höllische Flammen;
* grausame Tiermorde und
* Personen, die sich in Luft auflösen.
Wie schon gesagt: ein buntes Allerlei. Aber es gibt in diesem
Kaleidoskop des Absurden auch versteckte, signifikante
Querverbindungen:
* Parallelen zwischen Wasser und Feuer;
* gemeinsames Auftreten von SHC und Tierverstümmelungen (in England und den USA);
* radioaktive Verstrahlung bei SHC (Billy Peterson) wie bei
  Tierverstümmelungen (Snippy) sowie

* Hitzeeinwirkung bei Tierverstümmelungen (Dr. Altshuler). Von grotesken Koinzidenzen und verblüffenden geographischen Aspekten (dreimal *U* und identische Entfernungen bei ein und demselben SHC-Fall) einmal ganz zu schweigen.

Einen echten Reim kann man sich auf all das natürlich nicht machen. Wozu auch das Unmögliche versuchen? Keinen Moment war davon die Rede, mühsam ein Gedankengebäude zu errichten, das alles und jedes unter dem Dach einer umfassenden Theorie sammelt. Dies wäre ein Unterfangen so monumental wie die Erstellung der vielgesuchten einheitlichen Feldtheorie. Unweigerlich würde man sich in einem Dickicht konkurrierender und sich überlappender Hypothesen verlieren. Gestehen wir einfach zu, daß schon sein kann, was nicht sein darf. Dann zeigt sich sofort, daß gerade die nahezu unbegrenzten Kombinations- und Verbindungsmöglichkeiten des Unbekannten seine Existenz dokumentieren. Nicht mehr und nicht weniger.

Die Fingerzeige, die wir ins Bewußtsein gerückt haben, lassen bei ehrlicher Einschätzung in ihrer Gesamtheit wohl nur eine Interpretation zu: sie sind Zeichen nichtmenschlicher Umtriebe. Ob es sich um eine Macht mit vielen Erscheinungsformen handelt oder um ein ganzes Potpourri davon, wer kann das wohl sagen? Hat man sich einmal mit dem Gedanken abgefunden, daß wir lediglich die Rolle von Opfern spielen, so eröffnet sich ein völlig neues, wenig erbauliches Blickfeld. Wir, die »Herren der Schöpfung«, sind dem Unbekannten ausgeliefert, desgleichen die Tiere, mit denen nach Belieben umzuspringen wir für unser trauriges Vorrecht hielten.

Doch nicht nur lebende Wesen können zu Spielbällen werden – und das im reinen Wortsinn. Was jetzt kommt, ist, man glaubt es kaum, *noch grotesker.*

Verzauberte Objekte –
beseelte Dinge

Die Dinge sitzen im Sattel und reiten die Menschen.

Ralph Waldo Emerson

Unsere Freunde, die Maschinen

Es gibt sie tatsächlich, die Liebe, von der die Dichter singen, die große Leidenschaft, die gegen alle Anfechtungen gefeit ist, die den Stürmen der Zeit trotzt und nie zu lodern aufhört: Es ist die Liebe eines Mannes zu seinem Auto.

Wie ein fahrender Ritter vergangener Tage »kämpfen ein Mann und sein Auto gegen das Unrecht« (gemeint sind Michael Knight und sein übermenschliches Wunderauto K.I.T.T. in der beliebten TV-Serie *Knight Rider*). Im wahren Leben sind geringste Lackkratzer oft Ursache wüster Handgreiflichkeiten, und Rainhard Fendrichs Ode an sein Sportcoupé: »Jetzt liegst am Autofriedhof draußen, dabei warst du doch alles für mich« war ein echter Hit. Es gibt zahlreiche Beispiele für dieses bizarre Liebesverhältnis, wobei in der letzten Zeit der Liebespartner Auto durch einen Computer ersetzt werden kann.

Frauen klagen nicht selten, daß sie weniger Zuwendung erfahren als der vierrädrige Liebespartner oder der »Kasten mit dem Bildschirm«, doch auch sie legen mitunter eine überproportionale Schwärmerei für Dinge an den Tag, die von der Männerwelt als Kinkerlitzchen betrachtet werden.

Für diese Phänomene gibt es psychologische, kulturelle und soziologische Erklärungen. Das erschütternde Ergebnis einer Umfrage in den USA, bei der siebzig bis achtzig Prozent der befragten Jugendlichen zwischen vierzehn und achtzehn Jahren angaben, der Computer sei ihr einziger und bester Freund, ist zweifellos ein (warnendes) Zeichen unserer orientierungs- und bindungslosen Zeit mit ihrer wachsenden Isolation des Individuums. Maschinen, die ursprünglich nur die physische, später auch die geistige Kapazität des Menschen vergrößern sollten, sind schon lange keine Werkzeuge im Wortsinn mehr. Sie wurden zu Status-, Macht- und Sexualsymbolen. Die Motivationsforschung ist sich bewußt, daß auf einem Markt vieler gleichartiger Erzeugnisse das vertrauenswürdigere Produkt das Rennen macht. Je menschlicher es ist, desto besser – eine Forderung, der sich beim fahrbaren Untersatz zahllose Realisierungsmöglichkeiten auftun. Man denke an die gezielt mit »Brüsten« versehenen Stoßstangen, an den »Vaginal-Look« des Unglückswagens Edsel und an die besondere Aufmerksamkeit, die Karosseriestylisten dem rückwärtigen Ende der Fahrzeuge widmen.

Wer eine Maschine bedient, sei es ein Riesenkran oder ein Fotokopierer, pflegt dem Gerät eine Persönlichkeit zuzumessen und es bei Widerspenstigkeiten zu beschimpfen oder gar zu attackieren wie ein lebendes Wesen. Je komplexer und leistungsfähiger die Technologie wird, desto klarer nimmt die Wechselwirkung zwischen Mensch und Maschine den Charakter einer Symbiose an, die oftmals mehr als unheimlich ist.

Fahrbare Untersätze, die streiken, Amok laufen und Selbstmord begehen

Eröffnen wir den Reigen des Absurden mit dem eingangs erwähnten Liebesobjekt, Sorgenkind und Aushängeschild: dem Auto. Nicht grundlos war Stephen Kings – auch verfilmter – Roman *Christine. Das Auto des Teufels* ein Kassenschlager. Die hier vorgestellte Beseelung eines 1958er Plymouth Fury, der Eifersucht zeigt und (im Gegensatz zu Walt Disneys liebenswertem Käfer *Herbie*) sogar mordet, ist zwar spannend, aber durch und durch mythologisch. Für uns eine Sackgasse.

Weiter scheint die Story *Das Maschinenungeheuer* des amerikanischen Science-fiction-Autors Theodore Sturgeon zu führen. Sie beschreibt die Probleme einer Gruppe von Technikern, die auf einer Pazifikinsel einen Flugplatz errichten sollen und sich dabei mit einem mitgebrachten Bulldozer herumschlagen müssen. Dieser entwickelt plötzlich ein aggressives Eigenleben, verursacht durch eine mysteriöse elektronische Substanz namens *Neutronium*, die von einem Krieg in vorgeschichtlicher Zeit übriggeblieben ist.

Das trifft schon eher, worauf wir hinauswollen. Denn unsere Hypothese lautet nach wie vor: Irgend etwas treibt auf der Erde ein makabres Spiel. Mit uns, unseren Tieren und unseren Erzeugnissen.

Nun zurück zur Automagie. Selbst wenn unsere verhätschelten Gefährten es tatsächlich schaffen würden, Eigenpersönlichkeit zu entwickeln, so hätten sie keinen Grund, sich so bösartig, gelegentlich sogar berserkerhaft, jedenfalls aber undankbar zu verhalten, wie sie dies gelegentlich tun. Im Gegenteil. Tiefe Dankbarkeit wäre angebracht. Es gibt zahlreiche Liebesgedichte an Wagen und tatsächliche Autobegräbnisse mit echten Tränen. Motorshows haben längst den Charakter feierlich-ritualisierter Zeremonien angenommen. In zahlreichen amerikanischen Städten finden sich sogenannte Autokliniken, Tendenz steigend. Diese Bezeichnung ist kein Gag, denn es handelt sich um völlig ernsthafte Diagnosezentren mit Mechanikern in weißen Arztmänteln, mit Blumenschmuck und leiser Musik. Zusammengerechnet verbringen wir Monate unseres Lebens damit, unsere Autos zu putzen, zu pflegen und zu schmücken. Wir statten sie mit Maskottchen

und den absurdesten Verzierungen aus, geben ihnen Kosena-
men und bewachen sie eifersüchtiger als den eigenen Partner. Autos haben bei uns den Himmel auf Erden.

Und so sieht ihr Dank aus, nachzulesen in Lyall Watsons *The
Nature of Things:* Im Jahr 1984 stellte der Brite Jack Oates seinen Pkw in einer Dorfstraße im Westen der englischen Grafschaft Yorkshire ab, um in einer Telefonzelle einen geschäft-
lichen Anruf zu tätigen. Den Hörer in der Hand, bemerkte
Oates in ungläubigem Entsetzen, daß sein Wagen selbsttätig
startete. Wie von Geisterhand gelenkt, raste er im Rückwärtsgang los und krachte in eine Gruppe geparkter Fahrzeuge. Dort verkeilte er sich mit laufendem Motor. Oates lief
zu seinem Wagen, stieg ein und wollte den Motor abstellen.
Es ging nicht. Er konnte den Zündschlüssel noch so verbissen drehen, der Motor lief weiter. Mechaniker wurden gerufen. Sie erlebten noch Bizarreres.

Sobald sich ein Mechaniker dem vor sich hin brummenden
Gefährt näherte, erstarb der Motor. Traten die Mechaniker
zurück, sprang er wieder an. Dieses Spielchen wiederholte
sich längere Zeit, bis das Benzin ausging. Ein Techniker
dazu: »So etwas hat sich noch niemals ereignet.«

Manche Autos leisten massiven und direkten Widerstand.
Das mußte Kevin Kelly 1977 erleben. Er parkte seine nagelneue Limousine vor dem Heim seiner Freundin in Staf-
fordshire, zog den Zündschlüssel ab und ging ins Haus. Dort
verweilte er allerdings nur wenige Sekunden, denn der Motor seines Wagens sprang an. Kellys Versuche, ihn abzuschal-
ten, waren erfolglos. Der junge Engländer war jedoch weit
aggressiver, als es sein Landsmann Oates sieben Jahre später
sein sollte. Kelly öffnete die Kühlerhaube und riß die Vertei-
leranschlüsse herunter. Gegen jede Vernunft und gegen die
Gesetze der Physik lief der Motor weiter. Nun wurde Kelly
wütend. Tückisch verstopfte er das Auspuffrohr mit Fetzen.

Was als Studentenulk stets funktioniert hatte, zeigte keine Wirkung. Der Motor lief und lief.

Resigniert wurde die British Automobile Association herbeigerufen. Der Servicemann kam und durchtrennte diverse Kabel. Ergebnis gleich Null. Der Motor tuckerte vor sich hin, obgleich er schon lange seinen Geist hätte aufgeben müssen. Nach einer Stunde, in der die Beteiligten den Wagen anstarrten, als sei er vom Teufel besessen, endete der Spuk. Es war eindeutig die Entscheidung des Wagens.

Kevin Kelly schickte ihn zum Hersteller zurück. Dort nahm man sich das widerspenstige Vehikel gründlichst vor. Stellungnahme des Sprechers des Herstellers: »Das war ein sehr ungewöhnlicher Fall. Das Auto ist nun voll funktionsfähig. Einen weiteren Kommentar können wir nicht abgeben.«

Nicht so verschlossen gab sich David Warner, der Vikar von Yorkshire, 1981 zu einem Vorfall, in den sein Pkw verwickelt war. Der aufmüpfige Wagen entschloß sich offenbar, einen ihm genehmeren Parkplatz einzunehmen. Er fuhr ohne Lenker durch den Garten der Pfarrei, machte eine elegante Kurve und parkte präzis in einer Ecke des Gartens. Warner meinte: »Dieser Wagen hat zweifellos eine Persönlichkeit und einen bösartigen Geist. Wenn er nochmals Zeichen von Besessenheit zeigt, werde ich ihn exorzieren müssen.« Ein Vertreter des Erzeugers konnte nur lapidar feststellen: »Ich habe niemals etwas Ähnliches gehört.«

Aufgepaßt: zwei Fälle in Yorkshire. Es sind nicht die einzigen. Vier Jahre später erwachte der Wagen von Eveline Thommesen ebenfalls in Yorkshire zu einem kurzen, aber dramatischen Eigenleben. Er startete ohne Schlüssel im Zündschloß, durchbrach das Garagentor und bohrte sich donnernd in eine Mauer, wo er in Flammen aufging. Dazu ein Feuerwehrmann: »Ich habe niemals von einem solchen Fall gehört.«

Im selben Jahr ereignete sich in London ein weiterer Fall ebendieser Art. Auch er läßt an einen »Selbstmord« denken. Don Hall war eben damit fertig geworden, ein altes Taxi nach seinem Geschmack zu verschönern, als es ansprang und in einer wilden Zickzackfahrt über den Parkplatz raste. Dabei vermied es zahlreiche Kollisionen durch gezielte Manöver, ehe es in einem Feuerball ausbrannte.

»Autoselbstmorde« kennt man natürlich auch im Land mit der höchsten Fahrzeugdichte, den USA. 1978 bemerkte die Politesse Patty Jackson in Bloomington, Illinois, daß die Scheinwerfer eines Autos brannten, das auf einem Kaufhausparkplatz abgestellt war. Sie wollte sie abschalten. Als Patty den Türgriff berührte, erwachte der Wagen zum Leben. Der Motor startete, und los ging's. Wie bei einer Verfolgungsjagd im TV raste der Wagen krachend über eine Betonstufe. Vergleichbar mit dem alten Londoner Taxi im Jahr 1985, beschrieb er eine waghalsige Slalomfahrt über den Parkplatz. Danach raste er auf die Hauptstraße des Ortes, wich dem Gegen- und Querverkehr aus und steuerte wieder auf den Parkplatz. Von dort ging es nach wüstem Schlingerkurs abermals auf die Hauptstraße, zurück zum Parkplatz usw. Das bizarre Manöver wiederholte sich dreimal.

In den letzten Minuten, bevor der Amok laufende Wagen direkt auf einen entgegenkommenden Truck zusteuerte und diesen frontal rammte, hatte ein Polizeistreifenwagen die Verfolgung aufgenommen. Patrouillenmann Sergeant Michael Leary beschlagnahmte den deformierten Schrotthaufen und wies die Abschleppcrew an, das Wrack speziell zu befestigen, damit »es nicht entkommen könne«. Sein Kollege Edwin O'Farrell – er hatte die selbst nach der Kollision noch leuchtenden Scheinwerfer durch Kappen der Batteriekabel zum Erlöschen gebracht – meinte: »Es war wie aus einem verrückten Satansfilm.«

Sandra Zikus, der das widerspenstige Gefährt gehörte, war aus einem Schönheitssalon gekommen, als die führerlose Höllenfahrt begann. Die ganze Zeit stand sie wie vom Donner gerührt da, die Zündschlüssel hilflos in der Hand. Es erübrigt sich beinahe zu sagen, daß die Untersuchung des Unfallwagens kein Licht in die Sache brachte. Nachher war er nur noch ein ganz normaler Totalschaden.

Bei aller Unheimlichkeit dieser Vorgänge können die Autobesitzer dennoch von Glück sagen, daß sie mit heiler Haut davongekommen sind. Einer US-Bürgerin aus Florida, die ihren fahrbaren Untersatz im Jahr 1978 vor einem Supermarkt geparkt hatte, ging dieser im wahrsten Sinne des Wortes an den Kragen: Als die Frau sich nach dem Einkaufen ihrem Fahrzeug wieder näherte, startete es selbsttätig, beschleunigte im Rückwärtsgang und überfuhr seine Besitzerin. Und das mehrmals, indem es sich im Kreis bewegte. Volle fünfzehn Minuten lang hinderte es so gleichzeitig alle Helfer daran, sich dem blutenden Opfer zu nähern. Die Schwerverletzte wäre vielleicht noch zu retten gewesen, doch da erst die Autoblockade überwunden werden mußte, kam jede Hilfe zu spät.

Einen Moment. An dieser Stelle mag so manchem die ganze Angelegenheit einfach zu grotesk erscheinen. Autos, die so agieren, als wären sie denkende Wesen? Das kann es einfach nicht geben. Die Fallgeschichten sprechen zwar eine unmißverständliche Sprache, aber vielleicht handelt es sich doch nur um eine Verkettung von exotischen Zufällen? Alles äußerst unwahrscheinlich, aber nicht im strengen Sinne unerklärlich.

Damit könnte man sich eher abfinden als mit den aufgelisteten Absurditäten. Ja, wenn die »Beseelung« von Autos ein weitverbreitetes Phänomen mit statistischer Signifikanz wäre, dann müßte man das Wirken rätselhafter Kräfte in

Erwägung ziehen, aber eine solche Breitenwirkung hat die Erscheinung doch nicht, oder?

Damit kann man sich leider nicht beruhigen, denn seit 1987 muß sich die internationale Autoindustrie mit zahlreichen Beschwerden über aufmüpfige Kraftfahrzeuge auseinandersetzen. Die Lenker einer Reihe von unterschiedlichen Autotypen beklagen sich darüber, daß die fahrbaren Untersätze gelegentlich die Kontrolle übernehmen. Sie beschleunigen, wenn der Fahrer nicht Gas gibt, und lassen sich nicht herunterbremsen. Solche Fälle sollen Legion sein. Die Kfz-Industrie kann sie selten aufklären, was oftmals saftige Schadenersatzzahlungen nach sich zieht: Ein Gericht in Los Angeles sprach einer Frau drei Millionen Dollar Schmerzensgeld zu, die von ihrem Auto »verletzt worden« war. Weitere Millionenabfindungen sind bekannt.

Laut Lyall Watsons *The Nature of Things* soll ein namhafter Hersteller fünfzigtausend Wagen wieder eingezogen und dreihundertneunzigtausend Lenkern außergerichtliche Vergleiche angeboten haben. Das ebenso unerklärliche wie lästige Beschleunigungsphänomen mit fast emotionalem Charakter soll nach Watson die Erzeugnisse diverser Autoerzeuger heimsuchen.

Unsummen, so heißt es, wurden investiert, um der Ursache auf die Spur zu kommen. Die US-National Highway Traffic Safety Administration setzte mehrere Kommissionen ein. Ergebnis in allen Fällen: Null. Bis dato ist es keinem Autohersteller gelungen, die Erscheinung nachzuvollziehen oder gegen ihr Auftreten irgendeinen Schutz zu schaffen.

Aussagen wie die von Alan Smith aus North London müssen nach wie vor zähneknirschend zur Kenntnis genommen werden: »Der Wagen hat begonnen, Amok zu laufen. Es war, als wenn jemand anderer das Gaspedal willkürlich durchgetreten hätte.«

Lebende Züge

Vielleicht ist es für die geplagten Autofahrer, die sich zusätzlich zu Staus, Parkplatzsuche etc. nicht auch noch mit aufsäs-
sigen Gefährten herumärgern wollen, ein Trost, daß nicht
nur ihre Fahrzeuge ein unliebsames Eigenleben entwickeln.
Auch die öffentlichen Verkehrsmittel scheinen nicht dagegen
gefeit. Speziell Züge machen gelegentlich Alleingänge. Diese sind noch bizarrer als bei Autos – sofern eine Steigerung
überhaupt denkbar ist –, da Triebwagen und Lokomotiven
mit einer sogenannten Totmannsicherung ausgerüstet sind,
die dafür sorgen soll, daß Eisenbahnen nicht führerlos durch
die Gegend rasen, wenn dem Zuglenker etwas zustößt. Es ist
daher doppelt rätselhaft, wenn Eisenbahngarnituren sich
selbständig machen.

Im Herbst des Jahres 1979 erwachten in den USA wie auf
ein geheimes Signal hin landauf, landab Lokomotiven zu einem geisterhaften Eigenleben. Es war eine regelrechte Epi-
demie, wie es ein Beamter der Bahnbehörden ausdrückte.

Im August verließ eine Lokomotive der Santa Fe Railway
ihren Bahnhof in Oklahoma und dampfte mit einer Geschwindigkeit von über sechzig Stundenkilometern in Richtung der Städte Moore und Norman. Highway-Polizisten
fuhren vor ihr her, um Straßenbenützer zu warnen. Über
eine Stunde lang machte die einsame Lokomotive das Schie-
nennetz unsicher, ehe sie nach einer Fahrt von mehr als
fünfzig Kilometern in Purell auf ein Seitengleis umgelenkt
werden konnte, wo sie einen Frachtzug rammte.

Im September entschloß sich die Conrail-Lokomotive Nr.
6483 aus eigenem Antrieb zu einer kleinen Rundfahrt. Von
West Seneca im Bundesstaat New York aus donnerte sie mit
fast achtzig Kilometern pro Stunde dahin. Zu Anfang bemerkte niemand, daß keine menschliche Hand sie lenkte.
Einem Autofahrer, der vor dem schienengleichen Bahn-

69

übergang in Akron wartete, bis die Lok vorbei war, fiel dies als erstem auf. Er rief die Streckenleitung an und meldete lakonisch, eine Lokomotive habe den Bahnübergang gequert, ohne den üblichen Pfiff auszustoßen, und im Führerhaus sei auch kein Mensch. Hektische Verwirrung breitete sich aus. Die genaue Position und Fahrtrichtung der Geisterlok ließen sich nicht feststellen. Der Ausflug der unternehmungslustigen Lokomotive fand in der Endstation von Oakfield seinen Abschluß. Fünfzig Meter vor dem Prellbock am Ende des Schienenstranges und knapp vor der Bar des Oakfield Hotels kam Nr. 6483 zum Stehen.

Einen Monat später machten sich zwei miteinander verbundene Southern-Pacific-Lokomotiven nahe Tucson in Arizona gemeinsam auf den Weg. Nach einer Fahrt von dreißig Kilometern konnten sie nur auf eine mehr als ungewöhnliche Weise angehalten werden. Ein örtlicher Scharfschütze raste den flüchtigen Zwillingsloks mit seinem Wagen hinterher und durchtrennte den Schlauch der Luftdruckbremse mit einigen Meisterschüssen.

Wenn man vor der kühnen Vorstellung nicht zurückschreckt, bei all den aufgezählten bizarren Vorfällen könnte eine nicht näher definierbare Kraft – oder Kräfte – am Werk sein, so ist die weiterführende Überlegung nicht völlig aus der Luft gegriffen, daß besonders Begabte eine Antenne für diese geheimen Umtriebe besitzen mögen, auch wenn sie nicht wissen, welchem Phänomen sie auf der Spur sind. Es gibt Beispiele für die diesbezügliche Empfänglichkeit sensitiver Menschen. Trumpfkarte haben wir dennoch keine im Ärmel, denn die geheimen Mächte sitzen am längeren Hebel. Möglicherweise gehört es sogar zu ihrem Spiel, uns das eine oder andere im voraus anzukündigen und so damit vorzuführen, wie machtlos wir selbst dann sind, wenn sie uns bewußt in die Karten schauen lassen.

Der spektakulärste Fall dieser Art ereignete sich 1981 in England. Eine Hellseherin informierte die britische Eisenbahn, daß »ein großer blauer Zug in einen Zusammenstoß mit einer anderen Garnitur verwickelt sein wird«. Die Zuständigen ignorierten den Anruf, doch die Frau gab nicht auf. Sie meldete sich wieder und wurde präziser. Bei dem Unglückszug würde es sich um einen Zug mit Öltankwagen handeln, gezogen von einer Lokomotive mit der Nummer 47.216. Diese Spezifizierung schlug keine sonderlichen Wellen, aber die Angerufenen bequemten sich wenigstens, über die »lästige Person« Auskünfte einzuholen. Als sich herausstellte, daß die Hellseherin der örtlichen Polizei bekannt war, der sie bei einigen Kriminalfällen »mediale Dienste« geleistet hatte, nahm man die bizarre Meldung zu den Akten. Gras wuchs über die Sache.

Zwei Jahre später kollidierte eine Garnitur aus leeren blauen Öltankwagen mit dem 5.32-Uhr-Personenzug von Cleethorpes nach Sheffield. Ein Mann wurde getötet und über ein Dutzend Passagiere verletzt. Die Kollision ereignete sich haargenau so, wie sie zwei Jahre zuvor geschildert und niedergeschrieben worden war. Lediglich die Nummer der Lokomotive des Tankzuges war nicht 47.216, sondern 47.299.

Großes Aufatmen setzte ein. Man hatte es also doch nur mit einem Zufall zu tun gehabt. Die Erleichterung hielt nicht lange an, denn die Bahnbehörden erklärten, die Nummer der Unglückslok sei vor dem Anruf der Hellseherin *47.216* gewesen. Entgegen der Gepflogenheit, Lokomotiven nur dann eine neue Nummer zu verpassen, wenn sie umgebaut wurden, hatte man im Dezember 1981 eine Ausnahme gemacht, »um sicherzugehen«. Doch mit des Geschickes (oder mit anderen) Mächten ist kein ew'ger Bund zu flechten, wie der Dichter sagt.

Ein vordergründig fast identischer Fall demonstriert den

möglichen Unterschied zwischen den Umtrieben willentlich agierender Kräfte und dem Wirken rätselhafter Phänomene ohne lenkendes Bewußtsein im Hintergrund.

Die Diesellok D 326 wurde von einer britischen Firma gebaut und 1960 in Dienst gestellt. Sie war eine der ersten ihrer Art, die auf den englischen Schnellstrecken die dampfbetriebenen Expeßloks ersetzen sollten. Auf ihr lastete anscheinend entweder ein Fluch, oder die mysteriösen Gesetze des Zufalls trafen sie mit unerbittlicher Härte. 1962 rammte sie einen Personenzug, der im Bahnhof von Crewe stand. Achtzehn Menschen kamen ums Leben. Ein Jahr später machte die D 326 wieder Schlagzeilen, diesmal als Opfer. Sie hatte die Waggons gezogen, in denen sich die Beute des berühmten englischen Postraubs von 1963 befand. (Man erinnere sich an Ronald Biggs und *Die Gentlemen bitten zur Kasse.*) Das Jahr darauf starb ein Feuerwehrmann durch Stromschlag auf der Diesellok, und ein weiteres Jahr später verweigerten ihre Bremsen nahe Birmingham den Dienst. Mit über sechzig Stundenkilometern raste sie auf die New-Street-Station zu. Im letzten Moment konnte sie auf ein Nebengleis umgeleitet werden, wo sie einen stehenden Frachtzug zertrümmerte. Ab diesem Zeitpunkt lehnte es das Bahnpersonal kategorisch ab, einen Fuß auf die »Teufelsmaschine« zu setzen. Man stellte sie offiziell außer Dienst, verpaßte ihr die neue Nummer 40.126 und setzte sie heimlich, still und leise auf der Nebenlinie in Cumbria ein. Damit fanden die unerklärlichen Aktivitäten schlagartig ein Ende.

Die Gegenüberstellung der Vorgänge um die vergeblich neu numerierte Lokomotive 47.216 und um die erfolgreich mit einer Tarnidentität versehene Diesellok zeigt, wo wir es mit bewußten Aktionen aus dem Anderswo zu tun haben könnten und wo mit dem Auftreten verborgener Naturgesetze von größter Fremdartigkeit. Natürliche Prinzipien lassen sich zwar nicht außer Kraft setzen, wohl aber umgehen, unterlaufen und neutralisieren. Unsere Wissenschaft macht tagtäglich von Schlupflöchern in den Naturgesetzen Gebrauch. (Man denke nur an die Pille, die dem weiblichen Körper hormonell etwas vorschwindelt und damit natürlichen Mechanismen ein Schnippchen schlägt.) Die neue Zugnummer oder das Entfernen der Lok aus einem bestimmten Einwirkungsgebiet mag den Bann unbekannter Naturkräfte gebrochen haben. Wären etwaige geheime Marionettenspieler am Werk gewesen, hätte es vielleicht nicht geklappt. Wie auch immer. Der Versuch, bei so exotischen Vorgängen Schlußfolgerungen zu ziehen, ist ein Ritt über den Bodensee, bei dem das dünne Eis an manchen Stellen bedenklich knackt. Diese Unsicherheit liegt in der Natur der Sache. Versuchen wir also, weitere Bausteine für ein mögliches Denkgebäude zu finden.

Auf dem festen Boden haben wir schon danach gesucht und sind fündig geworden. Der sprichwörtliche »feste Boden«, auf dem sich sowohl Autos als auch Züge bewegen, trägt allerdings seine Begrenzung sozusagen in sich. Auf ihm kann sich ohne übersinnliche Einwirkung schon mal eine Bremse lösen oder etwas im Kreis fahren, sogar einige Zeit lang. Weit problematischer ist solches zu Wasser und so gut wie unmöglich in der Luft. Ein wesentlicher Faktor bei der Suche nach solchen Vorgängen war bislang die Tatsache, daß Wracks übrigbleiben, wenn Landfahrzeuge »aus eigenem Willen« Katastrophen verursachen. Das ist nun anders.

Untergegangen wird ziemlich schnell und abgestürzt sofort. (Geschieht letzteres über offenem Meer, so verschwindet ein »selbstmörderisches« Flugzeug ebenso spurlos wie ein Schiff, das sich selbst auf Grund gesetzt hat.) Dennoch existieren zahlreiche Beweise dafür, daß die seltsame Belebung von Vehikeln weder vor den lockenden Tiefen des Meeres haltmacht noch vor der unbestreitbaren Tatsache, daß Luft keine Balken hat. Es muß ja auch nicht immer gleich Selbstzerstörung sein.

Es gibt einen ungeheuren Fundus von Berichten über Geisterschiffe und einen wesentlich bescheideneren über Geisterflugzeuge (aber immerhin!). Das nimmt nicht wunder, bewegt sich der Mensch doch ungleich länger über die sieben Meere als in der dritten Dimension. Vergraben in Bergen von Unterlagen, finden sich in den Bereichen Seefahrt und Luftfahrt dokumentierte Vorgänge, die mit herkömmlichen Legenden soviel zu tun haben wie die Seltsamkeiten der Quantenphysik mit dem Regenmachen durch das Murmeln von Zaubersprüchen.

Ein Fischtrawler verweigert den Dienst

1987 mußte sich das englische Gesundheits- und Sozialministerium mit Anträgen auf Arbeitslosenunterstützung herumschlagen, die stark aus dem üblichen Rahmen fielen. Die Besatzung des Fischtrawlers *Pickering* war durch aufgezwungene Untätigkeit zu Sozialempfängern geworden, weil ihr Schiff beharrlich die Arbeit verweigerte. Die *Pickering* ging nicht auf See, Punktum. Jedesmal wenn Kapitän Derek Gates aus dem Hafen von Bridlington dampfen und die Fanggründe in der Nordsee ansteuern wollte, machte der Trawler einen Strich durch die Rechnung. Er beschrieb willkürliche Kreise, die Maschinen erstarben immer wieder, die Lichter begannen zu flackern, und in den Kabinen herrschte trotz voll aufgedrehter Heizung Eiseskälte. Mit präziser Regelmäßigkeit fiel täglich punkt ein Uhr dreißig früh das Radar aus. Was immer die Offiziere und die Crew taten, welche Hebel, Knöpfe und Schalter sie auch betätigten, es blieb wirkungslos. Das Schiff war arbeitsscheu. Der Kampf Mensch gegen Maschine tobte drei Monate lang mit absoluter Verbissenheit. Servicetechniker kamen und gingen. Zeitweise schlugen sie für mehrere Tage ihr Quartier an Bord auf. Unermüdlich zerlegten, vermaßen und untersuchten sie und fanden – nichts. Wie zum Hohn ihrer Bemühungen ging die Rebellion der *Pickering* unvermindert weiter. Der Offizier Michael Laws meinte zu diesen frustrierenden drei Monaten in der Zeitschrift *Fishings News* vom 18. Dezember 1987: »Das war die schlimmste Zeit in meinen ganzen siebzehn Jahren auf See. Ich habe keinen einzigen Penny verdient, weil alles kopfstand und niemand verstehen oder erklären konnte, was los war.«

Die seltsamen Vorgänge wurden schließlich durch eine nicht weniger seltsame Gegenmaßnahme beendet, so scheint es wenigstens vordergründig. Am Ende ihres Lateins und ihrer Nervenkraft angekommen, beschlossen die Beamten der verantwortlichen Behörde, dem Drängen der bereits hysterischen Mannschaft nachzugeben und einen exotischen Weg zu beschreiten. Ein Vikar aus Bridlington mit Namen Tom Wills wurde geholt und nahm einen Exorzismus vor. Danach stellte das Schiff seine Eskapaden ein. Schlagartig herrschte »eine freundliche Atmosphäre«, wie Kapitän Gates es wörtlich ausdrückte. Ruhe und Frieden breiteten sich aus, wo noch Stunden zuvor widerborstige Maschinen, Relais, Schaltungen und zig andere Mechanismen ihre Beherrscher genarrt hatten. Von Stund an gab es keine maschinelle Revolution mehr. Folgsam wie ein Lämmchen führte die *Pickering* eine erfolgreiche Fangfahrt nach der anderen ohne rätselhafte Zwischenfälle durch.

Im ersten Moment scheint die unorthodoxe Lösung des Problems darauf hinzudeuten, daß wir bei unserer Suche nach möglichen Umtrieben unbekannter Mächte in eine Sackgasse geraten sind. Schließlich hat der Exorzismus gewirkt, was die ganze Angelegenheit ins Gebiet der Theologie und nicht der unerklärlichen Phänomene verlegt. Wirklich?

Ohne religiöse Gefühle verletzen zu wollen, erscheinen gewisse Zweifel an einer »Besessenheit« von technischen Geräten legitim und damit auch an der Wirksamkeit gegen sie ins Feld geführter Austreibungen. Wie mag aber nun alles zusammenpassen? Folgender Umkehrschluß, den ich als vorsichtigste aller Spekulationen in den Raum stelle, könnte die Ungereimtheiten beseitigen. Er lautet: Gerade der Erfolg des Exorzismus weist vielleicht auf geheime Puppenspieler hin, die es möglicherweise amüsant finden, uns in die Irre zu führen, falsche Spuren zu legen, oder ganz einfach ihr Spiel so und nicht anders zu spielen. Ein solcher Gedankengang bedarf mehr als eines Beispiels, das noch dazu die unterschiedlichsten Interpretationen erlaubt. Es gibt weitere Beispiele. Nimmt man sie unter die Lupe, hat man unwillkürlich sofort den Eindruck: Hier hat irgend jemand oder irgend etwas herumexperimentiert.

Führerlos ans Ziel

Aus dem Jahr 1941 ist trotz aller Kriegszensur ein signifikanter Fall aktenkundig. Im Ärmelkanal geriet ein Frachter in Brand. Die Mannschaft rettete sich und ließ das lodernde Schiff zurück. Seltsamerweise versank es jedoch nicht, sondern erreichte einen Ankerplatz an der britischen Küste. Völlig unerklärlich, denn der Frachter hätte aus eigener Kraft das Feuer löschen, fast hundert Kilometer im Dunkeln zurücklegen, die Einfuhrschneise zu seinem späteren Ankerplatz ansteuern und dort festmachen müssen. Dazu muß erwähnt werden, daß besagte Einfuhrschneise sehr eng und gewunden ist, was diffiziles Manövrieren durch Felspassagen erforderlich machte, die nur wenige Zentimeter breiter waren als der aufgegebene Frachter. Kurzum: ein Ding der Unmöglichkeit – aber dennoch geschehen.

1984 widersetzte sich der holländische Frachter *Pergo* auf ähnliche Weise seinem vorprogrammierten Untergang. Ein heftiger Sturm nahe der norwegischen Küste zwang die Crew, die *Pergo* zu verlassen. Die Männer wurden in einem günstigen Moment von Rettungshubschraubern aufgenommen. Das aufgegebene Schiff gab sich jedoch offensichtlich nicht selbst auf. Führerlos legte es eine Strecke von dreihundert Kilometern über die unruhige Nordsee zurück – bis zum Eingang des Hafens von Dunbar im schottischen East Lothian.

Manche Schiffe scheinen jedoch nicht aus Selbsterhaltungstrieb, sondern aus edleren Motiven zu agieren, eine Vorstellung, die noch bizarrer ist als das vorige.

Von ihrem Heimathafen New Bedford im US-Bundesstaat Massachusetts kommend, erledigte die 227-Tonnen-Walfangbarke *Canton* im Juni 1887 in ihren üblichen Fanggründen im Südatlantik ihren blutigen Job. Nachdem die vorgesehene Zahl der riesigen Meeressäuger harpuniert und an Bord des Schiffes zerlegt worden war, setzte die *Canton* Segel nach Sankt Helena. Auf der durch Napoleon Bonaparte berühmt gewordenen Insel wurde die Ladung gelöscht und der Wasservorrat aufgefüllt. Danach sollte es zur nächsten Fangrunde wieder in den Südatlantik gehen. Das Schiff entschied sich jedoch für eine wichtigere Mission. Kurz hinter Sankt Helena schlug die *Canton* einen völlig anderen Kurs ein. Die Barke ignorierte alle Korrekturversuche des Steuermanns und sogar die Windrichtung. Unbeirrbar segelte sie einem unbekannten Ziel entgegen. Unter Einsatz aller Mittel gelang es Kapitän George L. Howland und seiner Mannschaft einige Male, das störrische Schiff in die gewünschte Richtung zurückzuzwingen, doch stets nur für kurze Zeit. Immer wieder schwenkte die Canton auf ihren eigenen Kurs zurück. Schließlich behielt sie die Oberhand.

Kapitän Howland meinte philosophisch: »Das ist ein gutes Schiff. Es gibt keinen Grund, warum es dem Steuer nicht gehorchen sollte. Also muß die Vorsehung ihre Hand im Spiel haben. Wir wollen ihr nachgeben. Lassen wir uns überraschen, wohin die Reise geht.« Nach diesem Entschluß verbrachte der Nordstaatenkapitän die meiste Zeit an Deck, wo er schweigend an der Reling stand.

Am dritten Tag der ungewollten Exkursion bemerkte der Erste Maat Antone Cruz weit vor dem Bug einige Punkte auf der Meeresoberfläche. Beim Näherkommen der *Canton* entpuppten sie sich als Rettungsboote voll mit ausgemergelten Gestalten, die fanatisch winkten und mit heiseren Stimmen schrien: die Überlebenden des britischen Handelsschiffes *Monarch.* Es war zwölfhundert Kilometer vom Kap der Guten Hoffnung entfernt in Brand geraten und mußte Hals über Kopf evakuiert werden, da die Flammen nicht unter Kontrolle zu bringen waren und die Ladung von mehr als zweihundert Kisten Dynamit zu erfassen drohten. Von Hunger und Durst gepeinigt, waren Passagiere und Mannschaft in den kleinen Booten steuerlos fast dreihundert Kilometer weit getrieben – direkt in die Fahrtlinie, die die *Canton* selbst gewählt hatte. Die mathematische Wahrscheinlichkeit eines zufälligen Schneidens der beiden unterschiedlichen Kurse beträgt unter den gegebenen Begleitumständen eins zu mehreren Billionen.

Kapitän Howland erhielt als Belohnung für diese dramatische Rettung von der britischen Regierung einen silbernen Teekessel und von der Liverpooler Gesellschaft für Schiffswracks und Humanität eine Goldmedaille. Der Seemann, der seit seinem sechzehnten Lebensjahr Schiffsplanken unter den Füßen hatte und ein exzellenter Navigator war, meinte dazu, daß eigentlich die *Canton* die Auszeichnungen verdient hätte.

Ein Fingerzeig dafür, daß die Barke für diese Rettungsaktion vielleicht nur »benützt« worden war, ist der Umstand, daß sie weder vorher noch nachher Neigungen zu eigenständigem Handeln zeigte, und das bei einer langen Dienstzeit von ihrem Bau im Jahr 1835 in Baltimore bis ins zwanzigste Jahrhundert hinein.

Anhängliche, trauernde und rachsüchtige Schiffe

Einige Vorfälle zwingen in der Tat fast zu dem Gedanken, Schiffe könnten eine Seele haben. Manche von ihnen agieren geradezu menschlich. Sie trauern wie zurückbleibende Hunde, sind anhänglich oder nehmen sogar Rache. Vielleicht aber gehört das zu dem Spiel, das mit uns getrieben wird?

Nach vielen Jahren auf seinem Fischkutter *Sea Lion* trat Kapitän Martin Olsen in den verdienten Ruhestand. Da er sein Boot von ganzem Herzen liebte, wollte er seinen Ruhestand mit ihm teilen. Er setzte es auf die Sandbank einer Landzunge im Pungent-Sund nahe Seattle im US-Bundesstaat Washington, unweit von seinem Haus. Der alte Seebär verbrachte viele Tage an Deck der *Sea Lion*, die nun wie er nicht mehr aktiv war, und dachte an die schönen Zeiten auf dem Meer. Zehn Jahre vergingen so. Tag für Tag, Monat für Monat, Jahr für Jahr sank der Kutter tiefer in die Sandbank ein. An einem völlig windstillen Tag schloß der alte Kapitän für immer die Augen. Die See war spiegelglatt. Trotzdem befreite sich die *Sea Lion* auf unerklärliche Weise aus ihrer sandigen Umklammerung und kreuzte in der Bucht hin und her. Drei Tage darauf wurde Kapitän Olsen auf dem Friedhof der Insel Bainbridge beerdigt. Zur Überraschung der Trauergemeinde erschien ein unerwarteter Teilnehmer bei der Abschiedszeremonie: der Kutter *Sea Lion*. Das Schiff hatte die Insel angesteuert und landete an dem Punkt der Küste, der dem Friedhof am nächsten war. Unmittelbar nach der Beerdigung driftete es wieder davon. Noch größer war die allgemeine Überraschung, als die *Sea Lion* Tage darauf wieder ihren alten Platz auf der Sandbank einnahm, nahe dem Heim ihres langjährigen Besitzers.

In dem dichten Nebel, der am 19. März 1884 vor der nordfranzösischen Küste lag, waren zwei Schiffe zu einem denkwürdigen Rendezvous unterwegs, das in die Annalen der Seefahrt eingehen sollte. Das eine war die *Frigorifique*, das erste französische Schiff mit einer Kühlanlage an Bord. Sie befand sich, von Pasajes in Spanien kommend, auf dem Weg nach Rouen. Auf sie zu bewegte sich das englische Kohlenschiff *Rumney*. Es kam aus seinem Heimathafen Cardiff, Bestimmungsziel La Rochelle.

An Bord der *Frigorifique* hörten Kapitän Roul Lambert und seine Mannschaft eine ferne Sirene, konnten aber nicht ausmachen, woher der Laut kam. Der Kapitän ließ die Maschinen stoppen und dreimal Warnsignal pfeifen. Nichts rührte sich. Daraufhin nahm das französische Schiff wieder Fahrt auf, wobei ununterbrochen seine Glocke angeschlagen wurde.

Plötzlich ertönte steuerbords ein schrilles Pfeifen und das Dröhnen von Maschinen. Aus dem Nebel schälte sich ein schwarzes Ungetüm, das direkt auf die *Frigorifique* zustampfte. Verzweifelt versuchte der Steuermann, die Kollision zu vermeiden. Zu spät. Der Zusammenstoß war wie eine Explosion, begleitet vom Kreischen deformierten und reißenden Metalls. Von der Wucht des Aufpralls wurde der französische Dampfer abgebremst. Mit eingedrückter Bordwand und heftiger Schlagseite schlingerte er nach Backbord. Kapitän Lambert befahl der Mannschaft, die *Frigorifique* mit dem

80

Rettungsboot zu verlassen. Alle Seeleute wurden von der *Rumney* an Bord genommen.

Das angeschlagene französische Schiff verschwand im Nebel, wo es in Kürze versinken mußte. Zumindest glaubten das die Besatzungsmitglieder beider Seefahrzeuge. Weit gefehlt. Das Kohlenschiff befand sich bereits über drei Kilometer von der Unglücksstelle entfernt, als der englische Kapitän John Turner einen dunklen Schatten in den Nebelschwaden wahrnahm. Er erinnerte an ein Schiff, doch kein Laut begleitete das Phantom. Sekunden später schrie der Ausguckposten: »Schiff an Steuerbord!«

Wie in einer schaurigen Wiederholung des vorhergegangenen Desasters tauchte ein Schiffsbug aus dem Grau des Nebels auf. Geräuschlos und unbeirrbar steuerte das unheimliche Gefährt auf die *Rumney zu:* Es war die *Frigorifique.*

»Hart steuerbord!« ordnete Turner an. Das Ausweichmanöver gelang buchstäblich im letzten Augenblick. Wie das gespenstische Schiff des »Fliegenden Holländers« glitt die *Frigorifique* vorbei, wieder in den Nebel hinein.

Während die *Rumney* ihre Fahrt fortsetzte, diskutierten die beiden Kapitäne den seltsamen Vorfall. Nach allem, was recht war, hätte die *Frigorifique* bereits auf dem Grund des Meeres liegen müssen. Turner meinte, daß es sich vielleicht um ein anderes, ähnlich aussehendes Schiff gehandelt habe. Dem widersprach Lambert entschieden: »Ich kenne mein Schiff.«

Kurze Zeit später wurde die Frage in der Praxis entschieden. Wieder meldete der Ausguckposten ein fremdes Schiff. Diesmal starrten alle wie hypnotisiert nach vorne in die treibenden Nebelfetzen. Tatsächlich: Was da auf sie zukam – das mußte doch ein Ding der Unmöglichkeit sein! Eine Illusion! Turner schrie seine Befehle. Diesmal ordnete er an, daß die *Rumney* in einem weiten Rückwärtsbogen ausweichen sollte.

Sie konnte ihn aber nicht ausführen, denn die *Frigorifique* schnitt ihr den Weg ab. Ein Schlag ließ die *Rumney* erzittern – Kollision! Der Angreifer verschwand abermals im wirbelnden Nebel.

Das englische Kohlenschiff war zum Untergang verurteilt. Durch den Riß, den der Rammstoß der *Frigorifique* verursacht hatte, drang Wasser in den Lade- und Maschinenraum der *Rumney*. Sie begann zu sinken – ein Schicksal, das eigentlich dem französischen Schiff viel früher hätte beschieden sein müssen. In fieberhafter Eile wurden zwei Rettungsboote zu Wasser gelassen, in die sich die Besatzungen der beiden Unglücksschiffe drängten. Hinter ihnen stellte sich das Heck der weidwunden *Rumney* auf, ehe der britische Dampfer in den dunklen Tiefen verschwand.

Die Rettungsboote nahmen direkten Kurs auf die nächste Küstenstelle, wobei sie dieselbe Richtung einschlugen wie das französische »Geisterschiff«. Eine Viertelstunde später hatten sie die Nebelregion hinter sich gelassen. Vor ihnen lag die freie, spiegelglatte See mit der unfernen Küste. Plötzlich kam auch die *Frigorifique* aus der ausgedehnten Nebelbank hervor. Sie beschrieb einen weiten Bogen, wobei ihre Bahn immer irregulärer wurde. »Sie haben niemanden an Bord zurückgelassen, oder?« fragte Kapitän Turner seinen französischen Kollegen, der verneinte. Dann fügte er hinzu: »Meine Männer sind alle hier in den Booten. Versuchen wir sie zu entern. Vielleicht können wir sie in einen Hafen bringen.«

Die Boote nahmen die Verfolgung auf. Nach mühseligen Anpassungsmanövern gelang es den beiden Kapitänen und mehreren Freiwilligen, an Bord der *Frigorifique* zu gehen. Rufend durchsuchten sie das Schiff, doch es war niemand da. Noch während die Männer dem Rätsel auf die Spur zu kommen suchten, begann das französische Schiff langsam, aber unaufhaltsam zu sinken. Der letzte Zusammenstoß hatte ihm den Rest gegeben. Als ein bedrohliches Rumpeln und Gluckern aus den Eingeweiden der *Frigorifique* drang, mußte Kapitän Lambert noch einmal den Befehl zur Evakuierung geben.

Von den Booten aus beobachteten die Crews der beiden Schiffe, wie nun auch der zweite Kontrahent der Mehrfach-zusammenstöße seinen Weg zum Boden des Meeres begann. Die Männer hatten ein unheimliches Gefühl, als sich die Fluten über der *Frigorifique* schlossen. Es war, als würde das Schiff nun in Ruhe sterben, nachdem es sich an der *Rumney* gerächt hatte.

Als die Rache eines Schiffes ging der Vorfall auch in die Geschichte der Seefahrt ein. Verständlicherweise *durfte* eine natürliche Erklärung nicht fehlen. Soweit die Männer vor dem Untergang feststellen konnten, war der Maschinenraum der *Frigorifique* nicht gänzlich überflutet gewesen, so daß die Kessel – zumindest theoretisch – noch einige Zeit lang gearbeitet haben könnten. Auch den mysteriösen Verfolgungskurs glaubte man durch einen Riemen enträtselt zu haben, der das Steuerrad fixierte. Anscheinend hatte es der Steuermann angebunden und vergessen, den Riemen zu lösen, als jedermann in das Rettungsboot stürmte. Daraus könnte, so mutmaßten die Behörden, ein Spiralkurs resultiert haben, der die Bahn der Rumney zweimal schnitt. Genaugenommen dreimal, wenn man die Kurse beider Schiffe über den Punkt ihres jeweiligen Untergangs hinaus weiterführte. Über die bei jeder Begegnung exponentiell anwachsende (Un-) Wahrscheinlichkeit von alldem verloren die Behörden aus Gründen der Peinlichkeit wohlweislich kein Wort.

Weder diese mehr als gekünstelte natürliche Erklärung noch die Vorstellung des Rachefeldzugs eines beseelten Schiffes vermögen den rationalen Geist zu befriedigen. Angesichts des Hergangs ist die Hypothese, geheimnisvolle Mächte hätten im Dunkel das Geschehen dirigiert, kaum abwegiger als die absurden Tatsachen. Trotzdem soll man keine voreiligen Schlüsse ziehen. Lassen wir lieber eine Reihe weiterer Fälle Revue passieren, in denen sich Unbelebtes plötzlich zu regen begann. Richten wir den Blick von der Wasseroberfläche nach oben. Dort, in lichten Höhen, wo ein festgezurrter Steuerknüppel nicht als Erklärung für pilotenlose Flugmanöver herhalten kann, wird sich zeigen, ob alles mit rechten Dingen zugeht – oder auch nicht.

Die Geister von Flug 401

Ein besonders verwirrender Fall ist jener des berühmten Fluges 401 von New York nach Miami im Jahr 1974. An ihm wird deutlich, wie schwer es ist, das Unbekannte zu kategorisieren, aber ebenso, daß sich in einer »Geisterstory« durchaus handfeste Indizien für diesseitige (wenn auch unheimliche) Umtriebe verbergen können. Indizien für die mögliche Existenz von unsichtbaren Spielern, die sich vielleicht mit einer Art übernatürlichem Schach die Zeit vertreiben und die auch für skurrile Gags gut sein mögen. Wer weiß?

1972 kam die US-Flugzeugfirma Lockheed mit ihren L-1011 Tristar Whisperliners heraus. Sie sollten der Boeing 747 auf dem Markt der Großraum-Jumbo-Jets Konkurrenz machen, was auch gelang. Die Whisperliners waren ein großer Erfolg. Die Passagiere fühlten sich in den geräumigen, ruhig dahingleitenden Flugzeugen, die ihrem Namen alle Ehre machten, äußerst wohl. Zahlreiche Luftfahrtgesellschaften orderten große Stückzahlen, darunter die Eastern Airlines, die fünfzig L-1011 Tristar Whisperliners kauften. Anfangs verlief alles reibungslos. Dann stürzte am 29. Dezember 1974 der Whisperliner Nr. 310 auf dem Flug 401 durch technische Fehlfunktionen über den Everglades in Florida ab.

Neunundneunzig der an Bord befindlichen einhundertsechs-
undsiebzig Personen fanden den Tod, darunter der Flugka-
pitän Bob Loft sowie der Flugingenieur und Zweite Offizier
Don Repo. Ein tragisches Unglück, aber kein unerklärliches.
Die Unerklärlichkeiten sollten später folgen, und sie wurden
längere Zeit mit ziemlichem Erfolg totgeschwiegen.

Zwei Jahre nach der Katastrophe gelang es dem amerikanischen Journalisten John Fuller, einen der bizarrsten Vorgänge der gesamten Luftfahrtgeschichte zu enthüllen, auf den er
zufällig aufmerksam geworden war. 1974 plauderte Fuller
auf einem Scandinavian-Airlines-Flug mit einer Stewardeß.
Sie erzählte ihm, daß unter dem Personal aller Luftlinien das
Gerücht kursierte, die Eastern-Airlines-Flüge würden von
Geistern geplagt. Fuller wunderte sich darüber, daß sich die
Gespenster auf *eine* Fluglinie beschränkten. Als Profi der
schreibenden Zunft wußte er am besten, wie sehr solche Legenden ein Eigenleben gewinnen und sich epidemisch aus-
breiten. Die Antwort der Stewardeß: »Vielleicht bleibt die
Geschichte immer gleich, weil sie tatsächlich passiert«, ließ
ihn aus diesem Grund seither nie ganz los. Seine momen-
tane Arbeit an einer Story über einen Beinahe-Atomunfall
nahe Detroit nahm ihn jedoch so in Anspruch, daß er die
Geisterinvasion auf einer Fluglinie ins Unterbewußtsein ver-
bannte.

Ein Jahr später flog er mit den Eastern Airlines von San Juan
nach New York. Dabei erinnerte er sich an das frühere Gespräch und fragte eine Stewardeß im Scherz, ob sich die Geister bereits verabschiedet hätten. Die Reaktion der jungen
Frau war unerwartet heftig. »Das ist gar nicht lustig«, erwi-
derte sie, »mir sind sie auch begegnet.« Fuller entschuldigte
sich. Dann begann er behutsam, aber hartnäckig nach Einzelheiten zu fragen. Zuerst stieß er auf wenig Auskunftsbe-
reitschaft, denn die Stewardeß gehörte – wie sie später her-

ausrückte – zur großen Zahl der Eastern-Airlines-Mitarbeiter, die sich mit Meldungen über die Geister nur Ärger eingehandelt hatten, einschließlich von oben angeordneter Besuche bei einem Psychiater.

Nachdem John Fuller der jungen Frau alles Wissenswerte herausgelockt hatte, beschloß er, weiterzugraben. Mit der Zähigkeit eines Bluthundes begann er zu recherchieren. Worauf er stieß, war in der Tat so unglaublich, daß er es in dem Buch *The Ghosts of Flight 401* zusammenfaßte. Wie er darin ausführt, schien es erwiesen, daß tote Mannschaftsmitglieder des Whisperliners Nr. 310 regelmäßig in Maschinen des gleichen Typs erschienen. Zeugen unter dem Personal und den Passagieren gab es massenweise. Alle von ihnen waren absolut glaubwürdig. Viele verfügten über jahrelange Flugerfahrung und präzise Beobachtungsgabe. Die Schilderungen deckten sich stets exakt, auch wenn sie von Personen gegeben wurden, die keinen Kontakt miteinander hatten. Das betraf auch seltsame Begleitumstände wie das extreme Absinken der Temperatur während der Erscheinungen. Jede natürliche Erklärung zerschellte endgültig an der Tatsache, daß viele Beschreibungen Details enthielten, die der Öffentlichkeit unbekannt waren, sowie daran, daß Zeugen Bob Loft und Don Repo hinterher nach Fotos identifizieren konnten, obgleich ihnen die beiden Offiziere völlig unbekannt waren. Heimlich wurden auf einigen Whisperliners der Eastern Airlines Exorzismen abgehalten, was die »Geister« jedoch nicht vertreiben konnte. Im Gegenteil, die Häufigkeit ihres Auftretens nahm noch zu.

Das für unsere Betrachtungsweise möglicherweise ausschlaggebende Faktum ist jenes Mittel, mit dem die »Geisteraustreibung« schlußendlich doch gelang. Es war durchaus weltlich und hundertprozentig pragmatisch. Zähneknirschend und gegen alle Gesetze des sogenannten gesunden

Menschenverstandes entschloß sich die Führung der Eastern Airlines zu einer Vorgehensweise, die die Bezeichnung Verzweiflungsaktion verdient. Es erging die Anweisung, aus den heimgesuchten Whisperliners der L-1011-Flotte eine Reihe von Apparaturen, Bauteilen etc. zu entfernen und zu vernichten, darunter Radios, Ventilatoren, Sitze, Abdeckungen, Heizgeräte und ein Cockpit-Stimmaufzeichnungsgerät. Die angeführten Objekte funktionierten tadellos beziehungsweise befanden sich in einwandfreiem Zustand und hatten eine Gemeinsamkeit: Sie alle stammten aus dem Wrack der abgestürzten Nr. 310, waren geborgen und in Schwestermaschinen eingebaut worden. Nach ihrer Entfernung und Zerstörung hörte die »Geisterinvasion« schlagartig auf. Kann man diesen gordischen Knoten aus rätselhaften Fäden überhaupt lösen?

Schwer zu beantworten. Geht man wie Alexander der Große das Problem mit dem Schwert an, wird man wohl auch den zarten roten Faden durchtrennen, den wir von Anfang an aufzunehmen trachteten. Man sollte den Fall besser zur Diskussion stellen, als ihn auf Biegen oder Brechen zu kategorisieren. Im Grunde scheint nur mit Sicherheit festzustehen: Es gab die Erscheinungen, und sie waren in irgendeiner Weise mit der Materie des Unglücksflugzeugs verbunden. Mit spirituellen Mitteln war ihnen nicht beizukommen, wohl aber durch simple materielle Vernichtung. Punktum. Kann man – unter Außerachtlassung jenseitiger Deutungen – aus alldem das Wirken verdeckter Manipulatoren herauslesen, die mit Belebtem und Unbelebtem herumfuhrwerken?

Ich schlage in diesem speziellen Fall die sonst unzulässige Beweislastumkehr vor und behaupte herausfordernd: Das Gegenteil ist daraus jedenfalls auch nicht abzuleiten. Das Phänomen, hinter dem wir her sind, wird nicht durch Öffentlichkeitsarbeit, klares Auftreten oder gar durch Eindeutigkeit charakterisiert. Es hat im Gegenteil viele Gesichter, die das Herausfiltern von Puzzlesteinen, die in das gesuchte Bild passen, nicht eben leichtmachen. Sei's drum. Was immer auf den Whisperliners der Eastern Airlines nun de facto geschehen ist, eines beweist es wieder einmal klar und deutlich: Wir führen das Zepter nicht einmal in unseren eigenen Konstruktionen. Weder auf dem Boden noch auf dem Wasser oder in der Luft. Das sollte nur zwischendurch nochmals betont werden.

Eskapaden pilotenloser Luftfahrzeuge

Jetzt wieder zurück zu den Vorgängen, die unzweideutig in das gesuchte Schema passen: zu den seltsamen Eskapaden unbemannter Luftfahrzeuge. Immer wieder melden Flugzeugbesatzungen die Begegnung mit führerlosen Flugzeugen in den unterschiedlichsten Höhen. Glaubwürdig belegt ist beispielsweise der leere Lear-Jet, der 1983 über der Nordsee beobachtet wurde.

Den Gipfel des Absurden stellt die einsame Flugshow dar, mit der eine Cessna 172 im Jahr 1986 die Besatzung der kanadischen Air-Force-Basis von Chatham bei New Brunswick verblüffte. Die Männer trauten ihren Augen nicht, als das kleine Flugzeug aus eigenem Antrieb einen perfekten Start hinlegte, einige Kurven über dem Flugfeld zog und dann wieder landete, letzteres nicht ganz so perfekt, denn die Maschine kam auf dem Rücken zu liegen. Pilot war keiner an Bord, wie die heranstürmenden Stützpunktangehörigen mit absoluter Sicherheit feststellten. In solchen Fällen *nicht* an Besessenheit zu denken ist eigentlich unmöglich. Wir aber glauben, daß es noch eine andere Interpretation geben kann.

Na ja, Autos, Schiffe, Flugzeuge sind recht komplizierte Gebilde mit schwer durchschaubarem Innenleben und für manchen verdächtiger Elektronik. Vielleicht kann sich da das eine oder andere doch selbständig machen. Nun gut, stellen wir uns der Herausforderung. Schreiten wir zur Nagelprobe, und sehen wir uns im vielzitierten alltäglichen Leben um. Gibt es auch dort »tückische Objekte« mit unbestreitbarem Eigenleben? Mehr als genug. Es offenbart sich eine so unglaubliche und erschreckende Vielfalt, daß man den harmlosesten Gebrauchsgegenständen eigentlich mit tiefem Mißtrauen begegnen sollte. Lassen wir dieses Kaleidoskop sich kommentarlos, aber nicht ungeordnet vor uns entfalten, mit dem speziell Lyall Watsons Buch *The Nature of Things* aufwarten kann.

Sind wir die Chefs in unseren Heimen und Häusern? Keineswegs. Wohnungseinrichtungen, Hausrat, Installationen aller Art etc. haben ihren eigenen Kopf.

Tückische Installationen

1979 wurde Phyllis Redhall buchstäblich aus ihrer Wohnung in Barnsley in der englischen Grafschaft Yorkshire gespült. Das Unheil begann mit zwei neuen verchromten Wasserhähnen über dem Küchenabwaschbecken. Kaum angebracht, begannen sie sich zu drehen. Das Phänomen hielt vierundzwanzig Stunden am Tag an. Egal, wie fest die Hähne zugedreht wurden, sie rotierten, und Wasser strömte heraus. Die Installateure gaben einander die Türklinke in die Hand. Mehrmals wurden die Armaturen ausgetauscht. Ergebnis gleich Null, korrekter gesagt: Rotieren und Überschwemmung, auch in Gegenwart der Fachleute. Ingenieure, Klempner, Techniker und andere Experten suchten die gepeinigte Mrs. Redhall insgesamt neunundachtzigmal auf, ohne die geringste Erklärung für die Vorgänge zu finden. Die einzige, wenig befriedigende Abhilfe wäre ein vollständiges Abstellen der Wasserzufuhr gewesen. Ein genervter

Behördenvertreter meinte zu der rätselhaften Sintflut: »Wenn jemand auch nur die geringste Vorstellung davon hat, was hier eigentlich los ist, würden wir gern von ihm hören.«

Die Probleme, die Colin Smith im britischen Milton Keynes mit seinen Installationen hat, tangieren den Stoffwechselbereich. Wann immer der Wind von Westen kommt, spült seine Toilette. Ein unerklärlicher Vorgang, dem Mr. Smith das Beste abzugewinnen trachtet. Er führt ihn seinen Freunden als eine Attraktion vor, mit der sonst niemand aufwarten kann. Eine Art sanitärer Partygag.

Weniger amüsant sind die Reaktionen, die einige kalifornische Toiletten auslösen. Einer der Kernreaktoren der Universität von Kalifornien schaltet sich mit unbeirrbarer Präzision selbsttätig aus, wenn in einem der anliegenden Häuser die Toilettenspülung betätigt wird. Warum das so ist, vermag niemand zu sagen. Daher läßt sich auch nichts dagegen tun, vom Einstellen der Verdauung einmal abgesehen.

Im englischen Southport an der Küste von Mersyside sollte 1968 das alte Palasthotel abgerissen werden. Vor Beginn der Abbrucharbeiten wurde klarerweise die Stromzufuhr unterbrochen. Davon wußte der antike, vier Tonnen schwere Aufzug jedoch nichts. Zum abgrundtiefen Erstaunen der Arbeitsmannschaft begann er plötzlich, auf und ab zu fahren. Obwohl stromlos, zeigte die Leuchttafel an, wo sich der massive Liftkorb jeweils befand. Kam er in einem Stockwerk zum Stehen, schwangen die Türen einladend auf. Verständlicherweise stieg niemand ein. Der Leiter der Arbeiter zweifelte keinen Augenblick daran, daß die Stromzufuhr noch funktionierte. Er verständigte die Elektrotechniker des Stromwerks in Liverpool, um die Gefahr ein für allemal abzustellen. Es gab jedoch nichts abzustellen. »Die Leitungen sind tot«, erklärten die Fachleute dezidiert. »Kein Ampere geht in diese Bruchbude hinein. Es gibt keinen elektrotechnischen Grund für das Funktionieren des Lifts. Sorry.« Damit wandten sich die aus Liverpool gekommenen Ingenieure zum Gehen. Als sie aus der Lobby auf die Straße treten wollten, schlossen sich die Lifttüren wie zum Hohn donnernd, und die Kabine fuhr in den zweiten Stock. Jetzt war das Maß voll. Man blockierte die Aufzugbremse und entfernte die Notfall-Handwinde. Nun sollte der rebellische Aufzug zeigen, was er konnte. Das tat er auch am nächsten Tag.

Ein Fernsehteam der britischen Rundfunkgesellschaft BBC war erschienen, um eine Reportage über die Absonderlichkeiten zu drehen. Eitel wie eine Diva produzierte sich der Lift vor der verblüfften Aufnahmecrew. Seine Türen öffneten und schlossen sich, und die Kabine zischte schneller hoch und nieder als in den Tagen seines offiziellen Betriebs. Nachdem er ein TV-Star geworden war, kannte der Aufzug kein Halten mehr. Wochenlang bewegte er sich auf und nieder und knallte herausfordernd mit den Türen. Schließlich wählten die Arbeiter eine zutiefst menschliche Lösung: Sie zertrümmerten die unheimliche Maschine mit Vorschlaghämmern. Das erklärte zwar nichts, schaffte aber das Problem aus der Welt. Eine technische Erklärung konnte niemals gegeben werden.

Gewehr mit selektiver Ladehemmung

Nicht immer benehmen sich Gebrauchsgegenstände ungebührlich. Manchmal haben sie auch ein Herz für den geplagten *Homo sapiens* – wie das Gewehr, das aktiv in den immerwährenden Kampf zwischen Gut und Böse eingriff, und zwar auf der Seite des Guten. 1980 brachen drei Langzeithäftlinge aus dem südafrikanischen Kroonstad-Gefängnis aus. Dabei nahmen sie das Gewehr eines Wächters mit.

Die Waffe befand sich in tadellosem Zustand, geladen und schußbereit, eine Überlebensfrage in dieser Umgebung. Trotzdem verweigerte es in der Hand der Verbrecher dreimal seinen Dienst. Die Sträflinge verschanzten sich mit Geiseln in der Stadtbibliothek. Eines der Opfer, eine junge Frau, nutzte einen unbeobachteten Moment und rannte schreiend ins Freie. Der Gangster mit dem Gewehr zielte auf ihren Rücken und drückte ab. Nichts geschah. Ein zweites Mal betätigte er erfolglos den Abzug. Die drei Männer verließen die Bibliothek, stahlen einen Wagen und rasten aus der Stadt. Auf der Landstraße ging ihnen das Benzin aus. Ein vorbeifahrender Farmer wollte helfen und blieb stehen. Dabei bemerkte er die Häftlingskluft, was man ihm offenbar auch ansah. Sofort legte der Mann mit dem Gewehr auf den Farmer an, um ihm seinen guten Willen mit einem Loch im Kopf zu vergelten. Ein drittes Mal verweigerte die Waffe den Dienst. Die Häftlinge sprangen aus dem Wagen und rannten los, wobei der bewaffnete Verbrecher das »kaputte« Gewehr voller Wut auf den Farmer schleuderte. Dieser hob es auf und drückte zweimal ab. Die Kugeln trafen einen der Flüchtlinge in die Seite und einen anderen in die Schulter. Noch am Abend desselben Tages war das Trio wieder in seinen Zellen. Auf das geradezu selektive Versagen der Waffe konnte sich niemand einen Reim machen.

Die schießende Spielzeugpistole

Noch bizarrer wird es, wenn eine Waffe schießt, die dazu unter keinen Umständen in der Lage sein sollte. Die Duke-Universität von Durham im amerikanischen North Carolina ist das absolute Mekka der Parapsychologie. Bereits in den dreißiger Jahren führte der Begründer der ASW-Forschung, Joseph Banks Rhine, dort seine legendären massenstatistischen PSI-Reihenversuche mit den nicht weniger legendären Zener-Karten (benannt nach dem Rhine-Assistenten Karl E. Zener) durch. Heute verfügt dieses Institut über eine der größten Dokumentationen paranormaler Vorgänge im Zusammenhang mit der geheimnisvollen, aber unbestreitbaren Macht des menschlichen Geistes. Einer dieser Berichte sollte vielleicht besser in einem Institut aufbewahrt werden, das noch zu gründen wäre: dem Institut zur Erforschung geheimer Eingriffe aus dem Anderswo.

Die Dokumentation enthält die Aussagen mehrerer absolut glaubwürdiger und weder betrunkener noch entmündigter Zeugen über eine Spielzeugpistole. Eines von diesen Dingern, die nichts verschießen, sondern beim Abdrücken lediglich ein metallisches Knacken von sich geben, das entfernt an einen Schuß erinnert. Eines Tages tat die Pistole auch das nicht mehr. Der Vater brachte sie zur Reparatur in den kleinen Laden, wo er sie für seinen Sohn gekauft hatte. Es waren mehrere Kunden anwesend. Sie rissen Witze und bezweifelten, daß der Kaufmann »die tödliche Waffe« wieder instand setzen könne. Der so auf den Arm Genommene werkte einige Minuten an dem Spielzeug herum und verkündete stolz, es sei wieder in Ordnung. Aufmunternde Rufe und Gelächter waren die Antwort. Das ergrimmte den Ladenbesitzer derart, daß er mit der Waffe herumfuchtelte und erklärte, er würde die Uhr herunterschießen. Dabei zielte er und drückte ab. Wie von einer unsichtbaren Kugel getroffen, wurde der Zeitmesser von der Wand geschleudert und zerbarst auf dem Boden. Zu diesem Zeitpunkt wehte kein Lüftchen in dem Geschäft, es gab keine Erschütterungen durch Fahrzeuge auf der Straße, nichts. Alles war totenstill, auch die Anwesenden. Der Vorfall beschäftigte die Bewohner des Städtchens noch lange Zeit, bis man ihn ad acta legte.

Puppen zeigen ihren Willen

Nicht nur Spielzeugpistolen haben es in sich, auch andere Spielsachen entwickeln mitunter ein Eigenleben. Zum Beispiel Puppen. Jedermann kennt diese batteriebetriebenen Puppen, die einfache Worte sprechen und – durch das Fortschreiten der Mikrotechnologie – bereits regelrechte Monologe halten. In den USA (wo sonst?) gibt es sprechende »Kohlkopf-Puppen« mit eingebauten Tonbandgeräten. Sie können mit ihresgleichen verkoppelt werden und so Roundtable-Gespräche führen, ja sogar gemeinsam singen. Auch ohne diesen technischen Aufwand vollbrachte eine ganz gewöhnliche Stoffpuppe mit dem Namen Maggie in Melbourne, Australien, beeindruckende Leistungen. Ihre Besitzerin, die achtjährige Nicole Hart, erklärte eines Tages: »Maggie hat mir gesagt, daß Jinx sterben muß.« Jinx war die Familienkatze. Sie wurde am Abend desselben Tages von einem Auto überfahren und getötet. Nicoles Vater, der Architekt Vance Hart, meinte dazu: »Meine Frau und ich haben zuerst geglaubt, Nicole hat sich das aus den Fingern gesogen. Dann haben wir die Stimme selbst gehört. Wir sind wie vor den Kopf geschlagen. Es ist ein Rätsel.«

Das Erstaunlichste an dem grotesken Phänomen ist der Umstand, daß die Puppe, von der sich die kleine Nicole um nichts in der Welt trennen will, weitere Voraussagen machte, allerdings ausschließlich über Katastrophen. Seit 1987 prophezeite sie mit absoluter Präzision den Tod eines Nachbarn, drei Autounfälle und die Krebsdiagnose von Großmutter Hart.

Diese fragwürdige Zukunftsschau wird von der Hart-Familie als Danaergeschenk betrachtet. Vance Hart brachte es auf den Punkt: »Das seltsamste ist, daß die Puppe niemals etwas Positives ankündigt. Alle Botschaften beziehen sich auf drohendes Unheil, das dann auch eintritt. Es ist mehr als depri-

mierend. Wir können nicht mehr viele solcher Unheilsmel-
dungen verkraften.«

Eine andere Stoffpuppe ging sogar noch weiter und zeigte
einem menschlichen Konkurrenten, wer der Herr im Haus
ist. So äußerte sich zumindest Anthony Rossi aus East Hart-
ford im US-Bundesstaat Connecticut. Nachdem der junge
Mann zu seiner Freundin Margarite Tata gezogen war,
mußte er feststellen, daß er das Bett nicht mit ihr allein teilen
würde. Die Dritte im Bunde war ein unattraktives Ding aus
zusammengenähten Fetzen mit beweglichen Gliedmaßen
und riesigen schwarzen Knopfaugen, doch Margarite liebte
es. Das Mädchen sprach mit der Puppe, die fast immer auch
am Tisch dabeisaß, wenn das Paar aß. Zu Beginn stand Anthony dieser Marotte seiner Freundin aufgeschlossen gegenüber. Mädchen spielten eben mit Puppen, sogar große Mädchen, die sonst durch und durch Frauen waren. Mit der Zeit
änderte sich seine Haltung. Zuerst empfand er das Ganze als
etwas störend, dann irritierend, schließlich haßte er die Puppe. Mehr und mehr begann sie die Hauptrolle in seinen
(Alp-)Träumen zu spielen. Eines Morgens hatte er genug. Er
packte das Stoffding, schüttelte es wütend und brüllte: »Du
bist nur ein ganz ordinäres Spielzeug! Sonst nichts!« Im selben Moment fuhr ein brennender Schmerz wie von glühenden Messerspitzen über seine Brust. Der junge Mann riß
sein Hemd auf und starrte entgeistert die sieben blutenden,
tiefen Kratzer auf seinem Oberkörper an, die von unsichtbaren Klauen stammten.

Man mag einwenden, daß solche Fälle auch beziehungsweise sogar wahrscheinlich in der Grauzone der »Macht des
Geistes« angesiedelt sein können, einer nicht weniger mysteriösen Zone übernatürlicher Phänomene, die uns wenigstens
den Trost lassen, daß wir selbst die Urheber sind. Die achtjährige Nicole mag über eine seltsame Kombination von Ta-

lenten verfügen (Präkognition, gepaart mit Psychokinese, wobei letztere Begabung für die Stimme der Puppe verantwortlich sein dürfte, die auch von den Eltern vernommen wurde). Bei Anthony Rossi könnte Autoaggression vorliegen, vergleichbar mit den bekannten Stigmatisierungserscheinungen. Dieser Ausweg bleibt allerdings verschlossen, wenn Maschinen unmißverständlich *angreifen*.

Der Computer, der nicht verlieren konnte

1989 erwies sich ein in Bedrängnis geratener russischer Supercomputer bei einem Schachturnier als schlechter Verlierer. Das Elektronengehirn war bereits in zwei Partien vom sowjetischen Großmeister Nikolai Gudkow schachmatt gesetzt worden. Eine weitere Niederlage stand ihm unmittelbar bevor. Als Gudkow den entscheidenden Zug zum dritten Matt machte, sandte der Computer einen Stromstoß durch das Metall des Schachbrettes, der seinen Gegner auf der Stelle tötete. Ein technischer Defekt, äußere Einflüsse oder sonst eine natürliche Ursache dafür, wieso sich der kybernetische Spielpartner in einen elektrischen Stuhl verwandelt hatte, konnten nicht gefunden werden. Also doch der altbekannte »Geist der Maschine«, der sich lediglich dem ausklingenden zwanzigsten Jahrhundert angepaßt hat? Vorerst kein Kommentar. Führen wir uns lieber noch einige nicht weniger bizarre Vorkommnisse aus und über *The Nature of Things* zu Gemüte.

Der träumende Computer

1987 installierte ein Architekt im englischen Stockport in der Nähe von Manchester einen nagelneuen Amstrad-1512-Computer in seinem Büro. Er war als Archiv für Gebäudespezifikationen gedacht und sollte Kundenkarteien führen. All das tat er während seiner Arbeitsstunden zur allgemeinen Zufriedenheit. Nach Dienstschluß tat er noch etwas anderes: Er träumte.

Eine Bedienstete der Reinigungsfirma, die nächtens die Büros säuberte, bemerkte den leuchtenden Bildschirm des Amstrad. Sie wollte ihn abschalten. Dabei entdeckte sie, daß der PC gar nicht angesteckt war. Die Vorstellung wiederholte sich einige Nächte später. Diesmal stieß der Computer stöhnende Geräusche aus, als er sich einschaltete. Buchstaben marschierten über seinen Schirm, die unzusammenhängende Wörter und Wortfetzen bildeten. So ging es einige Zeit weiter.

Schließlich wurden die Experten des renommierten Technikmagazins *Personal Computer* zugezogen. Redakteur Ken Hughes nahm sich den Patienten vor. Sein Befund verriet Ratlosigkeit: »Ich habe das Ding persönlich zerlegt und jedes Teil auf Herz und Nieren untersucht. Es war nichts Außergewöhnliches festzustellen.« Damit ließ es der Computerspezialist nicht bewenden. Er brachte den PC in einen Raum ohne jegliche Energieversorgung. Einsam und allein, nicht einmal mit seinem Keyboard verbunden, thronte der Amstrad 1512 in seinem Kämmerchen. Ihm gegenüber stand eine Videokamera zur 24-Stunden-Überwachung. Die bescheidene Strommenge, die sie benötigte, erhielt sie via Kabel. Nun würde es sich ja zeigen.

Es zeigte sich fürwahr. Während eines lückenlosen Beobachtungszeitraums von drei Monaten entstanden dermaßen groteske Aufzeichnungen, daß sie 1988 auf einer Computerausstellung öffentlich gezeigt wurden. Einziger Akteur auf den bizarren Videos war unser Amstrad. Zu jeder Sekunde befand sich sein mit keiner Steckdose verbundenes Kabel im Bild. Hughes hatte es neckisch um die PC-Konsole geschlungen. Obgleich er keinen »Saft« hatte, produzierte sich der seltsame Hauptdarsteller auf das beeindruckendste. Mit lautem elektrostatischen Knistern und rot leuchtender Anzeige schaltete er sich immer wieder ein und begann den Ladevorgang. Worte und Satzteile zuckten zuerst in der einen und dann in der anderen Bildschirmecke auf. Viele Zuschauer hatten den Eindruck, Traumsequenzen mitzuerleben, eine Assoziation, die von einschlägigen Fachleuten bestätigt wurde. Diese »elektronischen Träume« dauerten im Schnitt etwa eine halbe Minute. Danach seufzte der Amstrad tief auf und schaltete ab. Eine große Anzahl solcher Episoden ist auf dem Videomaterial festgehalten.

Zu irgendeiner Erkenntnis kam Ken Hughes durch sein aufwendiges Experiment nicht. Er leugnet dies auch gar nicht: »Ich bin verblüfft. Für all das gibt es keinen logischen Grund. Ich habe jede Möglichkeit der Einwirkung von statischer Elektrizität ausgeschlossen. Elektromagnetische Quellen wie Funkverkehr oder Flughafenradar gab es weit und breit nicht. Besonders beunruhigend finde ich die Wörter, die von selbst erscheinen. Manche von ihnen sind sehr makaber. Man hat überhaupt den Eindruck, jemand in der Maschine, oder über sie, versucht, mit der Außenwelt Verbindung aufzunehmen, aber es gelingt ihm nicht.«

Botschaften aus dem sechzehnten Jahrhundert

An einem anderen Ort schien die Kommunikation, von der Hughes sprach, bereits gelungen zu sein. Der Effekt war jedoch um nichts weniger unheimlich. Der Betriebswirtschaftslehrer Ken Webster lebt in Meadow Cottage in der englischen Grafschaft Cheshire, unweit der Hauptstadt Chester. Gelegentlich lieh er sich einen der BBC-Mikrocomputer der Schule aus, an der er unterrichtet, um mit seiner Freundin Debbie Oakes damit zu arbeiten. Das junge Paar verwendete lediglich das Textprogramm des Computers, für das ein spezieller Word-Chip zuständig ist.

Anfang Dezember 1984 begann der Computer mit der Option Schindluder zu treiben, die ihm eine gewisse Kreationsfreiheit einräumt. Zu unregelmäßigen Zeiten erschienen regelrechte Botschaften auf dem Bildschirm. Einige davon erwiesen sich als verspätete Antworten auf abgespeicherte Fragen, die allerdings niemand abgerufen hatte. Der Großteil verkörperte jedoch so etwas wie einen eigenständigen Monolog des Computers. Die meisten der Botschaften waren umfangreich, vierhundert Worte und mehr stellten keine Seltenheit dar. Alle waren in antiquiertem Englisch gehalten, im Englisch des sechzehnten Jahrhunderts, wie Untersuchungen ergaben.

Webster und seine Freundin glaubten zuerst an ein technisches Problem. Sie tauschten den Computer gegen einen anderen aus. Auch dieser begann umgehend, Nachrichten in Mittelenglisch auszuspucken. Nach zwölf Computern war zwei Jahre später klar, daß eine natürliche Erklärung nicht gefunden werden konnte. Selbst wenn die durch keinerlei Netzwerk verbundenen Geräte isoliert in verschlossenen und bewachten Räumen standen, kommunizierten sie ungestört vor sich hin.

Der Linguist Peter Trinder nahm eine umfangreiche semantische Analyse vor. Syntax, Diktion, Grammatik und viele andere Charakteristika erlaubten eine exakte Datierung der Sprache auf die Mitte des sechzehnten Jahrhunderts. Oft wurden, konsistent und flüssig, Episoden aus der damaligen Epoche geschildert. Sie erbrachten keine wesentlich neuen Einsichten, stimmten aber exakt mit den geschichtlich bekannten Zeitumständen überein. In den Botschaften wurden zweitausendachthundertsiebzig verschiedene Wörter verwendet, von denen einhunderteinundzwanzig nirgendwo sonst zu finden sind. Ihr Sinn wird aus dem Zusammenhang erkennbar. Sie passen präzise in die verwendete Sprachform. Nach Fachmeinungen ist ein Betrug durch Hacker fast hundertprozentig auszuschließen. Trinder begründete seine Überzeugung der Unmöglichkeit einer Fälschung mit den Worten: »Der Laie macht sich keine Vorstellung, welcher Aufwand notwendig wäre.«

Bei den Sofortantworten, die die Maschinen auf direkte Fragen gaben, hätte selbst der genialste Computerfreak und Sprachgenius das Handtuch werfen müssen. Hier blieb einfach keine Zeit für irgendwelche Manipulationen.

Interessanterweise berühren diese Überlegungen die Hauptfrage nicht, auf welche Weise die anachronistischen Nachrichten in eine ganze Reihe von Computern gelangen konnten. Auch wir wollen uns damit nicht zusätzlich belasten. Nehmen wir uns statt dessen den Fall von Stanton Powers aus Santa Cruz im amerikanischen Bundesstaat Kalifornien vor.

Gebet an einen elektronischen Gönner

Über diesen sorgengeplagten US-Bürger ergoß sich aus heiterem Himmel ein wahres Füllhorn unerwarteter Computerwohltätigkeit. Als ihm das Miniterminal an der Außenwand seiner Bankfiliale mitteilte, sein Guthaben sei auf exakt 1,17 Dollar geschrumpft, fühlte sich Powers mehr als lausig. Verzweifelt sank er auf die Knie und betete inbrünstig um Geld. Minuten später war sein Kontostand auf zweihunderteinundachtzig Dollar angewachsen. Sofort setzte er seine Gebete mit doppelter Hingabe fort. Das Display zeigte bald darauf sechstausend Dollar an. Ungeachtet der seltsamen Blicke der Passanten flehte Powers seinen elektronischen Gönner eine ganze Stunde lang weiter an. Danach starrte er – mit schmerzenden Knien – auf den neuen Kontostand: 4,4 Millionen Dollar!

Der Beschenkte fragte nicht lange, sondern nützte die Gunst

der Stunde. Er machte himmlische Mächte für den Geld-
regen verantwortlich – und kassierte. Frohgemut begann er,
das Geld von seinem Konto abzuheben. Die Ausbeute betrug erst läppische zweitausend Dollar, als irgendwer in der
Bankfiliale aufmerksam wurde und die Notbremse zog. Powers Karte verschwand im Schlitz des Bankomaten. Diese
Maßnahme erweckte den heiligen Zorn des um seine
»Gabe« Geprellten. Mit einer Unbekümmertheit, die wohl
nur im Land der unbegrenzten Möglichkeiten zu finden ist,
zog er um sein »Restguthaben« von 4 398 000 Dollar vor
Gericht. »Das Geld gehört mir«, ist seine feste Überzeugung.
»Ich habe darum gebetet, und meine Gebete wurden er-
hört.«
Da eine betrügerische Manipulation trotz eingehender Untersuchungen nicht festgestellt werden konnte, steht die Ver-
teidigung des Geldinstitutes auf wackeligen Füßen. Juristen
halten einen Sieg des Klägers durchaus für möglich. Bedenkt
man die für Europäer originellen Bocksprünge der amerikanischen Rechtsprechung sowie den christlichen Fundamen-
talismus in den USA, so erscheint der Ausgang des Prozes-
ses tatsächlich ungewiß. Ein Anwalt meinte dazu zynisch:
»Die Bank kann wahrscheinlich nur gewinnen, wenn es ihr
gelingt zu beweisen, daß Gott nicht existiert.«
Welche Schlüsse, die nicht den American way of life betref-
fen, können wir aus dieser Story ziehen? Haben wir es
mit einem neuen Höhepunkt in der Beziehung zwischen
Mensch und Denkmaschine zu tun? Kaum.
Hat Powers PSI-Fähigkeiten? Schon eher. Dagegen spricht
allerdings die Tatsache, daß solche Talente weder vorher
noch später jemals zutage getreten sind, und verzweifelt
war der Kalifornier oft genug. Die Sterntaler, besser Stern-
dollar, sind die einzige paranormale Manifestation in Powers' Leben.

Wechseln wir den Blickpunkt, weg von Powers und allen anderen, die mit »besessenen Computern« zu tun hatten. Betrachten wir derartige Phänomene als fremdartigen Schabernack, als das Wirken mysteriöser Marionettenspieler aus dem Anderswo, dann passen die Puzzlesteine weit besser zusammen.

Wem diese Überlegungen zu absurd erscheinen und wer meint, hier würden seltene Einzelfälle herbeigezerrt und überbewertet, der irrt.

Computerbesessenheit

Eigenwillige PCs sind Legion. Sie treten dermaßen verbreitet und häufig auf, daß im geschäftstüchtigen Amerika ein Informationsservice für Computerbesessenheit eingerichtet wurde, der über mangelnden Geschäftsgang nicht klagen kann. Oft dauert es wegen Überlastung einige Tage, bis Auskünfte gegeben werden können. Die Nachfrage ist so groß, daß sie möglicherweise zur Gründung weiterer Unternehmen dieser Art führen wird (oder in der Zwischenzeit schon geführt hat).

Doch nicht nur kommerzielle Serviceunternehmen haben die Widerborstigkeit von komplizierten Gerätschaften aufgegriffen, auch die Universitäten kommen nicht darum herum, sich damit zu beschäftigen. Bereits im Jahr 1979 rief die School of Engineering and Applied Science an der Princeton-Universität unter der Leitung ihres Dekans Robert Jahn ein Programm ins Leben, das PEAR (»Princeton engineering anomalies research«) genannt wurde. Das Ziel der Experimente war die Auslotung der Anfälligkeit technischer, speziell elektronischer Systeme gegen schwer faßbare Einflüsse. Im Zug der Versuche wandelte sich die Marschrichtung. So wurde das altehrwürdige Institut, in dessen Hörsälen die Stimmen wissenschaftlicher Giganten wie Albert Einstein erklungen waren, zur Heimstatt einer Forschungsgruppe, die man normalerweise eher an der bereits erwähnten Duke-Universität vermutet hätte, wo PSI-Forschung auf der Tagesordnung steht.

PSI oder nicht PSI, das ist hier allerdings die Frage. Eine Frage, die auch für uns von Belang sein könnte. Warten wir's ab.

Die ersten Versuchsreihen waren geradezu klassisch zu nennen: Ein Zufallsgenerator produzierte elektrische Impulse, während in einiger Entfernung sitzende Testpersonen versuchen sollten, einen psychischen Einfluß darauf auszuüben. All dies fand in einer ungezwungenen Atmosphäre statt, und es blieb den Teilnehmern überlassen, ob und wann sie aktiv wurden. In dieser ersten Runde ergaben zweihundertfünfzigtausend Durchgänge, durchgeführt mit dreiunddreißig Probanden, eine Abweichung um zirka zehn Prozent von der statistischen Zufallshäufigkeit.

Die zweite Anordnung rangierte nicht auf der elektronischen, sondern auf der makrokosmisch-mechanischen Ebene. Die Versuchspersonen waren durch eine Glasscheibe von einer Vorrichtung getrennt, die immer wieder neuntausend Styroporbälle herabregnen ließ. Die Kugeln mußten sich einen Weg durch den Wald von dreihundertdreißig Kunststoffpflöcken suchen, ehe sie schließlich in neunzehn Behältern landeten – eine Anordnung, die an Flipper, mehr noch an Lottoziehungen erinnert.

Solange das Ganze auf sich allein gestellt ablief, ergaben sich die gängigen Zufallsverteilungen, so daß die meisten Kügelchen im mittleren Bereich zur Ruhe kamen. Preßten jedoch die Testpersonen die Nase an die Scheibe und versuchten, wie es das Experiment verlangte, die Kugeln nach rechts oder links zu dirigieren, kam es bei tausend Wiederholungen, an denen zweiundzwanzig Versuchspersonen teilnahmen, zu statistischen Abweichungen von zehn bis zwanzig Prozent, ein mehr als signifikanter Wert.

Nach acht Jahren eingehender Studien und Experimente schlußfolgerten die Versuchsleiter Robert Jahn und Brenda Dunne, die Wechselwirkung zwischen Geist und Materie könne nicht geleugnet werden. Diesem Resümee fügten sie die Warnung hinzu: »Stellt man die wachsende Abhängigkeit und Bedeutung von Computernetzen, Schaltkreisen und immer feiner abgestimmten Mikroprozessor-Kontrollsystemen in Rechnung, so kann hier ein substantielles technisches Problem im Hintergrund lauern.« Nicht nur ein technisches Problem, aber gehen wir weiterhin schrittweise vor. Die in solchen Studien dezent anklingende Einsicht, die maschinell-technische Welt sei eigentlich ein Universum für sich – Lichtjahre entfernt von simplen und durchschaubaren Dampfmaschinen, Uhrwerken oder anderen Konstrukten, die ausschließlich den klaren Gesetzen von Isaac Newton gehorchen –, beginnt auch mehr und mehr ins Bewußtsein der wissenschaftlichen Gemeinde einzusickern. Wer hätte noch vor Jahren erwartet, daß ein Physiker in aller Öffentlichkeit über »die Heilung von Computern« sprechen würde? Tatsächlich berichtete Michael Shallis, ein Physiker an der englischen Oxford-Universität, folgendes: »Ich kenne einen ›Computerheiler‹. Wenn ein Computer Schwierigkeiten macht, wird der Mann gerufen, und schon ist die Sache erledigt. Er schaltet die Maschine wieder ein, und sie geht. Das klappt immer. Originellerweise genügt in vielen Fällen bereits die Erwähnung seines Namens, um den Computer wieder zur Vernunft zu bringen. Die Programmierer sagen: ›Wenn du nicht spurst, rufen wir Peter, und der steckt seinen kalten Schraubenzieher in deine Schaltkreise.‹ Darauf wollen es die Computer nicht ankommen lassen und spuren tatsächlich.«

Skurrile Sache. Aber ist sie für unsere Überlegungen von Bedeutung? Haben wir nicht vielmehr den eingeschlagenen Weg bereits beim PEAR-Programm verlassen? Hier geht es eindeutig um PSI – wo sind unsichtbare Kräfte, Marionettenspieler und Spaßvögel?

Gemach. Ein Gedanke drängt sich nämlich auf: Wenn es Resonanzen zwischen *unserem* Bewußtsein und dem vielfach bereits auf der Quantenebene angesiedelten Innenleben unserer elektronischen Freunde und Helfer gibt, was spricht dann gegen ähnliche Einflußnahmen aus *anderer*, sagen wir einmal »nichtmenschlicher« Richtung? Eine Reihe von Computerexzessen *kann* ihren Ursprung nicht im menschlichen Geist haben, weder auf bewußter noch auf unterbewußter Ebene. Denken wir nur an die Fälle stromloser Besessenheit. Sie würden eine Kombination von PSI-Talenten mit anderen Fähigkeiten erfordern, die der *Homo sapiens* nun einmal nicht besitzt. Vielleicht aber jemand anders oder *etwas anderes*?

Halt, vergaloppieren wir uns nicht trotz allem? Diese Hypothesen sind mehr als kühn, dafür aber keineswegs zwingend. Richtig, aber auch die Vorgänge sind alles andere als eindeutig und spielen sich in großer Zahl ab. Natürlich können wir völlig falsch liegen. Das Denkgebäude, das wir errichten wollen, besteht schließlich nicht aus Ziegeln, sondern aus Unwägbarkeiten der extremsten Art. Wie immer die Dinge nun wirklich sein mögen, eines ist unbestreitbar: Wir wissen schon wieder nicht, was um uns und in unseren Erzeugnissen eigentlich vor sich geht. Oder möchte jemand allen Ernstes behaupten, die Tätigkeit des Polen Oskar Malecki aus Danzig ließe sich mechanistisch oder parapsychologisch befriedigend erklären? (Diese Frage gilt meiner Meinung nach auch für einen Teil der Leistungen von Uri Geller, Peter Sugleris und anderen, die defekte Maschinen durch Geistes-

kraft reparieren können. Interessanterweise sprach Uri Geller davon, daß ein »außerirdisches Wesen« hinter ihm stehe,
während er mentale Kräfte mobilisiert.)

Malecki jedenfalls ist im strengen polnischen Winter ein
vielgefragter Mann, denn er bringt jedes Auto zum Starten,
das nicht anspringen will. Dazu verwendet er aber kein La-
degerät, sondern streicht mit den Händen über die Kühlerhaube, und schon klappt es, sei die Batterie nun leer oder
nicht. Als strenger Katholik verrichtet er diesen Dienst bei
hängengebliebenen Kirchenbussen kostenlos.

Trotzdem – die Technik hat nun mal unbestreitbar ihre
Tücken. Kehren wir daher den High-Tech-Produkten den
Rücken, eingedenk der Warnung, die ein Spaßvogel auf einem Fotokopierer angebracht hatte und die 1988 von *Artifex*
veröffentlicht wurde:

»ACHTUNG, DIESE MASCHINE VERSAGT VER-
LÄSSLICH, WENN SIE AM DRINGENDSTEN GE-
BRAUCHT WIRD. Ein Spezialdetektor ermittelt den
Grad der Wichtigkeit der Fotokopien und produziert so-
dann ein technisches Gebrechen, dessen Schwere umgekehrt proportional zur Verzweiflung des Verwenders ist.
Drohungen verschlimmern den Defekt nur. Der Versuch, einen anderen Fotokopierer zu verwenden, deak-
tiviert diesen automatisch. Die Maschinen halten nämlich zusammen. Bewahren Sie Ruhe, und sagen Sie dem
Gerät nette Dinge. Alles andere funktioniert nicht.«

Ein Gag, aber er ist *der Realität entsprungen* und bringt diese
im Grunde auf den Punkt. Man darf einer Maschine einfach
nicht zu erkennen geben, daß man es eilig hat. Oder wie
Norman Mailer in seinem Buch über das US-Mondlande-
programm *Ein Feuer auf dem Mond* meint: »... die Angst vor

der Technik bleibt. Entweder hat sie die Magie vertrieben, oder sie hat es nicht. Hat sie es nicht und die Magie existiert auch unter den Maschinen, dann kann die Herrschaft der Technik mit einem Schlag beendet werden.«

Haben wir damit eine Pattstellung erreicht? Ich glaube nicht, denn auf der Schiene in Richtung der Hypothese, daß wir nur Spielbälle exotischer Kräfte sind, bewegen wir uns unbeirrt voran, wobei die Kapriolen des scheinbar Leblosen ein wesentlicher Stein im Puzzle sind. Es steht nirgendwo, daß hinter *allen* derartigen Absurditäten ein steuernder Wille verborgen sein *muß*.

Genug von hochgezüchteten Technologien. In der Einfachheit zeigt sich das Unbekannte am deutlichsten. Das soll nochmals untermauert werden.

Sich verändernde Bilder

Was könnte untechnischer sein als ein Gemälde? Man würde meinen, daß ein Motiv, einmal auf Papier, Leinwand, Holz etc. niedergelegt, tatsächlich *verewigt* ist. Verfall, Vandalismus, Übermalungen und andere äußere Einwirkungen ausgenommen, hat ein Bild so zu bleiben, wie es nach dem letzten Pinselstrich war. Weit gefehlt. In Wirklichkeit (ein Ausdruck, der hier mehr als deplaziert wirkt) sind auch die Schöpfungen menschlichen Kunstsinns Zielscheiben unerklärlicher Manifestationen. Irgendwer oder irgendwas malt mit beziehungsweise experimentiert später weiter daran herum. Manchmal erwachen Bilder zu einem nicht immer angenehmen Eigenleben. Kurz und gut – uns bleiben nur Verwirrung, Staunen und widerwilliges Zurkenntnisnehmen.

Bei einem Aufenthalt in Ottawa kaufte ein kanadischer Lehrer ein Bild, das ein Schloß auf einem bewaldeten Hügel zeigt, darüber ballen sich dunkle Wolkenmassen. Ein ziemlich düsteres Motiv. Den einzigen hellen Fleck stellt ein Licht

107

in einem der Fenster des Schloßturms dar. Der Käufer nahm das Bild in sein Heimatdorf in Ontario am Rande der Hudson-Bay mit und hängte es im Wohnzimmer über dem Klavier an die Wand.

Eines Abends im Jahr 1964 zeigte er Gästen seine Erwerbung. Zur Überraschung des Lehrers und seiner Kinder brannte kein Licht im Turmzimmer mehr. Ein Irrtum war ausgeschlossen. Besonders die Kinder kannten das Bild in- und auswendig, weil es sie zu romantischen Vorstellungen inspirierte. Man nahm das Gemälde ab. Das vormals helle Fenster war nun im selben dunklen Farbton gehalten wie die anderen nicht erleuchteten Turmfenster. Die Farbe war ebenso alt und rissig. Es konnte kein Zweifel bestehen, daß der Künstler das Original so gemalt hatte. Wie kann ein *gemaltes* und jahrelang sichtbares Licht erlöschen, noch dazu in einer Weise, als wäre es nie dagewesen?

Es kam noch besser. Die Familie des Lehrers und seine Gäste diskutierten das Rätsel bis spät in die Nacht, dann verabschiedeten sich die Besucher, mancher von ihnen sicher in der geheimen Überzeugung, das Ganze sei reine Einbildung. Noch einmal untersuchte der Lehrer das Bild, dann hängte er es kopfschüttelnd wieder auf. Auch beim Frühstück am nächsten Morgen war das verschwundene Licht Thema Nummer eins. Da kam eines der Kinder mit den Worten »Das Bild, das Bild!« aufgeregt aus dem Wohnzimmer gelaufen. Alle sprangen auf und stürzten in den Nebenraum. Das kleine Schloßfenster war wieder hell erleuchtet. Sofort wurde das Gemälde abgenommen und genauestens untersucht.

Die Farbe des kleinen gelben Flecks, der das Licht darstellte, war ebenso alt und rissig wie am Vortag die der dunklen unbeleuchteten Fensterhöhle. Fälschung ausgeschlossen.

Die Frage, ob der lateinische Satz, der die Signierung ersetzt

(»Jedes Jahrhundert wird seine Nacht erleben«), mit dem unerklärlichen Lichtspiel etwas zu tun hat, kann erst im Jahr
2064 beantwortet werden. Der Besitzer des Bildes nahm seinen Kindern und Enkeln jedenfalls das Versprechen ab, das
Gemälde nicht zu verkaufen und am entsprechenden Sep-
temberabend des Jahres 2064 mit Argusaugen zu beobachten. Desgleichen sollte die Anonymität gewahrt werden,
damit Wissenschaftler, Experten oder Antiquitätenhändler
nicht an dem Kunstwerk herumschnippeln.

Nicht immer ist der Wunsch nach möglichst wenig Öffentlichkeit realisierbar. Als 1978 in Madaba in Jordanien eine
unsichtbare Hand einer Madonnendarstellung auf einer
griechisch-orthodoxen Ikone einen dritten Arm dazupinsel-
te, geschah dies vor den Augen der zahlreichen Angehörigen einer kirchlichen Kongregation.

Solche nachträglichen Veränderungen spotten zwar jeder Erklärung, sind aber im Grunde harmlos. Es gibt jedoch auch
aggressive, ja sogar tödliche Vorgänge im Zusammenhang
mit unerklärlichen Bilderphänomenen.

Die Feuerwehr warnt vor dem »weinenden Jungen«

Wenn Sie eine seltsame und völlig unerwartete Reaktion bei
durch und durch normalen Zeitgenossen erleben wollen, so
versuchen Sie, einem Feuerwehrmann aus der englischen
Grafschaft Yorkshire ein Bild zu verkaufen oder zu schenken, auf dem ein weinender Junge abgebildet ist. Wenn Sie
Glück haben, wird der Betreffende dankend ablehnen, es
kann aber auch durchaus geschehen, daß er ausfällig wird
oder Ihnen das Porträt nachwirft. Wie das?

Weil laut *The Nature of Things* und nach Charles Berlitz ein
solches Motiv in dieser Gegend mit Brandstiftung in Verbindung gebracht wird. Seit den achtziger Jahren sollen gemalte
weinende Knaben eine zentrale Rolle bei einer Serie von

rätselhaften Feuersbrünsten spielen. Ans Tageslicht kam die ungeheuerliche Story 1985 durch einen Report in der Londoner Zeitung *Sun.*

Er befaßte sich mit einem Feuerwehrmann aus Yorkshire namens Peter Hall. Der Interviewte berichtete von einer regelrechten Brandepidemie, die mehrere Häuser bis auf die Grundmauern vernichtet hatte. Unversehrt war jedesmal nur ein Gegenstand geblieben: ein Bild, das einen weinenden Jungen zeigte. Wohlgemerkt: Es handelte sich nicht um ein und dasselbe Bild, das immer weitergegeben wurde, sondern um verschiedene Gemälde, die einen weinenden Knaben im Alter zwischen drei und sechs Jahren zeigten – ein in England ziemlich beliebtes Motiv, das auch exportiert wird. Selbst wenn die Gebäude rauchende Ruinen waren, hing das jeweilige Bild unbeschädigt an einer geschwärzten Wand.

Nach der Veröffentlichung wurde die *Sun* mit einer Flut von Anrufen und Briefen überschwemmt. Eine kleine Auswahl spricht für sich selbst:

Dora Mann aus Mitcham erklärte: »Mein Haus wurde zur Gänze ein Opfer der Flammen. Keines meiner Gemälde blieb erhalten, nur das neugekaufte Bild mit dem schluchzenden Kind. Dem Ding ist überhaupt nichts passiert.«

Sandra Craske aus Kilburn gab an, ihre gesamte Familie und ein Freund würden von rätselhaften Bränden heimgesucht, seitdem sie ein solches Bild erworben hatten. Linda Flemming aus Leeds und Jane McCutcheon konnten mit einer identischen Leidensgeschichte aufwarten. Diese Berichte gingen am 4. September 1985 in der Redaktion der *Sun* ein. Fünf Tage später vernichtete Brian Parks aus Boughton das völlig intakte Bild »Der weinende Junge«, nachdem ein Feuer seine Frau und die beiden Kinder schwer verletzt und großen Schaden angerichtet hatte. Ohne die geringste Beschädigung davongekommen war nur – wir ahnen es bereits – »Der weinende Junge«.

Am 9. Oktober 1985 wurde Grace Murray mit schweren Verbrennungen in das Stoke-Mandeville-Krankenhaus eingeliefert. Ein verheerendes Feuer war in ihrem Heim in Oxford ausgebrochen. Welches Objekt unversehrt geblieben war, müssen wir wohl nicht extra erwähnen.

Am 21. Oktober zerstörte ein Feuersturm den Pavillo-Pizza-Palast in Great Yormouth, nicht aber das darin aufgehängte Bild eines Knaben, dem die Tränen nur so aus den Augen schossen.

Am 24. Oktober mußte Kevin Godber aus Herringthorpe, ein weiterer vom Schicksal geschlagener Bildbesitzer, mit ohnmächtigem Zorn mit ansehen, wie sein Haus in Flammen aufging. Das gewisse Bild hing hinterher wie am ersten Tag an der Wand, umgeben von anderen Bildern, die bis zur Unkenntlichkeit verbrannt waren.

Kurz darauf tat es ein Mr. Amos aus Merseyside Brian Parks gleich: Er machte eigenhändig aus zwei Bildern mit weinenden Knaben Kleinholz. Es ist fast müßig zu erwähnen, daß diese Bilder das einzige waren, was er aus seinem in rauchenden Trümmern liegenden Heim unbeschädigt retten konnte.

William Armitage war diese Rache verwehrt, denn er überlebte die pyromanischen Aktivitäten seines Bildes nicht (wenn wir den unheimlichen Vorgang einmal so definieren wollen). Armitage wurde in seinem noch glosenden Haus in Weston-super-Mare ein Opfer der Flammen. Neben seiner Leiche lag ein Bild mit dem bekannten Motiv auf dem Boden. Es war, wie könnte es anders sein, das einzige unbeschädigte Objekt.

Ein Feuerwehrmann meinte dazu: »Ich habe von der Sache gehört, aber es ist doch etwas anderes, wenn man tatsächlich so ein Bild in einem ausgebrannten Zimmer findet, und es ist nicht einmal angesengt.« So klare Stellungnahmen bekommt man nicht von allen Yorkshire-Feuerwehrmännern. Bei sich daheim aufhängen würde jedoch wohl keiner von ihnen das Porträt eines weinenden Jungen.

Hier ist eine Atempause zur Standortbestimmung angebracht. Wo befinden wir uns eigentlich? Sind wir, ohne es zu bemerken, von der Domäne der »beseelten Dinge« in die Grauzone der Flüche und Unglücksserien gewandert? Zwei gleichermaßen mysteriöse, aber doch verschiedene Bereiche des Unbekannten, wie man meinen sollte. Wirklich verschieden? Wer sagt, daß hier keine Querverbindungen bestehen, daß diese scheinbar unterschiedlichen Phänomene nicht vielleicht unter dem Oberbegriff dieses Kapitels vereinigt werden können (die Problematik der Katalogisierung von Unerklärlichkeiten einmal außer acht gelassen)? Anhand eines Musterfalles, der sozusagen in beiden Bereichen angesiedelt ist, wollen wir diese Frage gezielt angehen.

Marcellins tödliche Porträts

Machen wir uns mit den »tödlichen Porträts« des französischen Malers André Marcellin vertraut. Auf der ganzen Welt existieren etwa zwanzig Gemälde dieses nicht sehr bekannten Künstlers, der 1907 in Paris zu malen begann und sich auf Porträts spezialisierte. Alle seine Bilder machten ihren Besitzern das Leben schwer, meist beendeten sie es. Das Bizarre ist nicht nur die Tatsache, daß die Tage eines jeden gezählt waren, der von Marcellin auf der Leinwand verewigt wurde, sondern daß dieser Effekt auch nach dem Tod des Malers anhielt. PSI kann also nicht im Spiel sein. Aber der Reihe nach.

Das erste bei Marcellin bestellte Porträt war die Abbildung eines französischen Filmmagnaten. Zwei Tage nach Fertigstellung starb der Porträtierte ohne medizinisch feststellbare Ursache. Dieser Vorgang wiederholte sich bei der nächsten Auftragsarbeit, sogar die Frist von zwei Tagen blieb gleich. Daraufhin beschloß der Künstler, keine Lebenden mehr zu malen.

Diesen Vorsatz hielt Marcellin so lange durch, wie seine Weigerung ohne Fragen akzeptiert wurde. Ein besonders Hartnäckiger wollte es genau wissen. Nachdem der Meister mit der Geschichte herausgerückt war, warf ihm der Mann Aberglauben vor und bestand auf einem Porträt – Fluch oder nicht Fluch. Nach langem Zureden willigte der junge Künstler ein. Dieser Kunde lebte einen Tag länger als seine Vorgänger, er starb drei Tage nach der Ablieferung des Bildes.

In den Frühjahrstagen des Jahres 1913 feierte André Marcellin Verlobung mit Françoise Noël. Seine Auserwählte wollte unbedingt von ihm porträtiert werden. Zuerst versuchte er sich herauszureden. Als seine Ausflüchte nicht mehr fruchteten und das junge Mädchen mit Entlobung drohte, beschwor er sie, ihn nicht weiter zu bedrängen, weil er sie nicht gefährden wolle. Er stieß bei ihr auf Ungläubigkeit, die nur noch verbisseneres Bitten zur Folge hatte.

In die Enge getrieben, willigte Marcellin schließlich ein. Eine Woche später – lange vor Vollendung des Bildes – starb Françoise Noël. Todesursache wie immer unbekannt. Völlig gebrochen beging der junge Maler den wohl originellsten Selbstmord aller Zeiten: Er porträtierte sich selbst. Vier Tage nach Fertigstellung des Selbstbildnisses, am 2. Januar 1914, schlug auch sein letztes Stündlein.

Eine unheimliche Story, doch worin besteht der gesuchte Zusammenhang? Zuerst einmal in dem Umstand, daß unbewußte parapsychologische Fähigkeiten des Malers nicht hinter alldem stecken können, da sein Tod die Rätsel nicht enden ließ. Die letzten Opfer der bizarren Serie, die sich, ohne abzureißen, bis in unsere Tage fortsetzt, waren ein römischer Geschäftsmann und seine Familie. Der Mann erwarb vor einigen Jahren bei einer Versteigerung in einem Mailänder Auktionshaus einen Marcellin und hängte das Bild daheim auf. Einen Monat später starb er, unmittelbar gefolgt von seiner Frau. Kurz darauf hatte der Sohn der beiden einen schweren Autounfall.

Seltsam, aber immer noch etwas konturlos. Es entspinnt sich, so scheint's, kein roter Faden. Vielleicht doch. *Ein* Ereignis im Rahmen der tödlichen Vorgänge um die Gemälde von Marcellin weist signifikant in die bewußte Richtung. Hier könnte sich der bislang verborgene Konnex manifestieren. 1912 brannte in Turin ein Haus bis auf die Grundmauern nieder. Vier Menschen kamen in dem Inferno um. Das Feuer war in einem Raum aus ungeklärter Ursache ausgebrochen und hatte alle darin befindlichen Bilder restlos zerstört. Bis auf eines: ein Porträt des heiligen Christophorus, gemalt von André Marcellin.

Zu voreiligen Schlüssen besteht nach wie vor kein Anlaß. Nur: Als passiv erweist sich das Leblose wieder einmal nicht – oder es ist Brennpunkt dubioser Aktivitäten. Ein Dilemma, doch nur für fanatische Rationalisierer. Mehr als einen begründeten Zweifel am »gesicherten Wissen« zu wecken haben wir uns nicht vorgenommen. Läßt man alle Absonderlichkeiten Revue passieren, die in diesem Kapitel auf dem Prüfstand stehen, so drängt sich das Gefühl auf, irgendwie verhöhnt zu werden. Zeigt uns da nicht jemand (oder etwas) ungeniert, daß er (oder es) uns nach Belieben auf der Nase herumtanzen kann? Hat der Gedanke an einen »kosmischen Schabernack« nicht etwas Verführerisches? Nehmen wir ihn an, und lassen wir diese Vorstellung sozusagen als Zwischenresümee im Raum stehen. Ein exempla-

rischer Fall soll das Plädoyer für den Standpunkt be-
schließen, daß *nichts* dagegen gefeit ist, immer, überall und
jederzeit Spielball unbekannter Mächte zu werden.

Eine instabile Tonbandaufnahme

1971 bereitete der englische BBC-Reporter Richard Tracey
eine Reportage über Poltergeistphänomene vor. Im Zuge
dieser Arbeit machte er eine Tonbandaufzeichnung von den
Aussagen eines Ehepaars, in dessen Heim seltsame Dinge
vor sich gingen. Als er die Aufnahme abhören wollte, war
das Band im Recorder leer. Einer Eingebung folgend, versuchte es der BBC-Mann außerhalb des »verwunschenen
Hauses« nochmals. Siehe da: Das Interview war laut und
deutlich zu hören. Tracey ging zurück, und abermals kam
kein Laut aus dem Gerät. Sofort trat er wieder vor die Tür.
Dort konnte er es wie eben abspielen. Mehrere Versuche bewiesen, daß die Aufnahme innerhalb der Hausmauern verschwunden und im Freien wieder da war. Erklärung: Null.
Tracey gab sich geschlagen und wandte sich dem nächsten
Interview zu. Was beim besten Willen nicht zu erklären ist,
kann man wohl nur ignorieren. Punktum.
Prägnanter läßt sich die generelle Haltung gegenüber jenen
Unerklärlichkeiten nicht charakterisieren, die wir bisher unter die Lupe genommen haben. Die Konsequenzen des Ein-
gestehens wären allerdings weitreichend, irritierend und im
höchsten Maße schwer verdaulich. Da Dinge, die wie lebendig agieren, kaum plötzlich eine Seele erhalten haben, muß
etwas anderes für die dokumentierten Absonderlichkeiten
verantwortlich sein. Geht man der Konfrontation mit dieser
unliebsamen Vorstellung nicht aus dem Weg, so bleibt eine
peinliche Schlußfolgerung: Wir sind nicht allein, und *es* zeigt
sich in vielen Gewändern. Im Grunde wären wir gut bera-
ten, nicht nur den Unwägbarkeiten des Schicksals, des Zu-

falls und der Natur, sondern eigentlich allem und jedem – also auch unseren eigenen Erzeugnissen – reserviert gegenüberzutreten. Eine schmerzliche Einsicht. Wer will sich schon mit Mißtrauen, Staunen und dem Eingeständnis seiner Ignoranz auf allen Ebenen zufriedengeben? Leichter ist es da schon, die Fakten mit der Bemerkung »Wozu soll diese ganze Narretei eigentlich gut sein?« einfach wegzuwischen. Genau dieselbe Haltung würden allerdings auch Laborratten einnehmen, hätten sie vage Kenntnis von den Versuchsanordnungen, die sie umgeben. Da der *Homo sapiens* sich weit über besagten Nagern wähnt, sollte er trachten, *hinter* die Mauern seines möglichen Irrgartens zu blicken. Also gut, versuchen wir's: Stellen wir uns der weiterführenden Frage, wo die Grenze zwischen belebt und unbelebt verläuft. Dabei tritt Verblüffendes zutage – weit mehr als nur ein Bruch mit allen Vorstellungen, die wir von Anorganischem haben, nämlich die Begegnung mit dem Unbekannten im innersten Kern der Molekülverbände und Atome, wie auch in den tiefsten Tiefen des Weltalls.

Zwischenspiel:
Der Geist der Materie

Alle Materie ist Geist.

Sir Arthur Eddington

Das Informations-Universum

»Aus nichts wird nichts« – mit dieser Feststellung von Lukrez pflegen besorgte Väter ihre Söhne zu besseren Leistungen in der Schule anzuspornen, Chefs ihre Angestellten zu motivieren, und was der Trivialitäten noch mehr sind. Ein durchaus realitätsbezogener Satz. Er verliert allerdings seinen Wahrheitsgehalt, wenn man ihn leicht verändert. *Aus dem* Nichts kommt nämlich so manches. Beispielsweise Information. Salopper gesagt: *Geist.*

Diese Information erfüllt das Universum und durchtränkt sozusagen die Atome beziehungsweise deren Bestandteile, wie sie auch beschaffen sein mögen. Die Konsequenzen, die sich daraus ergeben, sind ebenso ungeheuerlich wie die Skepsis, die dem »Informations-Universum« entgegengebracht wird. Sie macht sich allerdings primär auf der Ebene des sogenannten gesunden Menschenverstandes breit. Mystiker und Vertreter der vielzitierten neuen Physik haben mit der Vorstellung eines »kosmischen Bewußtseins« keine Schwierigkeiten. Von der Öffentlichkeit weitgehend unbeachtet, hat die theoretische Physik in den letzten Jahrzehnten nämlich ein Weltbild gezimmert, das die »unmöglichen« Gebäude und Körper des verstorbenen holländischen Grafikers M. C. Escher als einen Ausbund an Einfachheit erscheinen läßt.

Der kosmische Joker

Die Wissenschaftler Niels Bohr, Wolfgang Pauli, Enrico Fermi, Richard Feynman, Max Planck, Linus Pauling, Louis de Broglie, Nathan Rosen, Paul Dirac, John Wheeler, Erwin Schrödinger, David Bohm, John Bell, Alain Aspect, Basil Hiley, David Deutsch und viele andere, die sich durchaus mit Albert Einstein messen könnten, aber nicht so bekannt sind, haben der »kosmischen Uhr« des neunzehnten Jahrhunderts den Garaus gemacht. Doch nicht nur das. Ihre Erkenntnisse liefern exakte Beschreibungen bis dahin rätselhafter Vorgänge, beispielsweise der Temperaturübertragung oder der elektrischen Leitfähigkeit. Das bedeutet: Wir müssen dem Universum der Schrauben und Hebel Lebewohl sagen. Von nun an ist alles schemenhaft, unscharf, nicht bestimmbar. Schlimmer noch: Ein Geist scheint hinter alldem sein Wesen zu treiben, ein Etwas, auf das die von Esoterikern geschaffene nebulöse Bezeichnung »kosmischer Joker« gut passen würde.

Eine kühne Behauptung, möchte man meinen. Und wo ist der Beweis, wenn es überhaupt einen geben kann? Es gibt ihn, nur drängt er sich nicht so auf wie etwa das Gravitationsgesetz Isaac Newton, als der Mathematiker den Fall eines Gegenstandes beobachtete. Oder vielleicht doch, schließlich hatte Newton die Implikationen eines Alltagsereignisses erkannt, dessen Bedeutung allen anderen entging, weil es *zu alltäglich* war. Ähnliche Scheuklappen hindern uns anscheinend permanent, die Dinge *hinter* den Dingen wahrzunehmen, eine Unfähigkeit, die sich von den simpelsten Vorgängen bis zu den kompliziertesten erstreckt. Im ersteren Fall übersehen wir den Wald vor lauter Bäumen, und im letzteren bemerken wir den einzelnen Baum nicht. Diese Ignoranz wird durch Erkenntnisse verfestigt, die Phänomene zwar beschreiben, aber nicht erklären. Nehmen wir statistisch errechnete Vorgänge. Jeder Fachmann vermag auf mathematisch ebenso klare wie elegante Weise das Verhalten von Gasmolekülen, Billardkugeln oder was auch immer vorauszusagen. Laien sind über die wundersame Musterbildung und Dynamik stets verblüfft, die sich hier entfalten. Eine naheliegende Frage wird allerdings nicht gestellt: Wieso *weiß* ein Teilchen, wo es *wann* zu sein hat?

Nicht einmal der englische Physiker James Clerk Maxwell (1831–1879), der die Geschwindigkeitsverteilung von Gasmolekülen feststellte, dachte an diese Frage. Sie erschien ihm vielleicht zu naheliegend oder kam ihm überhaupt nicht in den Sinn. Maxwell und andere, die nicht weniger abstrakte Überlegungen aller Art anstellten, um Naturkonstanten zu überlisten, akzeptierten das angesprochene Phänomen der Häufigkeitsverteilung. Vielleicht scheuten sie die philosophisch-erkenntnistheoretischen Weiterungen tiefer gehenden Schürfens. Wie auch immer, die Problematik bleibt: Welcher Mechanismus sorgt für die richtige Plazierung der einzelnen Teile in Raum und Zeit, damit sie den rigiden Forderungen entsprechen, die von der Statistik erhoben werden (oder vielleicht von etwas anderem)?

Das Bewußtsein der Teilchen

»Viel Lärm um nichts«, wird so manchem durch den Kopf schießen, »die Zufallsgesetze diktieren die Verteilung, das weiß doch jeder.« Nun gut. Auch wenn wir den strittigen Begriff der Zufallsgesetze vorerst unwidersprochen hinnehmen: Wie *manifestieren* sie sich in völlig auf sich gestellten, isolierten und nichtbewußten Einheiten wie etwa Billardkugeln oder Elektronen? Es gibt nur zwei Antworten: Die Einheiten sind entweder nicht isoliert, oder sie wissen, was um sie herum vorgeht, so daß sie sich systemkonform verhalten können. Die neue Physik beendet diese Pattstellung, indem

sie die ebenso salomonische wie jeder Vernunft hohnspre-
chende Antwort gibt: »Teilchen kommunizieren miteinander
und wissen, was um sie herum vorgeht.«

Diese Aussage ist weder leichtfertig, noch kommt sie von
ungefähr. Sie ist die Kulmination einer neuen Sicht »der
Welt an sich«, zu welcher der englische Physiker und Universalwissenschaftler Thomas Young (1773–1829) – er war
Mitarbeiter der britischen Admiralität, Parlamentsberater,
Hieroglyphenentzifferer und führte bedeutende medizi-
nisch-biologische Forschungen durch – mit seinem berühmten Doppelspalt-Experiment im Jahr 1801 den Grundstein
legte. Damals sollte nur die Wellennatur des Lichts nachge-
wiesen werden, was auch gelang. Allerdings wurde damit
das Tor zu einer Weltsicht aufgestoßen, die Alices Wunderland als ausgesprochen langweiligen Ort erscheinen läßt.

In den mittlerweile vergangenen fast zweihundert Jahren
wurden die Versuchsanordnungen immer gigantischer, aus-
gefeilter und in zunehmendem Maße von Computern übernommen. Am Grundproblem der mit dem Experiment offenbar gewordenen völlig irrealen Realität (zumindest nach
unseren Vorstellungen) konnten auch die phantasievollsten
Arrangements nichts ändern. Ehe wir uns der Frage stellen,
worum es im Grunde eigentlich geht und welche Konsequenzen sich aus alldem ergeben, erst einmal zum reinen
Prozedere. Physiker werden zwar meinen, daß man Youngs
bahnbrechendes Experiment nicht losgelöst betrachten
kann, doch wir wollen das ganze Drumherum der Forschung für den Moment außer acht lassen. Die dürren Fakten sollen erst einmal für sich sprechen.

Wellen/Teilchen-Dualismus

Im täglichen Leben ist es für jedermann selbstverständlich,
daß bewegte Objekte aller Art klar definierte Bahnen be-

schreiben, weder in gegenseitigem Gedankenaustausch stehen noch eigenständig entscheiden, wohin es gehen soll. Das gilt für Tennisbälle über Billardkugeln und Granaten bis hin zu Planeten und Milchstraßensystemen. Feuert man beispielsweise eine Maschinenpistole unter leichtem Schwenken des Laufs ab, so wird man jene Kette von Einschußlöchern erhalten, die den Zuschauern von Actionfilmen mittlerweile wohlvertraut ist. Worauf geschossen wird, ist dabei natürlich ohne jede Bedeutung (sofern man nicht selbst die Zielscheibe ist).

In der geisterhaften Welt des Subatomaren liegen die Dinge etwas anders. Bizarr anders. Man stelle sich einen Strom von Elektronen oder Photonen (Lichtquanten) vor, der durch einen Schirm mit zwei Öffnungen geht. Daher der Name Doppelspalt. Hinter dem ersten Schirm ist ein zweiter, auf den die Elektronen oder Photonen treffen. Auf dem hinteren Schirm entsteht ein sogenanntes Interferenzmuster aus dunkleren und helleren Streifen. Bereits dieses Phänomen ist seltsam genug, demonstriert es doch, daß Teilchen sich wie Wellen verhalten (und umgekehrt). Der hier offenbar gewordene ominöse *Wellen/Teilchen-Dualismus*, der zur Schaffung des Begriffs der *Materiewellen* geführt hat, soll im Augenblick unsere Sorge nicht sein.

Noch spannender wird es, wenn man die Intensität des Strahls so stark verringert, daß immer nur *ein* Korpuskel (Elektron oder Photon) dem Schirm mit den beiden Spalten zustrebt. Wenn es diesen passiert hat und auf den zweiten Schirm trifft, gibt es einen Lichtblitz. Dabei entsteht ein geordnetes Interferenzmuster wie bei einem Teilchen*strom*. Obgleich scheinbar frei und ungehindert in seiner Flugbahn, verhält sich das einzelne Teilchen so, als stünde es mit den anderen Partikeln in Verbindung und würde folgsam den ihm bestimmten Spalt und Aufprallort ansteuern. Schon das mutet seltsam an. Geschosse aus einem Schnellfeuergewehr würden sich *so* nicht verhalten. Es kommt noch besser.

Schließt man vor Testbeginn eine der beiden Durchgangsöffnungen, gibt es kein Interferenzmuster. Es kann auch nicht durch Tricks wie das Übereinanderlegen der Fotoaufnahmen wiederhergestellt werden, die man bei abwechselnd geöffneten Spalten erhält. Die Muster gibt es nur, wenn beide Spalten offen sind. Dieses verantwortliche Benehmen der Elektronen/Photonen ist nur dann erklärlich, wenn jedes einzelne Teilchen *weiß*, ob einer oder beide Schlitze geöffnet sind, es sich also als Welle oder Korpuskel verhalten soll.

Niels Bohr entwickelte aus dieser Konfusion das Prinzip der *Komplementarität* von Ort und Impuls: Wenn der Ort ermittelt wird, ist der Impuls unbestimmt, und umgekehrt. Anschaulichkeit oder gar Begreifen vermittelt dieses Prinzip jedoch nicht. Im Gegenteil, es mutet eher wie eine Kapitulation an. Irgendwas in den Tiefen der Atome scheint höhnisch zu rufen: »Tut, was ihr wollt, mich erwischt ihr niemals.«

Physiker sind phantasievoll und hartnäckig. Man versuchte dies und das, um den Wellen/Teilchen die rätselhaften Bocksprünge auszutreiben. Es wäre doch gelacht, wenn es nicht gelingen sollte, ihr Verhalten vorherbestimmbar zu machen beziehungsweise zu beweisen, daß sie nicht wirklich wissen *können*, was um sie herum vorgeht.

Wie ist es, wenn man einen Spalt verschließt, während das Elektron/Photon bereits unterwegs ist? Dann ist der Zug bereits abgefahren und das Objekt der Beobachtung angeschmiert. Gedacht, getan. Tatsächlich gab es ein Ergebnis, wenn auch ein unerwartetes: Das Interferenzmuster verschwand. Geradezu verschämt offenbaren die Wellen/Teilchen ihre Kenntnis über beide Möglichkeiten nur dann, wenn wir nicht versuchen, ihnen dabei zuzuschauen.

Der gesunde Menschenverstand
verabschiedet sich

Jetzt wollten es die Fachleute endgültig wissen. Der berühmte Physiker John Wheeler, dem die Wissenschaft Begriffe wie »Wurmlöcher«, »Quantenschaum« oder »Weiße Löcher« verdankt, brütete das Experiment der »verzögerten Wahlentscheidung« (»delayed choice«) aus. Die Idee war folgende: Wenn uns Wellen/Teilchen zu der Entscheidung zwingen, ob wir lieber ihre Bahn oder ihr Interferenzmuster untersuchen wollen, so werden wir einfach den Spieß umdrehen. Wir warten, bis die Sache gelaufen ist, und treffen *dann* unsere Entscheidung.

Eine brillante Idee, doch nicht brillant genug für eine phantastische Wirklichkeit, die mit dem »gesunden Menschenverstand« nicht zu erfassen ist. Der Versuch brachte keine neuen Erkenntnisse.

In den achtziger Jahren bauten Caroll Alley und seine Mitarbeiter an der Universität von Maryland, USA, eine Versuchsanordnung mit dem letzten Schrei an High-Tech. Das Modernste vom Modernen an Meßgeräten und Elektronik sollte Wheelers »verzögerter Wahlentscheidung« zum Sieg verhelfen. Man teilte Laserlicht durch halbversilberte Spiegel in zwei Strahlen. Damit war die Grundvoraussetzung des Doppelspalt-Versuchs von Young gegeben. Eine Reihe von Spiegeln leitete die Laserstrahlen so um, daß sie einander schnitten und entweder auf den Photonendetektor *eins* oder *zwei* trafen. Dann schaltete man sporadisch, ganz nach Belieben, einen zweiten halbversilberten Spiegel dazwischen, wobei teuflischerweise so lange gewartet wurde, bis ein Lichtquant den Kreuzungspunkt *beinahe* erreicht hatte. Jedoch, es sollte trotz allem nicht sein.

Eine Beschreibung des gesamten, unglaublich ausgetüftelten Systems, das mit Lichtgeschwindigkeit Phasen, Bahnlängen und viele andere Parameter willkürlich veränderte, würde zu weit führen, besonders unter dem Gesichtspunkt, daß ohnedies nichts herauskam. *Es* ließ sich nicht in die Karten schauen. Allen Vorkehrungen zum Hohn erfuhr man nichts Neues. Die Unklarheit, die schon im Youngschen Doppelspalt-Versuch zutage trat, ist durch keine Raffinesse zu beseitigen.

Manchen werden solche Experimente als sinnlose Geldverschwendung erscheinen, die Konsequenzen sind jedoch im wahrsten Wortsinn »welterschütternd«. Sie bedeuten nicht mehr und nicht weniger als einen völligen Abschied von allem, was wir für naturgegeben halten. Wie sonst kann man den Umstand interpretieren, daß die Entscheidung, ob ein Photon die Apparatur auf einer Bahn oder auf beiden Bahnen durchqueren *wird,* zu einem Zeitpunkt fällt, *nachdem die Durchquerung bereits stattgefunden hat?*

Die Beobachterhypothese der Quantenphysik versucht diese Absurditäten irgendwie in ein wissenschaftliches Korsett zu zwängen. Ihre Grundaussage »Die Beobachtung verändert die Wirklichkeit« ist zwar inhaltsschwer, aber kryptisch. Endgültig zur nichtssagenden Leerformel degeneriert die Beobachterhypothese bei einem Vorgang, der Raum und Zeit auf den Kopf stellt und das Caroll-Alley-Experiment zur Potenz erhöht.

Zukunft verändert Vergangenheit

Zu den mysteriösesten Objekten im Weltall gehören die *Quasare* (quasistellare Radioquellen). Sie finden sich zumeist in Entfernungen von Milliarden Lichtjahren am Rande des sichtbaren Universums. Obgleich von bescheidener Größe, sind sie von einer Leuchtkraft, die ganze Milchstraßensysteme um ein vielfaches übertrifft. Die Frage, woher diese nicht allzu großen Gebilde die titanischen Energien hernehmen, die sie konstant abstrahlen, beschäftigt die Astrophysiker seit langem. Zahlreiche Theorien existieren, darunter die Hypothese, Quasare seien »Weiße Löcher«, die mit »Schwarzen Löchern« durch den Hyperraum verbunden sind, so daß aus ihnen hervorsprudelt, was ihre unsichtbaren Gegenstücke verschlingen. Wie auch immer.

Einen dieser mysteriösen Quasare mit der trockenen Katalogbezeichnung 0957 + 561 können wir wahrnehmen, obgleich sich eine ganze Galaxis zwischen ihm und uns befindet. Das wird durch die Gravitation besagter Milchstraße bewirkt. Sie krümmt den Raum, so daß die Lichtstrahlen des Quasars 0957 + 561 um sie herumgeleitet werden. Man nennt diesen Effekt, durch den man *hinter* Milchstraßensysteme blicken kann, eine *Gravitationslinse.* Der Wissenschaftler John Gliedman zeigte in seinem Beitrag »Turning Einstein Upside Down« in *Science Digest* die erstaunlichen Folgen auf, wenn man das experimentelle Konzept des Doppelspalt-Versuchs auf die vergleichbare Anordnung übertragen würde, die durch die Verbindung von Quasar und Gravitationslinse in den Tiefen des Weltalls vorhanden ist, allerdings in ungeheuer größeren Dimensionen.

Gliedman wies darauf hin, daß bei der gezielten Beobachtung eines einzelnen Lichtquants von 0957 + 561 mit einem Meßgerät, das auf die Partikelnatur des Lichts anspricht, das Photon die Gravitationslinse entweder rechts oder links umrunden würde. Setzte man eine andere Meßapparatur ein, welche die Wellennatur registriert, so müßte man feststellen, daß die gemessenen Lichtstrahlen gleichzeitig um beide Seiten der Galaxis herumlaufen wie Wellen um einen Felsen. Da das Unschärfeprinzip verhindert, beide Meßapparaturen gleichzeitig einzusetzen, ergibt sich folgende peinliche Konsequenz: Durch die Wahl des Meßgerätes *zwingt* der Wissenschaftler ein Lichtquant, sich entweder als Teilchen zu manifestieren, das die Gravitationsgalaxis rechts beziehungsweise links passiert, oder als Welle aufzutreten, die an beiden Seiten vorbeiströmt. Da unser Quasar viele Milliarden Lichtjahre entfernt ist, hat ihn das beobachtete Lichtteilchen/die Lichtwelle vor Milliarden Jahren verlassen. Trotzdem – und das verdient gesteigerte Aufmerksamkeit – verändert der Forscher auf Erden durch die Wahl des Meßgerätes ein Ereignis, das bereits *in der Vergangenheit*, und zwar vor Milliarden Jahren, stattgefunden hat.

Ein starkes Stück. Aber nichtsdestotrotz die Realität. Um sie mundgerecht zu machen, entwickelten die theoretischen Physiker bizarre Hypothesen von Mehrfachwelten, Wahrscheinlichkeitswellen, virtuellen Zuständen, einem Universum, das nur existiert, wenn man hinsieht, und manch andere Vorstellung wie aus *Alice im Wunderland*. Originellerweise sind die begleitenden Berechnungen hieb- und stichfest. Mehr noch: Sie erfassen bis dato nicht geklärte Vorgänge, und mit ihrer Hilfe können durchaus greifbare Dinge wie Transistorradios, Kühlschränke oder Atomkraftwerke geschaffen werden. Was die Formeln nicht zu schaffen vermögen, ist ein anschauliches oder wenigstens vage verständliches Bild der Wirklichkeit.

David Bohm, der seit über dreißig Jahren zu den führenden Autoritäten auf dem Gebiet der Quantenmechanik zählt, kommentiert das Doppelspalt-Paradoxon mit entwaffnender Ehrlichkeit: »Würde man sagen, es sei eine Welle, so wäre das eine Erklärung. Aber da die Elektronen als Teilchen in Erscheinung treten, handelt es sich dabei nicht um eine Erklärung, sondern nur um eine metaphorische Umschreibung. Eine Erklärung gibt es nicht. Wir müssen uns eingestehen, daß die Quantenmechanik überhaupt nichts erklärt, sondern lediglich eine Formel für bestimmte Ergebnisse liefert.« Auch wenn sie noch so grotesk sind.

Der österreichische Physiker Erwin Schrödinger, den viele nur durch sein berühmtes Katzen-Paradoxon kennen (wobei die meisten glauben, es würde sich um das Haustier des Wissenschaftlers handeln), schuf ein dermaßen umfassendes Ensemble von Gleichungen, daß die Gefahr, darüber die eigentliche Aufgabe der Forschung zu vergessen, sogar von manchen Kollegen beklagt wurde. »Seine Gleichungen«, kann man gelegentlich vernehmen, »lassen sich so vielseitig und perfekt anwenden, daß man die Frage vergißt, welche grundsätzlichen Erkenntnisse sich aus alldem ableiten lassen.«

Der Frage, was hinter so manchen Seltsamkeiten – nicht nur in der Welt der Atome – stehen mag, wollen wir sehr wohl auf der Spur bleiben. Die Wissenschaft ist dafür unverzichtbar, aber man darf ihr weder wie einem Leithammel in alle Sackgassen folgen noch vor jedem wissenschaftlichen Tabu zurückschrecken. Die Vorstellung vom *Geist der Materie* ist ein solches Tabu. Bewußtsein in den Tiefen der Atome, brrr – dann schon lieber Abstraktion pur. Die Tendenz der theoretischen Physiker und Mathematiker, im Zweifel lieber das Groteske durch endlose Reihen von Formeln zu zementieren als dem Inakzeptablen näherzutreten, läßt sich nicht leugnen. Selbst berühmte Wissenschaftler können ein Lied davon singen.

Kosmische Intelligenz

Als Sir Fredrick Hoyle, der Gründer des Institutes für Theoretische Astronomie in Cambridge, 1983 darauf hinwies, die Gesetze der Physik würden den mathematischen Beweis dafür liefern, daß das Weltall von einer Art »kosmischen Intelligenz« geplant wurde, die Billionen Jahre älter sein muß als das Universum selbst, reagierte die Fachwelt nicht einmal mit Ablehnung. Sie reagierte überhaupt nicht.

Sicher, man kann Hoyle nicht zu den konservativen Forschern zählen. Er schrieb einige Science-fiction-Romane, die
Bestseller wurden (der bekannteste davon dürfte *Die Schwarze Wolke* sein), und verfaßte das Libretto der Oper *The Al-
chemy of Love*. Auch in seinem ureigenen Bereich ist er ebenso kreativ wie originell. Seine mit Sir Hermann Bondi und
Thomas Gold und später mit seinem ehemaligen Studenten
Jayant Vishnu Narlikar als Alternative zum Urknallmodell
der Entstehung des Kosmos propagierte »Steady-state-Theo-
rie« ist zweifellos eine Marotte. Als solche wird besagte
Theorie eines stationären (ewigen) Universums, das durch
permanente Materieentstehung das Bild bietet, welches wir
beobachten können, von seinen Kollegen auch zur Kenntnis
genommen. Sir Fred Hoyles Reputation ist zu gewaltig, um
von gelegentlichen Schrulligkeiten angekratzt zu werden.
Seine Arbeiten zum Ursprung und Verständnis aller schweren Elemente haben ihm für alle Zeiten einen Platz in den
Annalen der Wissenschaft gesichert.
Eine »kosmische Intelligenz« ging der wissenschaftlichen
Gemeinde allerdings doch über die Hutschnur. Warum eigentlich?
Ist es nicht die neue Physik, die in genau diese Richtung
marschiert? Hat sie nicht eine Reihe von Konzepten gelie-
fert, die – fügt man sie zusammen – ein neues Bild des Kosmos entwerfen? Eines Kosmos, in dem Absonderlichkeiten
wie beispielsweise das Doppelspalt-Phänomen ihren Platz
haben? Er gleicht allerdings mehr einem allumfassenden
Gedanken als einem riesigen Uhrwerk, und auch nicht einem universellen Meer aus sturmgepeitschtem Tohuwabo-
hu, über dem der Zufall das Zepter schwingt.
Die neue Physik ist übrigens gar nicht so neu. Manche
ihrer Konzepte entstanden in der Zwischenkriegszeit oder
zu Beginn dieses Jahrhunderts. Dazu zählt ein für unsere

Überlegungen bedeutungsvoller Gedankengang aus dem Jahr 1935.

Keine Geringeren als Albert Einstein, Boris Podolsky und Nathan Rosen hatten ihn in Princeton unter dem Titel »Kann die quantenmechanische Beschreibung der gegenständlichen Realität als vollständig gesehen werden?« publik gemacht. Sie wollten damit der Unschärfe, der Herrschaft der Statistik und dem Niedergang der Kausalität im subatomaren Bereich den Kampf ansagen. Im Gegensatz zu vielen ihrer Kollegen nahmen Einstein, Podolsky und Rosen den nach der Jahrhundertwende erfolgten Verlust einer physikalischen Weltordnung nicht als gottgegeben hin.

Das nach seinen Urhebern E/P/R benannte Gedankenexperiment war ein Angriff auf die Quantentheorie, die im Jahr 1900 von Max Planck begründet wurde und nach Meinung vieler Physiker eine voreilige Kapitulation vor dem Chaos darstellte. Das E/P/R-Experiment zielte auf die Wiedereinführung eines geordneten, sinnvollen Kosmos. Der Schlüssel zu Ordnung oder Unordnung war das ausweichende Verhalten der elementaren, dualistischen Wellen/Teilchen (Stichwort »Doppelspalt-Experiment«). Solange man ausschließlich *entweder* ihren Ort *oder* ihren Impuls messen konnte, würde man auch nicht wissen, womit man es eigentlich zu tun hatte. Damit blieb das Universum weiterhin ein undurchdringlicher Irrgarten.

Unsicherheit und Wirrnis müßten jedoch sofort der Klarheit Platz machen, könnte man mehrere Eigenschaften des geheimnisvollen Wellen/Teilchens gleichzeitig messen. Wie wäre es, argumentierten die drei Giganten der Wissenschaft, wenn man sich dazu der Hilfe eines *zweiten* Wellen/Teilchens bediente, immerhin kommunzierten diese Einheiten anscheinend irgendwie miteinander, um der Doppelspalt-Falle zu entgehen? Allein diese Überlegung hätte den Ruf weniger bedeutender Forscher ein für allemal zerstört, basierte sie doch auf einer *überlichtschnellen*, akausalen und durch nichts begrenzten Verbindung aller elementaren Bausteine im Universum.

Die De-facto-Existenz eines solchen geheimen Netzwerkes würde das etablierte Bild des Kosmos auf den Abfallhaufen der Geschichte befördern, dafür aber bislang störende Ungereimtheiten beseitigen, in erster Linie das bereits angesprochene Statistikparadoxon, das für Gasmoleküle ebenso gilt wie für Autokolonnen oder die Verteilung der Sterne in Spiralgalaxien. Dennoch: ein starkes Stück. Andererseits hatten sich die berühmten Physiker all das nicht aus den Fingern gesogen, sondern ein Bündel von Gleichungen auf den Tisch gelegt, über denen bis heute gebrütet wird. Glücklicherweise brauchen wir uns mit der abstrakten Mathematik nicht herumzuquälen. Das taten bereits Heerscharen von Wissenschaftlern, über ein halbes Jahrhundert lang, ohne einen handfesten Beweis dafür oder dagegen führen zu können. Im Zuge der Kontroverse tauchte jedoch ein Silberstreif am Horizont auf.

Kosmischer Kitt

1964 postulierte John S. Bell, ein Physiker der Europäischen Organisation für Nukleare Forschung CERN in der Schweiz, die Theorie des »kosmischen Kitts«. Bells Theorem vertiefte die E/P/R-Prämisse einer permanenten und überlichtschnellen Wechselwirkung von Elementarteilchen. Für ein praktisches Experiment fehlten immer noch die technischen Voraussetzungen.

1972 hielt man die Zeit für gekommen. Also schritten die Physiker John F. Clauser und Stuart Freedman vom Lawrence-Livermore-Laboratorium in Kalifornien zur Nagelprobe. Sie wichen vom ursprünglichen Einstein/Podolsky/

Rosen-Szenario ab, das von impulskorrelierten Elektronen ausgeht, und griffen die Anregung des theoretischen Physikers David Bohm auf, der polarisationskorrelierte Photonen (Lichtquanten) vorgeschlagen hatte. In der Zwischenzeit ist übrigens auch das ursprüngliche Konzept experimentell getestet worden. Man verwendet dazu eine sogenannte »Stern-Gerlach-Vorrichtung«. Sie produziert ein Magnetfeld, das auf den Spin zweier auseinanderstrebender Elektronen einwirkt. Allerdings sind die Manipulation und die Untersuchung des Elektronenspins weit schwieriger als eine Beeinflussung und Messung der Polarisation von Photonen.

Aber wir wollen nicht vorgreifen, eines nach dem anderen. Clauser und Freedman ließen Lichtquanten von einer Strahlungsquelle paarweise in entgegengesetzte Richtungen losfliegen. Nach einiger Entfernung mußte jedes Lichtteilchen einen Polarisationsfilter passieren. Schwenkte man einen der Filter, so beeinflußte dieser Vorgang auch das Verhalten des *anderen* Photons, und das zwangsläufig mit *Überlichtgeschwindigkeit!*

Einen Rettungsanker konnte die wissenschaftliche Gemeinde noch werfen, der sie davor bewahrte, ihr gesamtes Weltbild neu zimmern zu müssen: Ungenauigkeit. Die Meßmethoden waren Anfang der siebziger Jahre für ein Experiment dieser Art noch nicht präzise genug. Auch 1976 konnte alles noch unter den Teppich gekehrt werden, als die Physiker Fry und Thompson in Texas auf den Spuren des Clauser-Freedman-Experiments wandelten. Es gab kein eindeutiges Resultat, da ihr Signal zu schwach war. Vorerst. Sechs Jahre später schlug allerdings die Stunde der Wahrheit.

Sargnagel der Physik

Unter der Federführung des französischen Physikers Alain Aspect wurde 1982 der Beweis erbracht, daß Raum und Zeit eine harmonische Einheit sind. Alles und jedes hängt auf einer *sehr* tiefen Ebene miteinander zusammen. Der »Aspectsche Aspekt«, wie er manchmal genannt wird, hatte Eingang in die Terminologie der Physiker gefunden. Das Universum war dadurch zwar kein anderes geworden, wohl aber unser Verständnis davon. Auch wenn's nicht schmeckt, so ist es nun mal.

Wie konnte dieser Beweis erbracht werden? Gemeinsam mit seinen Kollegen Jean Dalibard und Gerard Roger hatte Aspect am Institut d'Optique Théoretique et Apliquée in Orsay und an der Universität von Paris Lichtquanten auf die Reise geschickt. Diesmal war die Meßanordnung ausreichend empfindlich und das Signal intensiv genug. Das Ergebnis war eindeutig: Beeinflußt man ein Photon, so teilt sich das auch seinem »Zwilling« mit.

Das heißt: Das Universum ist ein großes zusammenhängendes Etwas, in dem weder Distanzen noch Vergangenheit und Zukunft irgend etwas begrenzen. Warum weder die wissenschaftliche Welt noch Medien und Öffentlichkeit dieses wahrhaft historische Experiment sofort gebührend zur Kenntnis nahmen, darüber kann sich jeder seine persönlichen Gedanken machen. So bemerkte Nobelpreisträger Brian Josephson etwa 1982 in einem Interview: »Daraus ergibt sich die Möglichkeit, daß ein Teil des Universums Kenntnis von einem anderen Teil besitzt.«

In den Jahren 1982 bis 1985 gab es hin und wieder bescheidene Veröffentlichungen in Fachzeitschriften. Sie beschränkten sich meist auf ein Lob der präzisen Arbeit des Aspect-Teams.

Im Januar 1986 wiesen einige Teilnehmer der Konferenz für Neue Techniken und Ideen in der Quantenmeßtheorie dezent darauf hin, daß Aspects Experiment für die Zukunft der Wissenschaft sehr schwerwiegend sei.

Der Quantenphysiker Dr. Nick Herbert äußerte sich da schon unmißverständlicher: »Wenn sich die Quantentheorie auf dem Müllplatz der Physik zu Kalorik, Phlogiston und dem Lichtäther gesellt hat, wird das Bellsche Theorem immer noch seine Gültigkeit haben. Weil es sich auf harte Tatsachen stützt, ist das Bellsche Theorem zum Bleiben bestimmt.«

Für den bekannten britischen Physiker und Sachbuchautor Paul Davis ist der »Aspectsche Aspekt« nicht mehr und nicht weniger als »der Sargnagel der Physik des gesunden Menschenverstandes«. Und für Albert Einstein die posthume Bestätigung seiner lebenslangen Ansicht, die »chaotische Quantenspringerei« sei nicht der Weisheit letzter Schluß, sondern nur der verhüllende Vorhang vor einer tiefer liegenden Meta-Ordnung.

Das Universum: ein riesiges Gehirn

So weit, so gut. Wo stehen wir mit unseren Überlegungen? Sind wir überhaupt noch auf Kurs, oder ist uns der ohnedies sehr dünne rote Faden aus den Händen geglitten? Keineswegs. Rekapitulieren wir: Begonnen haben wir mit dem Doppelspalt-Rätsel. Es hat uns zum unerklärlichen Wissen der Elementarteilchen über ihre Außenwelt (die jeweils installierte Versuchsanordnung) geführt und zur geheimnisvollen, überlichtschnellen Kommunikation in den Tiefen der Atome.

Mehr und mehr schält sich die Vermutung heraus, die Grundbausteine des Universums könnten irgendwie bewußte Einheiten sein, die Informationen verarbeiten (ein Verdacht, der interessanterweise auch von den modernen Physikern geäußert wurde, denn anders ließen sich nämlich weder der mysteriöse Tunneleffekt noch der »Aspectsche Aspekt« und vieles andere erklären). Damit fällt die Vorstellung nicht ganz so schwer, die Wellen/Teilchen würden auf ungeklärte Art und Weise miteinander kommunizieren. Wie wir das eben auch tun, nur im Normalfall nicht ganz so spektakulär.

Allerdings gibt es auch bei menschlichen Wesen einen paranormalen Informationsaustausch, der Raum und Zeit durchbricht. Er fällt unter den Sammelbegriff »PSI-Phänomene«, »Macht des Geistes« oder ähnliches. Solche Vorfälle finden in der Medienwelt starken Widerhall, ganz besonders, wenn sie sich nicht wegrationalisieren lassen.

Im Mikrokosmos der Atome und im Makrokosmos der Galaxien gibt es ähnliche Erscheinungen. Daß sie weniger Staub aufwirbeln als Uri Gellers Löffelbiegen oder dokumentierte Botschaften aus der Zukunft (beispielsweise eine Kurzgeschichte über den Untergang der *Titanic*, die *vierzehn Jahre vor der Katastrophe* erschien), muß nicht wundernehmen. Die Wissenschaft ist eine komplizierte Sache, und noch so revolutionierende Erkenntnisse werden von den damit befaßten Forschern nicht reißerisch an die Öffentlichkeit gebracht.

Na schön, sollen Korpuskel bewußte Gebilde sein, die miteinander in Verbindung stehen und Informationen sogar auf einer Art PSI-Ebene austauschen – wie unsereins auch, zumindest manche von uns. Ja, sogar mit einer Einwirkung der Gegenwart auf die Vergangenheit oder der Zukunft auf die Gegenwart wollen wir uns abfinden. Caroll Alleys Versuchsanordnung der »verzögerten Wahlentscheidung« in Maryland und das Experiment mit dem Quasar 0957 + 561 hinter der Gravitationslinse einer ganzen Milchstraße demonstrieren eindeutige Parallelen zwischen menschlichen und subatomaren PSI-Erscheinungen. Wie es den Anschein hat, passen sich Bells Theorem und seine Verifizierung (der »Aspectsche Aspekt«) harmonisch in das komplexe Gefüge des

Paranormalen ein, mit dem sich noch so »neue« Physiker wenig anfreunden können. Erschwerend für eine unvorein-genommene Gesamtsicht ist zudem der Umstand, daß all das frappante Ähnlichkeit mit einem Grundprinzip hat, dem Mystiker, Okkultisten und Esoteriker anhängen und das da lautet: »Wie oben, so unten.« Oder, modern ausgedrückt: Das Universum scheint eine einzige, unbegreifliche Entität zu sein.

Das mag alles seine Richtigkeit haben. Humanpräkognition hin, rückläufige Kausalität in der Physik her, die Frage bleibt: Was soll das Ganze eigentlich? War es wirklich not-wendig, ohne Vorwarnung so schonungslos in die Untiefen abstraktester Physik zu tauchen?

Ich denke schon. Dieser Abstecher bereitet für die nächsten Kapitel vor und ist in mehrfacher Hinsicht aufschlußreich. Er demonstriert, daß die Wissenschaft mystische Züge ange-nommen hat, wenn auch von der Öffentlichkeit weitgehend unbemerkt. Gleichzeitig wurde offenbar, wie haarsträubend und unakzeptabel die Realität des Universums ist, in dem wir leben. Zwischen Himmel und Erde gibt es, um Shake-speare zu bemühen, tatsächlich mehr Dinge, als die Schul-weisheit sich träumen läßt: unter unseren Schädeldecken, im Inneren der Atome, in den Tiefen des Weltalls. Wie unten, so oben.

Wenn wir also akzeptieren müssen, daß Magie und Wissen-schaft im Begriff sind, die Plätze zu tauschen, daß Elemen-tarteilchen Parafähigkeiten an den Tag legen und der Kos-mos mehr und mehr einem riesigen Gehirn mit PSI-Eigen-schaften zu ähneln beginnt, dann, ja dann ist es wohl legi-tim, nach geheimen, gelegentlich manipulativen Mächten und/oder Kräften im Hintergrund Ausschau zu halten. Auf ihr Wirken stoßen wir schließlich auf Schritt und Tritt. Und wenn wir darin nichts anderes erkennen können als ein

»Nicht-Chaos«, so ist das schon etwas. Erinnern wir uns, daß Einstein das E/P/R-Experiment gegen das Quantenchaos konzipierte und in dem Zusammenhang meinte, jedwede überlichtschnelle Teilchenkommunikation könnte nur eines sein: *Telepathie*. Derselbe Einstein sagte übrigens auch, PSI hätte ganz sicher mehr mit Physik zu tun als mit *Parapsychologie*.

Die Fachwelt bemüht sich allerdings, jeglichem Verrutschen der liebgewordenen Scheuklappen vehement entgegenzuwirken. Enthusiastisch stürzt man sich auf jeden möglichen Beweis für etablierte Modelle, sei er an den Haaren herbeigezogen oder nicht. Ganz so, als könnte man die Existenz echten Goldes durch den Hinweis auf Falschgold negieren. Hinter diesem Abwehrkampf gegen bestimmte Erkenntnisse steckt vielleicht mehr als nur die ureigene Furcht vor Neuem, vor Veränderung, vor Umstellung – vielleicht aber auch nicht. Die Abneigung gegenüber einem tiefgehenden Paradigmenwechsel muß nicht der alleinige Grund für das überwiegende Schweigen sein, mit dem die wissenschaftliche Gemeinde den »Aspectschen Aspekt« begrüßt hat. (Immerhin bedeutet er nicht mehr und nicht weniger als den *praktischen Beweis* für die totale Andersartigkeit der »Wirklichkeit«.)

Warum bewegte Sir Fred Hoyles kosmische Intelligenz niemanden? So unbedeutend ist er schließlich nicht. Von der Abstinenz der Medien wollen wir gar nicht reden, die beispielsweise den Flop der »kalten Kernfusion« weidlich ausgeschlachtet haben.

Auch Ignorieren kann etwas aussagen. Das sollten wir nicht vergessen, während wir weiter nach dem »echten Gold« graben. Eines wird jedenfalls immer klarer: *Irgend etwas* geht auf *allen* Ebenen vor sich. Was, das wissen wir nicht.

Also frisch voran, tiefer ins faszinierende Neuland hinein. Nachdem wir uns in exotischen Bereichen von der vertrauten Natur von Raum und Zeit verabschieden mußten, machen wir uns für die schmerzliche Erkenntnis bereit, daß die Begriffe *gestern, heute* und *morgen* nicht nur in den Atomkernen oder im Umfeld von Schwarzen Löchern reine Wunschvorstellungen sind, sondern auch hier – bei uns. Im Gegensatz zu Versuchstieren, die wenig Aussicht haben, mehr über ihr Labor in Erfahrung zu bringen, gibt uns der menschliche Verstand das Rüstzeug zum Erspüren einer größeren Realität. Wir müssen nur versuchen, die Fingerzeige dafür zu erkennen, und den Mut aufbringen, ihnen nachzugehen.

Trugbild Zeit:
Gestern und Morgen sind jetzt

Die Zeit ist aus den Fugen.

William Shakespeare, *Hamlet*

Anachronismen

Mit schöner Regelmäßigkeit versuchen Wissenschaftler, Forscher aller möglichen Disziplinen, Privatgelehrte und schlichtweg Spinner in den Dramen William Shakespeares bewußt eingebaute »geheime Informationen« zu entdecken. Ohne Zweifel beinhalten die Werke dieses Giganten unter den Dichtern Wahrheiten und Erkenntnisse – speziell über die Natur des Menschen –, die weit über die an sich schon komplexen Rahmenhandlungen hinausgehen. Die Psychologie hat Shakespeare mit Sicherheit so manchen Denkanstoß zu verdanken. Fragwürdiger sind allerdings die Versuche, verborgene Hinweise esoterischer oder anachronistischer Natur ans Licht zu befördern. Dennoch: Nicht nur die Untiefen der menschlichen Seele scheinen den weltberühmten, 1564 in Stratford-on-Avon geborenen englischen Dichter und Schauspieler fasziniert zu haben, sondern auch die Vielschichtigkeit der sogenannten Realität und, nicht zuletzt – die Zeit.

Möglicherweise ist es weit hergeholt, eine Verbindung zwischen Shakespeares *Macbeth* und einem schwer erklärbaren Gebilde herzustellen, das sich im schottischen Cawder Castle befindet, jener Burg, in welcher Macbeth König Duncan im Jahr 1040 ermordet haben soll. Den Kamin einer Halle ziert ein Steinrelief, auf dem die Jahreszahl 1510 eingemeißelt ist. Es stellt einen Fuchs dar, der selbstbewußt herunterblickt. Ungewöhnlich an diesem im Mittelalter sehr beliebten Motiv ist der Umstand, daß Meister Reineke eine Pfeife raucht, exakt so, wie dies ein Mensch auch tut. Die Darstellung ist unmißverständlich. Sie kollidiert mit folgender Tatsache, an der nicht gerüttelt werden kann: Tabak wurde erst im Jahr 1585 von Sir Walter Raleigh (1552–1618), dem Gründer der ersten englischen Kolonie Virgina, in England eingeführt – fünfundsiebzig Jahre *nach* der Entstehung des »rauchenden Fuchses«.

Das ist zwar seltsam, mag sich aber mit dem Universal-Argument wegrationalisieren lassen, das oft gegen Anachronismen ins Feld geführt wird: Wenn irgend etwas »zu früh« irgendwo auftaucht, wurde es eben früher dorthin gebracht oder vordatiert, Punktum. Eine erfolgreiche Taktik, die beispielsweise das unliebsame Faktum vom Tisch gefegt hat, daß aztekische Federmäntel mit Pferdeabbildungen existieren. Lästigerweise wurden sie Jahrzehnte bis Jahrhunderte vor der spanischen Konquista angefertigt, in deren Verlauf das Pferd erstmalig (als kampfentscheidender Faktor auf seiten der Eroberer) in diese Weltgegend gelangt sein soll.

Nun gut, solche historischen Ungereimtheiten muten zwar eigenartig an, aber kann man gleich von Rissen im Vorhang der Zeit oder von ähnlich Dramatischem sprechen? Pferde können schon vor Fernando Cortez in Mexiko vorhanden gewesen sein, und Tabak mag vor Raleigh seinen Weg nach Schottland gefunden haben. Es bedarf schon handfesterer Beweise, um unsere Vorstellungen von Vergangenheit, Gegenwart und Zukunft über Bord zu werfen – Beweise, die es wohl nicht geben dürfte, oder? Es gibt sie, und das nicht zu knapp.

Zeitsprung einer Kampfrakete

Beginnen wir mit einem Vorfall, der kein lebendes Wesen betraf, wodurch der mögliche Faktor Sinnestäuschungen ausgeschaltet wird. Die Hauptperson war ein Gegenstand, von dem man nicht viel Gutes, auf keinen Fall aber temporale Bocksprünge erwarten konnte: eine Interkontinentalrakete (ICBM) vom Typ Minuteman der US-Streitkräfte. Das mittlerweile überholte dreistufige Geschoß mit Feststoffantrieb war lange Zeit eine Trumpfkarte im Gleichgewicht des Schreckens. Die erste Minuteman-Generation trat 1962 in Dienst, wurde in den siebziger Jahren mit Dreifachsprengköpfen ausgerüstet, in MIRV (»multiple independently targetable reentry vehicle«) umbenannt und in den achtziger Jahren schließlich durch die stärkeren und mobilen M-X-ICBMs ersetzt.

Wie Tausende andere hockte unser spezielles ICBM (»Inter-Continental Ballistic Missile«) in seinem Silo auf der Vandenberg-Air-Force-Basis in Kalifornien, bis es am 4. Januar 1974 zu Testzwecken abgefeuert wurde. Die Minuteman verließ ihren Startplatz wie vorgesehen. Von Hunderten Zeugen beobachtet und auf den Radarschirmen klar erkennbar, donnerte sie mit einem orangen Feuerschweif in den Himmel. Noch ehe sie eine größere Höhe erreicht hatte, verschwand sie. Einfach so.

Die Verwirrung in der Luftwaffenbasis war beträchtlich, doch es nützte alles nichts. Die Minuteman hatte sich in nichts aufgelöst. Die Fachleute schüttelten den Kopf, und die Wissenschaftler waren ratlos. Die echte Überraschung stand ihnen jedoch noch bevor.

Drei Tage vergingen, dann erschien der als verschollen abgeschriebene Flugkörper wieder. Exakt an der Stelle, wo er durch ein unsichtbares (Zeit-)Portal verschwunden war, spuckte ihn das Irgendwo wieder aus, und er flog weiter, als wäre nichts geschehen. Ein absolutes Mysterium, denn eine Flugzeit von mehreren Tagen war ausgeschlossen, sogar eine von Stunden.

SOS aus der Vergangenheit

Ein Zeitsprung von drei Tagen ist beeindruckend genug, sollte man meinen, doch es kommt noch besser. Wie es scheint,
ist die Zeit ein willkürliches Konzept unserer Denkstruk-
turen, de facto jedoch ohne wirkliche Bedeutung beziehungsweise ohne Grenzen.

Zu dieser Erkenntnis mußte sich der Versicherungsangestell-
te und Funkamateur Gordon Cosgrave in den Monaten Juni
und Juli 1936 schmerzlich durchringen, kostete sie ihn doch
unter anderem seinen Job.

Cosgrave lebte für sein Steckenpferd: Auf dem Dach seines
Hauses in dem südlich von der Themse gelegenen Londoner Stadtteil Woolwich sprossen die Funkantennen nur so,
und auch der Garten war mit ihnen bestückt. Seine Anlage
gehörte zu den besten ihrer Art. Ihr Besitzer hatte im Lauf
der Jahre mehr als zweihundert Pfund in sie investiert. Eine
stattliche Summe für einen Mann, der nur fünf Pfund die
Woche verdiente.

An einem Samstagmorgen im Juni begann sein persönliches
Desaster, ausgelöst durch eines der seltsamsten Phänomene.
Cosgrave hatte den Rasen gemäht und begab sich ins Schlafzimmer, um seinem Hobby zu frönen. Er wollte die Signale
eines Funkfreundes in Nova Scotia auffangen. Auf der be-
nutzten Frequenz überlagerte jedoch ein ungewöhnlich starkes Morsesignal alle anderen. Automatisch griff Cosgrave
nach dem Schreibblock, um den Funkspruch festzuhalten,
der von einem Linienschiff mit Namen *Carpathia* kam. Die
Meldung besagte: »Wir sind noch siebzig Seemeilen entfernt
und werden durch Eis behindert, bewegen uns aber mit
Höchstgeschwindigkeit.« Dann wurde eine Position be-
kanntgegeben. Nun mischten sich SOS-Zeichen in die Über-
tragung. Sie stammten offensichtlich von einem anderen, in
Seenot befindlichen Schiff. Den Namen konnte Cosgrave

nicht entziffern, da starke statische Störungen auftraten. Danach verebbten die Durchgaben.

Mit angehaltenem Atem hatte der Funkamateur die Meldung hingekritzelt. Als nichts mehr zu vernehmen war, rannte er zur nächstgelegenen Telefonzelle am Ende der Straße, um die Behörden zu verständigen. Die Polizei war nicht zuständig. Man verwies Cosgrave an den diensthabenden Offizier der englischen Admiralität.

Endlich hatte der Funkamateur den richtigen Mann an der Strippe. Hastig berichtete er von der aufgefangenen Nachricht und drängte auf sofortige Einleitung einer Rettungsaktion. Am anderen Ende der Leitung herrschte für kurze Zeit Stille, dann meinte der Offizier sarkastisch: »Lieber Freund, Sie sind vierundzwanzig Jahre zu spät dran. Die *Titanic* ist schon 1912 untergegangen. Machen Sie Ihre Scherze mit jemand anderem.« Danach wurde eingehängt.

Cosgrave war wie vor den Kopf geschlagen. Was hatte er empfangen? Verschlüsselte Mitteilungen der Marine im Zuge einer militärischen Übung? Unwahrscheinlich, nicht auf dieser gängigen Frequenz. Konnte es sich um eine Dokumentation der BBC handeln? Ein naheliegender, aber unzutreffender Gedanke. Seine Anfragen bei Sendeanstalten ergaben, daß nichts Derartiges ausgestrahlt worden war.

Schließlich beschloß der Funkamateur, die ganze Sache zu vergessen. Es war wohl eine Halluzination gewesen. Vier Tage lang konnte er diese Selbsttäuschung aufrechterhalten. Am Abend des vierten Tages drang ein weiterer SOS-Ruf aus seinen Geräten. Die Botschaft kam aus demselben Seegebiet und wies die gleichen Charakteristika auf wie die vorhergegangene. Sie besagte, man habe alle zweiundzwanzig Rettungsboote zu Wasser gebracht, es befänden sich jedoch noch über tausend Personen an Bord. Nach der Chronologie der wohl berühmtesten aller Schiffskatastrophen mußte dieser Funkspruch etwa eineinhalb Stunden nach der Kollision mit dem Eisberg abgesetzt worden sein, der die doppelte Rumpfhülle aufgerissen hatte, wodurch der »unsinkbare« 66 000-Bruttoregistertonnen-Luxusliner der White-Star-Line in kürzester Zeit wie ein Stein in den eisigen Fluten des Nordatlantiks versank. Dabei fanden eintausendfünfhunderteinunddreißig Personen den Tod durch Ertrinken.

Da ihm diese mysteriösen Botschaften aus der Vergangenheit keine Ruhe ließen, machte sich Cosgrave über den Fall sachkundig. Nachdem er in der Stadtbibliothek den gesamten Hergang des *Titanic*-Desasters, Zeit und Ort des Untergangs sowie alle Begleiterscheinungen eruiert und sie mit seinen Aufzeichnungen verglichen hatte, stellte er verblüfft eine absolute Übereinstimmung fest, selbst in den kleinsten Details. Was tun? Während Cosgrave noch damit zögerte, die Katze aus dem Sack zu lassen, trafen weitere Signale von der zu Hilfe eilenden *Carpathia* ein. Daraufhin nahm er mit dem Herausgeber einer Rundfunkzeitung Verbindung auf. Obgleich Cosgrave nur den Rat des Zeitungsmannes wollte, glaubte der Kontaktierte zuerst, von einem Publicitysüchtigen oder einem totalen Wirrkopf belästigt zu werden. Cosgrave ließ nicht locker. Schließlich willigte der Herausgeber ein, mit einem weiteren Redaktionsmitglied in die Funkbude des hartnäckigen Zeitgenossen zu kommen.

Eine Stunde lang ereignete sich nichts. Der Chefredakteur und sein Mitarbeiter wurden zunehmend unwilliger. Schließlich wollten sie gehen. In dem Moment erwachte das Funkgerät wie auf Stichwort zum Leben. Cosgrave gab dem Herausgeber die Kopfhörer, der die Morsezeichen notierte und sogleich in Klartext übertrug. Auf der *Titanic* waren die letzten Signalraketen abgefeuert worden, und man ging nun daran, den Dampf aus den Kesseln abzulassen, um eine Explosion zu verhindern.

Die beiden Journalisten waren fasziniert. In den darauffolgenden Wochen gingen sie bei Gordon Cosgrave ein und
aus, wobei sie Zeugen weiterer Übertragungen aus dem Gestern wurden. Mittlerweile war die Tagespresse aufmerksam
geworden. Der Funkamateur stand plötzlich im Licht der
Öffentlichkeit, doch nicht zu seinem Besten. Er erntete
Spott und Hohn, Fachwelt und Zeitungen zogen seine Se-
riosität und seinen Verstand in Zweifel. Schließlich setzte
ihn sein Arbeitgeber vor die Tür. Eine Versicherungsgesell-
schaft konnte es sich nun einmal nicht leisten, Spinner zu
beschäftigen.

Verbittert gab Cosgrave die Funkerei auf und zog in einen
anderen Stadtteil von London. Bis zu seinem Tod im Alter
von vierundsechzig Jahren konnte er die Enttäuschung nicht
verwinden.

Experten, die sich später mit seinen Aufzeichnungen sowie
allen Begleitumständen des seltsamen Geschehens auseinan-
dersetzten, kamen zu der Ansicht, die Signale seien echt gewesen, auch wenn ihr über Jahre verzögertes Auftreten ein
Rätsel war. Ein Rätsel, mit dem verglichen die eingefrore-
nen Töne des Posthorns aus Münchhausens Lügenerzählun-
gen nachgerade plausibel wirken. Dennoch: Ein mit unge-
heurem Aufwand in Szene gesetzter Betrug kann nicht mit
absoluter Sicherheit ausgeschlossen werden, obgleich er wenig sinnvoll scheint.

Konzentriert man sich jedoch weniger auf den Vorgang, sondern auf *das Objekt*, das die Hauptrolle spielt, so sehen die
Dinge etwas anders aus. Die *Titanic* scheint im Gefüge der
Zeit mehr Turbulenzen hervorgerufen zu haben als sonst etwas. Worauf das zurückzuführen ist, darüber kann nicht einmal spekuliert werden. Getreu unseren Grundüberlegungen
ließe sich vielleicht die Frage stellen, ob irgendwer oder irgend etwas für das berühmte Unglücksschiff ein besonderes

Faible hatte. Warum das so sein sollte, bleibt im dunkeln. Weder die Größe des Unglücks noch die rücksichtslosen Brutalitäten, die sich beim Kampf um die und in den Rettungsbooten abspielten, sind außergewöhnlich – weder damals noch in der Zwischenzeit, und heute schon gar nicht, wofür die Nachrichten ein blutiges Zeugnis ablegen. Bleiben wir also bei den nackten Tatsachen. Sie sind exotisch genug. Von allen Katastrophen, die ihren Schatten durch die Zeit zurückgeworfen haben, hat dies der Untergang der *Titanic* auf die intensivste und mannigfaltigste Weise getan. Die berühmteste (weil schriftlich niedergelegte und damit unleugbare) diesbezügliche Vorhersage ist die 1898 erschienene Novelle *The Wreck of the Titan* beziehungsweise auch *Futility*. Vierzehn Jahre vor der *Titanic*-Katastrophe schilderte der amerikanische Schriftsteller Morgan Robertson den Untergang des Superliners *Titan*, der mit einem Eisberg kollidiert und im Nordatlantik untergeht. Die Parallelen zwischen der *Titan* und der *Titanic* (Tonnage, Schiffslänge, Anzahl der Schrauben, der Rettungsboote, der wasserdichten Abteilungen, der Passagiere, der Opfer, bis hin zur Geschwindigkeit beim Aufprall) sind so frappierend, daß eine zufällige Übereinstimmung in den (Un-)Wahrscheinlichkeitsbereich von eins zu mehreren Trillionen fällt.

Interessanterweise bestritt Robertson die alleinige Urheberschaft der Geschichte, die ihn vierzehn Jahre nach ihrer Veröffentlichung schlagartig berühmt machte, was ihm vorher durch zweihundert Erzählungen und neun Bücher nicht gelungen war. Der echte Ideengeber der Story, so behauptete Robertson zeitlebens, sei ein »astraler Koautor« gewesen.

Brennpunkte temporaler Phänomene

Die *Titanic* erweist sich, aus welchen Gründen auch immer, als eine Art Brennpunkt für temporale Phänomene. Robertsons Story und andere *Titanic*-Präkognitionen sowie Cosgraves Funksignale demonstrieren, daß die Zeit keine Einbahnstraße ist. Und das mit einer Deutlichkeit, die wenige ähnlich gelagerte Fälle auszeichnet. *Es* geht in der Zeit nach vorne oder zurück, ganz nach Belieben.

Enthalten wir uns aller weiteren Spekulationen, und lassen wir erst einmal einige signifikante Beispiele der ungeheuren Welle von dokumentierten Vorausahnungen Revue passieren, die der *Titanic*-Katastrophe vorausgingen. Mehr als zwei Dutzend davon wurden eingehend analysiert. Das Ergebnis: Es handelt sich eindeutig um Präkognition, aber urteilen wir selbst.

Der englische Geschäftsmann J. Connon Middleton, der am 23. März 1912 auf der *Titanic* gebucht hatte, träumte mehrere Nächte hindurch, wie das Schiff kieloben im Meer trieb, umgeben von Ertrinkenden, deren Schreie er hören konnte. Middleton selbst schien körperlos über dem Ort des Unglücks zu schweben. Vier Tage nach dem ersten Traum ließ er seine Buchung streichen.

Am 10. April, zwei Tage vor dem Unglück, standen Mr. und Mrs. Jack Marshall mit ihren Angehörigen auf dem Dach ihres Hauses, um die aus Southampton ausgelaufene *Titanic* in der schmalen Rinne vorbeidampfen zu sehen, die England von der Insel Wight trennt. Völlig unerwartet packte Mrs. Marshall ihren Mann am Arm und rief: »Das Schiff wird untergehen, bevor es Amerika erreicht!« Der Mann wollte seine Frau mit dem Hinweis beruhigen, das Schiff sei unsinkbar (eine Überzeugung, die damals die Größenordnung eines Naturgesetzes hatte), was seine Frau nur noch heftiger werden ließ. Wütend schrie sie: »Steht nicht da und starrt mich an! Unternehmt etwas, ihr Narren! Ich sehe Hunderte von Menschen im eiskalten Wasser! Seid ihr denn alle derartig vernagelt, daß ihr sie einfach ertrinken laßt?« Für diese

Warnung, die natürlich keinerlei Beachtung fand, gibt es mehrere Zeugen.

Der Schiffstechniker Colin Macdonald schlug drei mehr als verlockende Angebote aus, auf der *Titanic* die hochdotierte Position des Zweiten Ingenieurs anzutreten. Er hatte zu starke Vorahnungen von einem Unheil, das drohend über dem Schiff schwebte. Der Techniker J. Jesketh, der an Macdonalds Stelle anheuerte, kam bei der Katastrophe ums Leben.

Im Gegensatz dazu ließ sich der Herausgeber der Zeitung *Pall Mall Gazette*, William T. Stead, nicht irritieren. Weder die Warnung mehrerer Hellseher, er würde eine Schiffsfahrt nach Amerika nicht überleben, noch der Brief eines hohen anglikanischen Geistlichen, in dem ausdrücklich stand, die *Titanic* werde untergehen, wirkten nachhaltig genug. Als Stead eine Einladung des amerikanischen Präsidenten William Howard Taft zu einem Vortrag in den USA erhielt, machte er sich als Passagier der *Titanic* auf den Weg zu seinem tödlichen Rendezvous mit dem Schicksal.

Irgendwie scheint eine mysteriöse Verquickung dieses Mannes durch Raum und Zeit mit der *Titanic* bestanden zu haben, denn Stead veröffentlichte bereits 1880 eine dramatische Story über einen Schiffsuntergang von nie zuvor dagewesenen Dimensionen. Makabrerweise war ein Schlüsselelement der Geschichte der Kampf um die Plätze in den unzureichend vorhandenen Rettungsbooten. Die Erzählung schloß mit den Worten: »Genau das kann und wird geschehen, wenn Liner nicht über genügend Rettungsboote verfügen.« Stead selbst fand exakt aus diesem Grund den Tod.

Es kommt noch bizarrer. 1892 verfaßte besagter Londoner Publizist einen Beitrag für die *Review of Reviews*, in dem er den Untergang eines Dampfers schildert, der mit einem Eisberg kollidiert. Der einzige Überlebende wird – in dem Artikel – durch ein Schiff namens *Majestics* gerettet, das wie die

Titanic der White-Star-Reederei gehört. Es gab ein Schiff dieses Namens, dessen Kapitän später Kapitän der *Titanic* wurde und mit ihr unterging. 1909 schilderte Stead bei einem Vortrag vor dem Cosmos Club eine Vision, in welcher er sich selbst als schiffbrüchigen Passagier erlebt hatte, der in den eisigen Fluten um Hilfe rief. Nicht alle *Titanic*-Vorausahnungen sind dermaßen komplex, wohl aber ebenso konkret. Stunden vor dem Zusammenstoß mit dem Eisberg bemerkte einer der Passagiere, der Präsident der Grand-Trunk-Eisenbahngesellschaft Charles M. Hays, gegenüber einem anderen Passagier, der zu den wenigen Geretteten gehören sollte, daß »demnächst das größte und schrecklichste Unglück, das jemals auf dem Meer passiert sei, stattfinden werde«. Der Angesprochene konnte sich diese kryptische Bemerkung nicht erklären, bezog sie jedoch keineswegs auf die von pulsierendem Leben erfüllte, »unsinkbare« *Titanic.*

Der sensitive Engländer V. N. Turrey, der schon beim Auslaufen des Schiffes vor einer Katastrophe gewarnt hatte, teilte seiner Bekannten, Mrs. de Steiger, brieflich mit, die *SS Titanic* werde in zwei Tagen untergehen. Der Brief traf am 15. April 1912 ein, geschrieben und aufgegeben worden war er jedoch einen Tag vor dem Untergang.

Major Archibald Butt, der Militärberater von US-Präsident Taft, schrieb am 23. Februar 1912 vor einer Europareise an seine Schwägerin Clara Butt: »Vergiß nicht, daß sich meine Papiere im Depot befinden. Wenn das Schiff untergeht, wirst Du alle meine Angelegenheiten in tadelloser Ordnung vorfinden. Keine Sorge, Du weißt ja, daß ich Dir dies immer mitteile, wenn ich verreise.« Der Nachsatz dürfte nur der Beruhigung der Empfängerin gegolten haben, denn tatsächlich hatte Butt bei vorhergehenden Seereisen seiner Schwägerin nichts Derartiges mitgeteilt, wie Nachforschungen ergaben. Major Archibald Butt reiste aus den USA mit der *SS Berlin* in die Alte Welt und mit der *SS Titanic* wieder zurück. Er ertrank.

Zwischen dem 3. und 10. April 1912 kam es zu einer regelrechten Stornierungswelle von Buchungen auf der *Titanic.* Viele der im letzten Moment Zurücktretenden gebrauchten eindeutig unwahre Ausreden, andere flüchteten in fadenscheinige Erklärungen wie: »Es bringt Unglück, an einer Jungfernfahrt teilzunehmen.«

W. E. Cox' erstaunliche Unglücksstatistik

Die im Zusammenhang mit der *Titanic*-Katastrophe aktenkundigen Vorahnungen von Personen, die mit dem Unglück nichts zu tun hatten, sind Legion. Sie begannen schon Jahre vor dem Untergang des »unsinkbaren« Schiffes und häuften sich in den Wochen und Monaten vor dem Ereignis dramatisch. Der Gedanke, daß viele, möglicherweise sogar die meisten Menschen präkognitive Fähigkeiten haben, ohne sich dessen bewußt zu sein, drängt sich geradezu auf. Erhärtet wird er noch durch weitere Indizien, beispielsweise das verblüffende Ergebnis einer massenstatistischen Untersuchung, die der amerikanische Mathematiker William E. Cox in den sechziger Jahren im Zusammenhang mit Eisenbahnkatastrophen anstellte. Die Analysen dieses Mannes, der vor dem Phantastischen ebensowenig zurückschreckte, wie er auch andere exotische Untersuchungen durchführte, umfaßten mehrere Jahre und zeigen erstaunlicherweise, daß Unglückszüge eine deutlich geringere Passagieranzahl befördern, als es die Norm ist. Mehr noch: Bei den Garnituren, die entgleisen oder in Zusammenstöße verwickelt sind, läßt sich in den direkt betroffenen Waggons eine nochmals extrem reduzierte Passagieranzahl feststellen. Zusammengefaßt: Katastrophenzüge werden gemieden, und in den zerstörten oder beschädigten Waggons finden sich signifikant

149

weniger Personen als im gesamten bereits unterbelegten Zug. Der ominöse Zufall kann nicht als rettender *Deus ex machina* beschworen werden, denn hier haben wir es mit statistischen Abweichungen in einer Größenordnung von eins zu hundert und mehr zu tun.

Nach der berüchtigten Aberfan-Katastrophe im Jahr 1966, als eine riesige Schlackenhalde ins Rutschen kam, die große Teile des walisischen Ortes Aberfan unter sich begrub und einhundertvierundvierzig Menschen tötete, sammelte der englische Psychiater J. C. Barker fünfunddreißig zuverlässige Berichte über entsprechende Vorahnungen. Dergleichen tritt immer wieder auf, nicht selten hieb- und stichfest belegbar.

Jedoch: Irgend etwas kann da nicht stimmen. Es ist die bereits erwähnte Größenordnung, die Verhältnismäßigkeit. So schlimm das *Titanic*-Unheil, ein Zugzusammenstoß oder ein Erdrutsch für jeden Betroffenen auch ist, solche Vorfälle nehmen sich geradezu bescheiden aus, verglichen mit anderen Naturkatastrophen oder gar mit den Blutbädern in der an Ungeheuerlichkeiten überreichen menschlichen Geschichte. Die Hölle der Konzentrationslager, der atomare Untergang von Hiroshima und Nagasaki, der Feuersturm von Dresden, die Killing Fields von Kambodscha und Ruanda, und was der menschengemachten Infernos noch mehr sind, haben anscheinend keinen Schatten in die Vergangenheit geworfen. Niemand ahnte etwas voraus, von berechtigten Befürchtungen genereller Natur einmal abgesehen.

Es muß noch ein anderer Faktor im Spiel sein, den wir der Einfachheit halber »Faktor X« nennen wollen. Ob unser unorthodoxer Zuganalytiker Cox genau diesem Faktor X oder anderen Kräften mit einer besonders eigenwilligen Versuchsanordnung auf die Spur kommen wollte, ist unbekannt. Besagtes Experiment ist aber auch für sich allein betrachtet so interessant, daß es eine kurze Erwähnung ver-

dient. Darüber hinaus berührt es unser Generalthema zumindest peripher. Der Versuch fand im Keller eines Einfami-
lienhauses in Missouri statt, in dem Cox ein »Minilaborato-
rium« eingerichtet hatte, wie er es nannte. Dabei handelte es
sich um einen großen Glasbehälter, in dem der Statistiker
eine Reihe von »Zielobjekten«, zum Beispiel Metallringe,
Füllfedern, Briefumschläge, Uhren und ähnliches, malerisch
drapiert hatte. Jedes einzelne Stück aus diesem bunten Allerlei des Alltäglichen war mit einer Kamera und einem Licht-
schalter verbunden. In dem Augenblick, da irgend etwas mit
dem (oder den) Objekt(en) geschah, wurde der Kellerraum
erleuchtet, und die Kamera startete. Der dem Paranormalen
nachspürende Cox wollte damit zur Klärung der auch uns
bewegenden Frage beitragen, ob unbekannte Mächte oder
Kräfte nach Lust und Laune auf »unserer« Erde herumfuhrwerken.

Nach Auswertung des belichteten Materials verfügte der
amerikanische Mathematiker über viele Meter Film, auf denen Bemerkenswertes zu sehen ist: Ringe verbinden und
trennen sich wie in den bekannten Zaubernummern, nur
daß keine Hand sie berührt; Uhren laufen rückwärts, Gegenstände »befreien« sich aus verschlossenen Umschlägen,
und Füllfedern schreiben selbsttätig.

Die Experimentanordnung wurde Jahre später von Julian D.
Isaacs in England wiederholt. Der englische Wissenschaftler
setzte Videokameras zur Beobachtung der abgeschlossenen
Objekte ein. Die Aufnahmegeräte verzeichneten ebenfalls
unerklärliche Bewegungen und eigenständiges Biegen von
Metallgegenständen.

Auf jeden Fall eine bizarre Angelegenheit. Nach diesem Abstecher kehren wir wieder zu den Zeitphänomenen zurück,
deren selektive Natur zwar nach wie vor rätselhaft ist, aber
unbestritten sein dürfte.

Die »Stimme Amerikas« aus der Zukunft

Da gibt es beispielsweise den kuriosen Fall der Engländerin Juliet Lady Rhys Williams, die mit schöner Regelmäßigkeit Nachrichten aus der Zukunft in ihren Rundfunkgeräten empfing. Nur in *ihren* Radios, wohlgemerkt.

Die respektable Dame, sie war Mitglied der Liberalen Partei, Vizepräsidentin des Economic Research Council und Leiterin der BBC, hörte am 17. Januar 1964 um vier Uhr früh in ihrem Landsitz in Wales die »Stimme Amerikas«. Die Nachrichten befaßten sich mit schweren Rassenunruhen in Atlanta im US-Bundesstaat Georgia. Mitglieder des Ku-Klux-Klan und eine größere Zahl Schwarzer waren heftig aneinandergeraten. Da Lady Juliet sich dafür interessierte, schaltete sie im Laufe des Tages BBC ein, um Näheres zu erfahren. Kein Wort darüber. Auch in den Zeitungen stand keine Zeile. Das verwunderte sie. So unbedeutend waren die Vorfälle schließlich doch nicht, daß sie lediglich in einer einzigen Meldung kurz erwähnt wurden. Dieses Befremden äußerte sie ihren beiden Töchtern und einem Nachbarn gegenüber.

Am 26. Januar kehrte Lady Rhys Williams nach London zurück. An diesem Tag gab es mehrere BBC-Meldungen über Rassenausschreitungen in Atlanta. Auch englische und amerikanische Zeitungen berichteten ausführlich davon. Da es sie interessierte, von welchen Unruhen neun Tage vorher in der »Stimme Amerikas« die Rede gewesen war, schrieb Lady Juliet an den Sender in Washington. Die Antwort besagte, daß es bereits am 20. Januar in Atlanta zu ersten Krawallen gekommen war, die sich am Abend des 18. Januar abzuzeichnen begonnen hatten. Damals mußte die Polizei das erste Mal ausrücken. Die »Stimme Amerikas« hatte über diese Warnzeichen frühzeitig berichtet, allerdings nicht *so* frühzeitig, wie die Engländerin von ihnen gehört hatte, nämlich genau achtundvierzig Stunden *vor* der *allerersten* Meldung aus den USA.

Das war nicht die erste und auch nicht die letzte der Rundfunksendungen aus dem Morgen, die bei Lady Rhys Williams eingingen, aber sie gehört neben der nun folgenden zu jenen, die nicht geleugnet werden können.

Um acht Uhr dreißig am Morgen des 3. Juni 1964 saß Lady Juliet mit ihren beiden Töchtern beim Frühstück in ihrem Heim im Londoner Stadtteil Belgravia. Gesprächsthema war die Vorentscheidung im US-Wahlkampf. Lady Juliet informierte ihre Töchter, daß die Entscheidung zugunsten des Exzentrikers Senator Barry Goldwater gefallen war. Sie hatte den Ausgang des Kampfes zwischen Goldwater und Gouverneur Nelson Rockefeller eben erst im Radio gehört. Die Stimme des Ansagers klang ihr noch im Ohr. Der Mann war ziemlich aufgeregt gewesen und hatte mehrmals betont, das schnelle Ergebnis sei nur deshalb möglich gewesen, weil es sich hier um die erste computerausgewertete Wahl der Welt gehandelt hatte. Auch an die eingeblendeten Detailmeldungen mit Stimmengewirr im Hintergrund konnte sie sich genau erinnern: Nelson Rockefeller gestand seine Niederlage ein, Goldwater konnte nicht interviewt werden, da er zum Friseur gegangen war, um sich wieder auf Vordermann bringen zu lassen. Lady Rhys Williams schilderte ihren Töchtern die gesamte Rundfunkübertragung mit allen Einzelheiten. Der Einsatz von Stimmauszählcomputern war jedoch nicht die einzige Besonderheit bei dieser Wahlberichterstattung. Die Sendung hatte nicht nur den Weg in Abermillionen Haushalte auf dem amerikanischen und auf anderen Kontinenten gefunden, sondern auch *in die Vergangenheit.* Der erste Bericht ging nämlich sieben Stunden *nach* dem Gespräch zwischen Lady Juliet und ihren Töchtern vom US-Network CBS aus über den Äther. Die BBC erwies sich ihrer ehemaligen Leiterin mit direktem Draht in die Zukunft in keiner Weise ebenbürtig, denn der englische Sender berichtete noch um siebzehn Uhr dreißig desselben Tages unverdrossen vom Durchhalteentschluß Nelson Rockefellers.

David Finklesteins Chronon-Theorie

Botschaften durch die Zeit sind schon erstaunlich genug. Der Gipfel des Unerklärlichen aber wären Zeitsprünge von lebenden Menschen (nicht von Interkontinentalraketen oder rauchenden Füchsen). Ist eine solche Forderung überhaupt zu erfüllen? Nicht nur Science-fiction-Leser und Physiker werden sofort einwenden, daß konkrete Zeitreisen einer unbegrenzten Anzahl von Paradoxien Tür und Tor öffnen, dem »gesunden Menschenverstand« ins Gesicht schlagen und der Kausalität den Garaus machen würden. Es gibt zwar eine Reihe von Vorschlägen, einen Konsens, wie es heute so modern heißt, zwischen Zeitreise und Naturwissenschaft zu finden, aber sie befriedigen nicht sonderlich.

Manche sind allerdings elegant und/oder originell, beispielsweise die Story des Science-fiction-Autors Alfred Bester *Die Mörder Mohammeds*. Sie lehnt sich an die *Chronon*-Theorie des amerikanischen Physikers David Finklestein an, der so etwas wie »Zeitquanten«, also kleinste Zeiteinheiten, postulierte. Die Zeit wäre demnach kein kontinuierlicher Ablauf, sondern eine Abfolge von *Chrononen*, die wie Perlen auf einer Schnur aufgereiht sind. Diese Vorstellung findet ihre reale Entsprechung in der Energieübertragung, die auch nicht kontinuierlich, sondern in »Paketen« – den altbekannten und wenig verstandenen *Quanten* – vor sich geht. Das Faszinierende an der Chronon-Theorie sind die *Lücken* zwischen den Zeitquanten, die von anderen elementaren Einheiten besetzt werden können. Im Klartext: Unendlich viele komplette Universen hätten neben unserem eigenen, bezie-

154

hungsweise in gewisser Weise *in unser eigenes hineingeschach-
telt,* Platz. Was in ihnen vorgehen mag, wissen nur die Götter. Auf jeden Fall gäbe es bei gültiger Chronon-Hypothese
keine Zeitparadoxien, denn egal, was jemand an den Zeit-
perlen der Vergangenheit auch verändern mag, es kann aufgrund ihrer quantenmechanischen Isoliertheit die Gegenwart nicht tangieren. Diese frustrierende Erfahrung machen
auch *die Mörder Mohammeds,* die eine geschichtliche Persönlichkeit nach der anderen meucheln, ohne die Gegenwart
umgestalten zu können. Wie schon gesagt: eine interessante
Gedankenspielerei.
Fast noch eleganter geht »Niven's law« mit dem Zeitreise-
paradoxon um. Der amerikanische Science-fiction-Autor,
der Mathematik und Physik studiert hat, meinte sinngemäß:
»Nehmen wir doch ruhig an, die Vergangenheit (und damit
auch die Gegenwart) könnte durch Zeitreise verändert werden. Das würde Ursache und Wirkung auf den Kopf stellen.
Aber nicht in alle Ewigkeit, denn durch jeden Eingriff dieser
Art wird die Struktur der Wirklichkeit geringfügig, aber
grundsätzlich verändert. Dieses Spiel kann man so lange
treiben, bis dabei ein Universum entstanden ist, in dem ein
Naturgesetz Zeitreisen unmöglich macht. Finito.« Auch eine
originelle Lösung.
Genug der Theorie. Noch ist die Frage offen, ob es Indizien
für *tatsächliche* Wanderungen zwischen den Zeiten gibt. Der
Mann, der im Juni 1950 in New York von einem Taxi ange-
fahren und getötet wurde, könnte ein solches Indiz sein.

Der Mann aus dem vorigen Jahrhundert

Die New Yorker genießen nicht den Ruf extremer Feinfüh-
ligkeit. So starrten zahlreiche Passanten den seltsam gekleideten Mann unverhohlen an, der offensichtlich verwirrt auf
dem Times Square herumtaumelte. Seine Kleidung war ex-

trem altmodisch. Wer trug 1950 noch einen glänzenden Zylinder, ein Prince-Albert-Jackett, karierte Hosen von englischem Zuschnitt und geknöpfte Schuhe mit Stoffbesatz? Der Mann hätte einem Film oder einem Broadway-Musical entstiegen sein können. In der brodelnden US-Metropole wirkte er so deplaziert wie ein englischer Lord unter Hell's Angels. Er starrte die Autos, die Wolkenkratzer und die auch am Tag leuchtenden Neonreklamen mit einem entgeisterten Ausdruck an, als hätte er derartiges noch nie zu Gesicht bekommen. Offensichtlich wußte er selbst nicht, was um ihn herum vorging. Als er wie ein Schlafwandler plötzlich vom Gehsteig auf die Fahrbahn trat, erfaßte ihn ein vorbeirasendes Taxi voll, was er nicht überlebte.

Die Identität des Unbekannten wurde festgestellt, wenn auch mit großer Mühe. Der Tote hieß Rudolph Fentz, war verheiratet und stammte aus Florida. Da ihm seine bessere Hälfte anscheinend das Leben zur Hölle machte, hatte er anläßlich eines Streites beschlossen, dem trauten Heim für immer den Rücken zu kehren und in New York sein Glück zu suchen. Als seine Frau die Vermißtenanzeige machte, gab sie an, ihr Mann sei nicht mehr zurückgekommen, nachdem sie ihn aufgefordert hatte, das Haus nicht mit seinen Zigaretten zu verstinken, sondern im Freien zu rauchen. Soweit nichts Ungewöhnliches. Der Knalleffekt bestand allerdings darin, daß dieser alltägliche Ehekrieg nicht im Jahr 1950, sondern 1876 stattgefunden hatte.

Der »Zeitreisende«, wie er bald schon genannt wurde, trug siebzig Dollar in Noten bei sich, die schon lange nicht mehr gültig, aber nagelneu waren. Visitenkarten mit einer Adresse in der Fifth Avenue bewiesen, daß er in New York Fuß gefaßt hatte, allerdings vor vierundsiebzig Jahren. Ferner fand sich die von damals datierte Rechnung eines Mietstalles in der Lexington Avenue für Einstellen und Fütterung eines

Pferdes sowie das Waschen eines Pferdewagens. Gründliche Nachforschungen bestätigten, daß die Einzelteile des bizarren Puzzles den Tatsachen von 1876 entsprachen. Die Adresse in der Fifth Avenue hatte ebenso ihre Richtigkeit wie die des Pferdestalles in der Lexington Avenue. Vergilbende Akten aus dem vorigen Jahrhundert bestätigen das Verschwinden eines Mr. Rudolph Fentz aus Florida. In ihnen ist auch die dazugehörende Aussage von Mrs. Fentz festgehalten.

Ein großangelegter Betrug? Kaum. Mit einem lebenden Akteur wäre eine Täuschung eher früher als später aufgeflogen, sofern man sich nicht zu der absurden Vermutung versteigen will, der vorgebliche Zeitreisende habe sich als Teil des »Plans« freiwillig überfahren lassen. Zudem bliebe die Frage: Wozu das Ganze?

Ein springender Zeitreisender?

Der berüchtigte »springende Mann« entspricht schon eher den klassischen Vorstellungen eines Raum- oder Zeitreisenden. Er trug ein einteiliges Kleidungsstück, das spätere Generationen an eine Fliegerkombination erinnerte, und einen transparenten Helm, hinter dem durchdringende Augen brannten. Eigentlich fast zu schön, um wahr zu sein, aber nehmen wir erst einmal die dürren Fakten unter die Lupe.

Spät in einer Oktobernacht des Jahres 1837 läutete jemand an der Gartentür des Hauses der Familie Alsop nahe den Londoner Docks. Die Straßenbeleuchtung war in diesen Tagen ziemlich spärlich, darum näherte sich die junge Jane Alsop mit einer Kerze in der Hand dem Gartentor. Als der schwache Schein auf den Besucher fiel, schrie das Mädchen unwillkürlich auf. Der Fremde war groß und trug einen langen Umhang, unter dem jedoch die seltsame Kombination zu erkennen war. Der durchsichtige Helm krönte den unheimlichen Gesamteindruck. Obgleich Jane Alsop keiner der Gedanken durch den Kopf schießen konnte, der einem mit Raumfahrt, UFOs und anderen Dingen vertrauten Menschen unserer Tage sofort gekommen wäre, war sie zutiefst erschrocken. Vielleicht erschrockener als unsereiner. So schrie sie voll Entsetzen auf. Der Unheimliche drehte sich auf dem Absatz um, sofern er einen solchen besaß, und lief davon. Die Dunkelheit und der Themse-Nebel verschluckten ihn.

Die Alsops verständigten die Themse-Polizei. Dort hielt man nicht viel von der Sache. Für die Beamten handelte es sich um die Einbildung eines hysterischen Mädchens. Diese Meinung änderte sich jedoch schlagartig, als eine weitere Anzeige über den »springenden Mann« einging. Ein junger Fleischergehilfe, der bei einem Metzger unweit dem Haus der Alsop-Familie arbeitete, hatte einen seltsam gekleideten Mann daran gehindert, zwei junge Frauen zu überfallen. Zumindest meinten die Betroffenen, der Fremde habe sich ihnen in eindeutig bedrohlicher Absicht genähert. Ob der Unbekannte einen Überfall, Kontaktaufnahme oder was auch immer im Schilde führte, bleibt unbeantwortet, denn er ergriff auch diesmal die Flucht. Der Fleischergeselle folgte ihm bis in eine Allee, wo der Gejagte eine viereinhalb Meter hohe Mauer mit einem einzigen Satz übersprang. Dieser übermenschlichen Fähigkeit, die er noch oft demonstrierte, verdankt er den Namen, unter dem er in die Annalen des Unerklärlichen eingehen sollte.

Die Boulevardpresse verpaßte ihm den Namen »Spring-heeled Jack« (Sprungfedern-Jack), obgleich man auch mit Sprungfedern an den Schuhsohlen nur relativ bescheidene Sprünge vollführen kann. Groschenromane rankten sich um seine Aktivitäten, melodramatische Theaterstücke und später auch Filme machten ihn zur Hauptfigur. Er löste eine ganze »Spring-heeled Jack«-Welle aus, allerdings nicht sofort.

Acht Jahre lang ließ er nichts von sich hören. 1845 begann er in den nebeneinanderliegenden Londoner Vororten Ealing und Hanwell wieder hemmungslos herumzuspringen. Diesmal wurde er von zahlreichen Zeugen gesichtet.

In den folgenden zwei Jahrzehnten verlegte er sein Betätigungsfeld in ländliche Regionen. Manche davon (Surrey, Lancashire, Lincolnshire und Warwickshire) waren weit entfernt von der englischen Hauptstadt, andere wiederum sehr nahe, oder sie gehörten dazu, wie die Grafschaft Middlesex, die in diesen Tagen einen Teil Londons umfaßte. Offensichtlich hatte der »springende Mann« nun alle Hemmungen fallenlassen. Er zeigte sich ungeniert öffentlich und vollführte Sprünge von an die zehn Meter Höhe.

Im Jahr 1877 lieferte er seine spektakulärsten Aktionen. Die erste fand vor dem Pulvermagazin in Aldershot in der Grafschaft Hampshire statt, dem damals wichtigsten militärischen Depot in England, das heute ein militärisches Testgelände ist. Aus dem Nichts erschien er vor den Wachsoldaten. Die beiden Uniformierten waren vollkommen verwirrt, als die bizarre Gestalt in seltsamer Kleidung und mit einem »Goldfischglas« auf dem Kopf vor ihnen auf und ab sprang, und das viele Meter hoch. Soldaten Ihrer Majestät Königin Victoria ließen sich jedoch nicht so leicht aus der Fassung bringen. Streng nach Vorschrift forderten sie die groteske Erscheinung auf, sich auszuweisen und das gültige Losungswort zu sagen. Nichts davon geschah. Daraufhin eröffneten die beiden – gleichfalls streng nach Vorschrift – das Feuer. Die durchschlagskräftigen Geschosse aus den bewährten Martin-Henry-Gewehren trafen den Unbekannten voll. Wirkung: Null. Der Getroffene sprang völlig unbeeindruckt weiter. Das war der Augenblick, in dem die Wachen Dienstreglement, Ausbildung und Fahneneid vergaßen. In heller Panik ließen sie ihre Waffen fallen und rannten, was das

Zeug hielt. Als Einheiten der Armee anrückten, war der mysteriöse Besucher längst wieder verschwunden. Obgleich er weder in das Depot eingedrungen war noch sonst irgendeinen feststellbaren Schaden verursacht hatte, kamen die beiden Wachsoldaten vor ein Kriegsgericht.

Es wirft ein bezeichnendes Licht auf den Bekanntheitsgrad des »springenden Mannes«, daß er vor diesem Tribunal nicht nur zur Sprache kam, sondern tatsächlich als Schuldausschließungsgrund akzeptiert wurde. Das Phänomen war den Militärrichtern durchaus bekannt – wenn auch nicht persönlich – und erweckte Verständnis für die unsoldatische Flucht der Beschuldigten. Sie hatten doppeltes Glück gehabt.

Etwas später im selben Jahr zeigte sich der fröhliche Springer in Newport, Monmouth, einem etwa hundertfünfzig Kilometer nordwestlich von Aldershot gelegenen Ort, in aller Öffentlichkeit. Wie Batman mit seinem Cape stand er auf einem Hausdach und blickte in die darunterliegende Straße. Menschen wurden aufmerksam. Sie starrten zu der anachronistischen Figur hinauf, eine Menge versammelte sich. Diese Aufmerksamkeit schien dem Unheimlichen dann doch zuviel zu werden, denn er entfernte sich mit Riesensprüngen von Dach zu Dach.

Sein letzter dokumentierter Auftritt erfolgte 1904 in Liverpool – ein Abgang, wie man ihn sich dramatischer kaum vorstellen kann. Am hellen Mittag vollführte er in den Straßen des Stadtzentrums seine mittlerweile berühmten Sprünge. Vor Hunderten erstarrter Passanten verschwand er mit einem letzten Supersprung über den Dächern der Salisbury Street. Viele der Zeugen spürten instinktiv, daß dies das letzte Erscheinen der seltsamen Gestalt gewesen war. Damit sollten sie recht behalten. Manche sagten, sie hätten erwartet, daß er ihnen noch einmal zuwinken würde.

Am 29. Oktober 1929 veröffentlichte die Londoner *Morning Post* ohne erkennbaren Anlaß einen Artikel über unseren Freund. Darin kam sie zu der Schlußfolgerung, der »springende Mann« sei »mit Sicherheit kein normaler Sterblicher, vielleicht sogar nicht einmal von dieser Welt«. Die Feststellung hätte der Vollständigkeit halber auf »vielleicht nicht aus unserer *Zeit*« erweitert werden müssen. Erstaunlich ist dennoch, daß eine Zeitung vom Zuschnitt der *Morning Post* ein derartig obskures Thema aufgriff, noch dazu im Jahr des großen Börsenkrachs mit seinem Schwarzen Freitag an der Wallstreet.

Können wir den »springenden Mann« nun – mit erheblichen Vorbehalten – in die Kategorie möglicher Zeitreisender einreihen oder nicht? Darauf läßt sich klar und präzise antworten: keine Ahnung.

Wenn wir seiner utopischen Aufmachung ebensowenig Beachtung schenken wie den rätselhaften Sprüngen (Science-fiction-Fans würden keinen Moment zögern, auf »Antigravitationsstiefel« oder ähnliche Standardausrüstungen aus *Raumschiff Enterprise* zu verweisen), so verbleibt als unumstößliche Tatsache, daß der fremdartige Springer über einen Zeitraum von fast siebzig Jahren sein Unwesen trieb. In dieser durchschnittlichen Lebenszeit eines Menschen schien er sich nicht zu verändern. Natürlich könnte es mehrere »springende Männer« geben, womit wir vom Thema »Zeit« unversehens in die UFO-Thematik gerutscht sind. Das wollten wir eigentlich nicht. Lassen wir die Geschichte vom »springenden Mann« als großes Fragezeichen im Raum stehen. Er könnte ein Zeitreisender sein, aber auch etwas ganz anderes. Eines ist er aber auf jeden Fall: ein weiterer Hinweis auf mysteriöse Umtriebe auf unserer Erde. Ein Indiz, das auch nicht durch verbissene Versuche entkräftet werden kann, den »springenden Mann« als verkleidetes Känguruh, verrückten Zirkusartisten, wettbesessenen Adeligen oder eine Dynastie von seltsamen Spaßvögeln, deren Aktivitäten über Generationen anhielten, zu enttarnen. Der Volksmund scheint ein besseres Gespür für das Exotische zu haben, hieß es doch ein ganzes Jahrhundert lang: »Sei brav, oder Spring-heeled Jack holt dich!« Damit wieder zurück zum eigentlichen Thema.

Gehen wir die Frage einmal von der Seite der Betroffenen an. Es gibt nämlich Wanderer ins Morgen oder ins Gestern, die ihre Story *selbst erzählen* und durch Beweise untermauern können. Kaum zu glauben, aber hieb- und stichfest.

Flug in die Zukunft

Im Jahr 1935 verbrachte der Wing Commander und spätere englische Luftmarschall Sir Victor Goddard ein Wochenende mit Freunden im schottischen North Berwick. Er hatte ein Flugzeug der Royal Air Force, von Andover kommend, geflogen, wo er stationiert war. Nun stand es am Turnhouse-Flugfeld (heute Flughafen Edinburgh). Am frühen Montag wollte er zum Dienst zurückfliegen. Es wäre ein großer Zeitgewinn gewesen, das Flugzeug von Turnhouse am Sonntag zum nahe gelegenen Drem zu bringen. Sir Goddard kannte das Drem-Flugfeld aus dem Ersten Weltkrieg. Er wußte, daß es in der Zwischenzeit stillgelegt war, aber eine Landung und einen Start sollte es doch verkraften können. Gemeinsam mit der Gastgeberin Mrs. Peploe fuhr der Wing Commander nach Drem, um die Anlage zu inspizieren. Der Farmbesitzer, auf dessen Gebiet das Flugfeld samt Einrichtungen lag, hatte nichts dagegen. Die drei Doppelhangars und der Einzelhangar (alle in Standardbauweise des Ersten Weltkriegs) standen so da, wie Goddard sie in Erinnerung hatte. Sie befanden sich jedoch in beklagenswertem Zustand. Die Dächer waren eingebrochen. Auch der Flugplatz konnte nicht als solcher bezeichnet werden. Der Belag der Rollbahn wies riesige Löcher auf, und das Flugfeld war mit Stacheldrahtzäunen in einzelne Weideflächen unterteilt. Auf diesen graste Vieh. Das einzige, was in Drem landen und wieder aufsteigen konnte, war ein Vogel.

So kam es, daß Goddard am Montagmorgen seinen Hawker-Hart-Doppeldecker vom Flugfeld Turnhouse in die Lüfte schwang. Seine Laune befand sich am Nullpunkt. Das Wetter war schlecht. Die Wolken hingen tief, und es regnete ziemlich stark. Kein angenehmer Flug in einer Maschine mit offener Kanzel, wie sie damals an der Tagesordnung waren. Zudem führte seine Route über schwieriges Bergland, und seine Hawker besaß weder funktechnische Navigationshilfen noch Instrumente zur Orientierung in Wolkenbänken. Trotzdem zweifelte er keinen Moment daran, daß alles glattgehen würde, wenn es auch kein Honiglecken war. Der erfahrene Pilot beschloß, seinen Kurs zwischen der untersten und der darüberliegenden Wolkenschicht zu wählen. Das war eine bewährte Praxis. Nur: Es gab diesen Korridor nicht, obgleich er hätte dasein müssen. Während er das Flugzeug höher und höher steuerte, wurden die Wolken immer massiver, eine ungewöhnliche und unheimliche Erscheinung. In einer Höhe von zweitausendfünfhundert Metern war Goddard klar, daß die Wolken sich anscheinend bis ins Weltall erstreckten und daß er keine Kontrolle mehr über das Flugzeug hatte. Ohne sein Zutun senkte sich die Nase des Doppeldeckers, und er begann in Spiralen abwärts zu stürzen. Der Pilot war nicht länger Herr der Lage.

In der britischen Zeitschrift *Light* schilderte Sir Victor Goddard sein Erlebnis so: »Ich konnte die Trudelbewegung verlangsamen oder beschleunigen, aber das war auch schon alles. Die ganze Zeit drehte sich die Kompaßnadel wie wild. Dagegen konnte ich auch nichts tun. Ich hatte keine Ahnung, wo ich mich befand, und verlor rapide an Höhe. Meine größte Angst war, daß ich an einem Berg zerschellen würde, den die Wolken verbargen. Als der Höhenmesser tausend Fuß (etwa dreihundert Meter) anzeigte, steckte ich immer noch in dem Wolkenbrei. Seltsamerweise wurde es stetig dunkler. Die Wolken hatten eine gelbbraune Färbung angenommen, und der Regen war schon mehr eine Wasserwand. Nach wie vor ging es in Spiralen in Richtung Boden. Er war keine hundert Meter mehr entfernt, als ich eine steinerne Ufermauer mit Schienen, einer Straße und einer Esplanade wahrnahm. Das Ganze rotierte durch die Bewegung der Hawker-Hart um mich. Einen Augenblick später befand ich mich neben der Mauer und raste direkt darauf zu. In einem Akt der Verzweiflung versuchte ich die Maschine hochzureißen. Diesmal folgte sie. Ich donnerte so knapp über die Oberkante dahin, daß eine junge Frau, die mit ihrem Kinderwagen durch den Regen lief, den Kopf einziehen mußte, um nicht von meiner Tragfläche getroffen zu werden.

Die Hawker gehorchte mir wieder. Nun konnte ich versuchen, meine Position zu bestimmen, und das so schnell wie möglich. Sie werden sich denken können, daß es kein ausgesprochenes Vergnügen ist, im peitschenden Regen mit einhundertfünfzig Meilen in der Stunde in einer offenen Maschine zu fliegen. Doppelt schwierig wurde das Ganze noch durch den Umstand, daß ich aufgrund der extrem tief hängenden Wolkendecke nicht höher gehen konnte als sechs bis neun Meter. Es war fast so dunkel wie in der Nacht. Kurzum: ein Alptraum, dem ich schleunigst entkommen wollte. Da mein Kompaß hin und her pendelte, entschloß ich mich zu einem Kurs parallel zur steinigen Uferböschung. Nach meiner Schätzung mußte ich so früher oder später in Sichtweite des ehemaligen Flugfeldes von Drem kommen. Nach wenigen Minuten erkannte ich die Straße nach Edinburgh und wenig später die dunklen Umrisse der Hangars von Drem. Noch während ich mich beglückwünschte, die Orientierung wiedergefunden zu haben, überflog ich die Begrenzung von Drem. Dabei geschah etwas Unerklärliches. In einem Moment hatte ich mich inmitten eines der schlimmsten Unwetter befunden, die ich je erleben mußte, und im nächsten flog ich in einen wolkenlosen blauen Himmel. Kein Regentropfen fiel auf die unter mir befindlichen Anlagen von Drem. Sie waren vom strahlenden Sonnenlicht hell erleuchtet. Nicht nur das. Alles sah völlig anders aus, als ich es von gestern in Erinnerung hatte. Die Hangars erstrahlten im frischen Bitumenanstrich. Grasende Kühe und Schafe gab es ebensowenig wie Stacheldrahtzäune. Der Rasen des Flugfeldes war gepflegt und kurz geschnitten. Die Rollbahn wies keine Löcher auf und wirkte wie neu. Auf ihr standen vier Flugzeuge: drei Trainingsdoppeldecker – die wohlbekannten Avro 504N – und ein Eindecker unbekannten Typs. Das erstaunte mich, denn zu der Zeit verfügte die RAF über keine Eindecker.

Eine weitere Absonderlichkeit war die Farbe der vier Maschinen. Sie prangten in leuchtendem Gelb. 1935 gab es keine gelben Flugzeuge bei der Royal Air Force. Alle Maschinen waren einheitlich im Aluminiumfarbton gehalten. Mechaniker in blauen Overalls waren eben dabei, einen weiteren Eindecker aus dem Hangar zu schieben, dem ich am nächsten war. Auch ihr Anblick irritierte mich, trugen RAF-Mechaniker doch ausschließlich khakifarbene Overalls. Blaue Overalls hatte ich noch nie gesehen. Ich überflog die Männer und den Hangar, wobei meine Hawker ziemlichen Lärm machte. Seltsamerweise blickte keiner von ihnen nach oben. Das fügte dem Rätsel eine weitere Facette hinzu, denn solche Manöver im Flughafenbereich waren streng verboten und würden jeden Piloten vor ein Kriegsgericht bringen. Trotzdem beachtete mich niemand.

Ich habe sicherlich noch eine ganze Reihe von Anomalien im Unterbewußtsein. Wäre alles nicht so schnell gegangen, hätte ich auch sie bewußt registriert. So kann ich meinen Gesamteindruck nur so zusammenfassen: Irgend etwas stimmte hier ganz und gar nicht. *Das* war nicht *der* Flugplatz von Drem, von dessen desolatem Zustand ich mich am Vortag überzeugt hatte. Worüber ich jetzt dahinflog, war ein erstklassiger Flugplatz mit einer speziellen Startbahn, die gestern auch noch nicht dagewesen war.

Ich hatte nur Sekunden Zeit, um diese Ungereimtheiten zu verdauen, dann war ich über Drem hinausgeflogen. Sofort verschwand der Sonnenschein. Düsternis umhüllte mich. Der widerwärtige Regen ergoß sich wieder in mein offenes Cockpit, und Windböen schüttelten meine Maschine durch. Verwirrt nahm ich Kurs nach Andover, wo ich nach einem Flug über die Berge gegen elf Uhr vormittags landete. Sie werden sich beziehungsweise mich jetzt fragen, warum ich mir den Weiterflug angetan habe, statt umzukehren und in Drem niederzugehen, einem Landeplatz, wie er idealer nicht sein konnte.

Die Antwort ist einfach: Ich zweifelte an meinem Verstand. Es konnte sich nur um eine Halluzination handeln, darum flog ich weiter.«

Soweit der Bericht des späteren Luftmarschalls Sir Victor Goddard, der von mehreren Luftwaffenoffizieren bestätigt werden konnte, die in der Offiziersmesse von Andover frühstückten. Goddard hatte ihnen nach seiner Landung in allen Einzelheiten von seinem Erlebnis berichtet. Besonderen Glauben fand er verständlicherweise nicht.

Mittlerweile verfügen wir über eine Reihe von Fakten, die Einbildung als Erklärung nicht länger zulassen: Kurz nach

Ausbruch des Zweiten Weltkriegs entschloß sich die Führung der Royal Air Force, stillgelegte Flugplätze zu reaktivieren und mit modernsten Einrichtungen auszustatten. Das geschah auch in Drem, wo 1939 eine Flugschule für RAF-Piloten eingerichtet wurde.

Die Übungsmaschinen waren *gelbe* Avro 504N (zahlreiche Unfälle hatten ab 1938 zu einem gelben Anstrich von Trainingsmaschinen geführt) und ein neuer Typ mit dem Namen Miles Magister. Sir Goddard identifizierte Jahre später den unbekannten Eindecker von Drem als eine solche Magister. In den Kriegstagen trugen die Mechaniker auch keine braunen Overalls mehr, sondern blaue. Vier Jahre nach seiner »Zeitreise« kam der Luftmarschall nach Drem und fühlte sich an jenen Tag des Jahres 1935 zurückversetzt. Alles war exakt so, wie er es persönlich vor sich gehabt hatte.

Goddards Fall ist ein kaum zu entkräftender Indizienbeweis für eine Art von Reise in die Zukunft. Über ihren materiellen Aspekt kann man streiten. Die Nichtbeachtung, mit der das Personal von Drem auf die wild herumkurvende Maschine reagiert hatte, spricht eher dafür, daß Goddard sich wie in einer geistigen Projektion im Jahr 1939 – oder später – befand. Unter diesem Gesichtspunkt hätte ihm eine Landung auch nicht viel gebracht. Andererseits empfand der Wing Commander seine Anwesenheit dort sehr wohl physisch. Er fühlte den Fahrtwind, wurde in den Sitz gepreßt, als er die Hawker über den Hangar zog, und hatte noch andere körperliche Wahrnehmungen. Wer sich nun in welchen Grauzonen der Realität befand, wird kaum zu klären sein. Eines aber ist evident: Eine »normale« Erklärung gibt es nicht. Sir Victor Goddard hatte eindeutig einen Blick hinter den Schleier getan, der üblicherweise das Morgen verhüllt.

Und wie sieht es mit Abstechern in die Vergangenheit aus?

Zwei Engländerinnen besuchen
das Versailles Ludwigs XVI.

Am 10. August 1901 machten die Engländerinnen Charlotte Moberly und Dr. Eleanor Jourdain einen solchen Ausflug ins Gestern. Auch dieser Fall ist exemplarisch. Er wurde von allen Seiten aufgerollt, nach Schwachstellen abgeklopft und nachgerade fanatisch zu widerlegen versucht. Bislang ist er nach wie vor ein Rätsel und wird es wahrscheinlich am Tag seiner hundertsten Wiederkehr, im Jahr 2001, auch noch sein. Die beiden Damen besuchten die Anlage von Schloß Versailles. Nachdem sie den prunkvollen Riesenpalast von Ludwig XVI. bestaunt hatten, wollten sie zum Petit Trianon spazieren. Sie waren das erste Mal in Versailles, und so verfehlten sie den direkten Weg zu dem Schlößchen, das einmal der bevorzugte Sommersitz der Königin Marie Antoinette gewesen war. Plötzlich befanden sie sich auf einem dunklen, schattigen Gartenweg. Unsicher gingen sie weiter und kamen wieder ins Licht. Zu ihrem Erstaunen sahen sie einige verfallene landwirtschaftliche Gebäude, vor denen ein verrosteter Pflug stand. Dann kamen sie zu einem kleinen Haus aus Stein, vor dem eine Frau einem jungen Mädchen eben einen Krug reichte. Beide trugen altmodische Kleidung. Zwei distinguiert wirkende Herren – ein älterer und ein junger – kamen den Engländerinnen entgegen. Auch ihre Kleidung war aus fernen Tagen: Sie trugen lange grüngraue Röcke sowie Dreispitze auf den Köpfen und schwangen verspielt Spazierstöcke. Möglicherweise waren sie Gärtner, denn in der Nähe standen Gartengeräte sowie ein Karren und ein Pflug. Andererseits strahlten die Männer dafür zuviel Autorität aus.

Miß Moberly und Miß Jourdain fragten die Herren in perfektem Französisch nach dem Weg. Die Angesprochenen wiesen auf einen kleinen Musikpavillon in Rundbauweise, auf dessen Stufen ein Mann mit einem schweren schwarzen Mantel und einem Schlapphut saß. Sein Antlitz war dunkel und pockennarbig. Er wirkte irgendwie furchterregend. Die beiden englischen Ladys beschrieben seinen Gesichtsausdruck später als »bösartig und seltsam leer«. Zögernd hielten sie in einiger Entfernung vor dem kleinen Gebäude an und wagten sich nicht näher. Als sie so dastanden, hörten sie hastige Schritte hinter sich. Ein junger Mann erschien. Auch er trug einen dicken Mantel und einen breiten Hut sowie Schnallenschuhe. An ihm war jedoch nichts Unheimliches. Er machte den Eindruck eines perfekten Gentleman.

In altertümlichem Französisch wies er den Besucherinnen den Weg zum Petit Trianon, das er allerdings »la maison« nannte, wie es auch Marie Antoinette zu tun pflegte. Bei aller Liebenswürdigkeit wirkte er aufgeregt und in Eile. Kaum hatte er die Information gegeben, stürmte er davon.

Nach seinen Direktiven gingen Miß Moberly und Miß Jourdain über eine kleine Brücke, die eine schmale Schlucht überspannte. Sie gelangten in einen Garten, der an eine englische Landschaft erinnerte. Nun sahen sie das Petit Trianon. Die Fenster waren mit Läden verschlossen. Auf der Terrasse saß eine blonde Frau in mittleren Jahren, die an der Zeichnung einer Baumgruppe arbeitete. Sie trug ein leichtes Sommerkleid und einen breitkrempigen Hut. In dem Moment kam der junge Mann herbeigeeilt, der den Engländerinnen höflich, aber hastig den Weg gewiesen hatte. Er verbeugte sich tief vor der Malerin und erstattete offensichtlich eine Meldung.

Die beiden Touristinnen wollten das Schlößchen von innen besichtigen. Sie gingen um den Westflügel herum bis zu einer Terrasse, von der aus ein Zugang möglich war. Aus einem Nebengebäude des Petit Trianon trat ein Bediensteter. Mit zuvorkommender Miene erklärte er, der Zugang zu

»la maison« führe durch den Hof auf der anderen Seite der Küche, und machte sich erbötig, die Damen zu geleiten. Als sie ihr Ziel erreicht hatten, verließ er sie. Die Engländerinnen mischten sich unter eine französische Hochzeitsgesellschaft, die dort ausgelassen feierte. Nach einiger Zeit machten sie sich wieder auf den Rückweg. Irgendwo überschritten sie eine unsichtbare Trennlinie und befanden sich wieder im Jahr 1901, ein Vorgang, der ihnen damals nicht bewußt war. Sehr wohl bewußt war ihnen allerdings der Umstand, daß sich etwas Seltsames zugetragen haben mußte. Was genau, hätten sie nicht anzugeben vermocht. Auf jeden Fall brachten sie ihr Erlebnis zu Papier. Die Damen neigten weder zur Hysterie noch zu Einbildungen. Sie waren im Gegenteil echte Britinnen mit kühler Beobachtungsgabe und konnten sich präzise ausdrücken. Charlotte Moberly, die Ältere der beiden, war fünfzehn Jahre lang Vorsteherin von St. Hugh's Hall gewesen, dem späteren College an der Universität Oxford. Dr. Eleanor Frances Jourdain war ihre Nachfolgerin und leitete zudem eine Privatschule nahe London. Ihre getrennt niedergeschriebenen Berichte waren exakt, detailgenau und leidenschaftslos. Was darin festgehalten ist, gehört zu den nach wie vor ungelösten Rätseln unserer Zeit.

In den darauffolgenden Jahren machten die beiden Ladys, einzeln und gemeinsam, eine Reihe von Reisen nach Versailles, um der Sache auf den Grund zu gehen. Die Diskrepanzen zwischen ihrem Erlebnis und den Gegebenheiten, die sie nun antrafen, verblüfften sie. Baufällige, viele Jahre nicht geöffnete Gitter blockierten die Pfade, auf denen sie ungehindert gegangen waren. Das Steinhaus, den Rundpavillon und die kleine Brücke gab es nicht. Vor der Terrasse mit der zeichnenden Frau erstreckte sich keine weite, gepflegte Gartenanlage, sondern eine kiesbestreute Auffahrt. Wo die Frau gesessen hatte, breitete sich ein Rhododendrongebüsch aus. Die Einsamkeit, die sie bei ihrem Spaziergang umfangen hatte, war hektischer Betriebsamkeit gewichen. Besuchergruppen lärmten zuhauf, überall standen Verkaufsstände und Gartenstühle. Mehr und mehr drängte sich der bizarre Verdacht auf, sie könnten sich *in der Vergangenheit* befunden haben.

Wann immer ihr Beruf ihnen Zeit dafür ließ, setzten die Ladys ihre Forschungen mit unermüdlicher Energie fort. Dabei wurden sie Expertinnen für diese Epoche der französischen Geschichte, von der sie vorher nicht besonders viel gewußt hatten. Sie fanden heraus, daß Grün eine der Farben der längst verschwundenen königlichen Livreen gewesen war. Die beiden Herren mit den Spazierstöcken dürften demnach tatsächlich keine gewöhnlichen Gärtner gewesen sein, sondern relativ hochgestellte Hofbedienstete. Pflüge, wie ihnen einer aufgefallen war, wurden schon lange nicht mehr verwendet. Ein Exemplar aus der Zeit von Ludwig XVI. und Marie Antoinette gab es noch. Es war identisch mit dem gesehenen Pflug. Uralte Karten, Bilder und Stiche der Gärten zeigten jene verschwundenen Anlagen, in denen die beiden Engländerinnen herumgewandert waren. Während der Französischen Revolution waren sie dermaßen verwüstet worden, daß sie praktisch nicht mehr existierten. Die Tür, durch die der Bedienstete auf sie zugetreten war, ließ sich seit vielen Jahren nicht mehr öffnen. Die Treppen und Durchgänge hinter der Tür waren zerstört und völlig unbenutzbar. Nachdem sie alle Schlußfolgerungen selbstkritisch und Punkt für Punkt überprüft hatten, veröffentlichten sie ihr Zeitreiseerlebnis und das Ergebnis ihrer Untersuchungen 1911 unter dem Titel *An Adventure.* Mehr bedurfte es nicht. Seither ist die Reihe der »Entlarvungsversuche« nicht abgerissen. Sie dauern immer noch an und sind nach wie vor nicht von Erfolg gekrönt. Zu befriedigenderen Resultaten kamen Analysen, die nicht a priori von der Unmöglichkeit des Berichteten ausgingen.

In den siebziger Jahren durchleuchtete der Autor Arnold O. Gibbons den Fall in seinem objektiv gehaltenen Buch *The Trianon Adventure* nach allen Regeln der Kunst. Bei seinen Recherchen beförderte er weitere historische Tatsachen ans Tageslicht, die Miß Moberly und Miß Jourdain ebenso unbekannt gewesen sein mußten wie die Fakten, auf die sie bei ihren eigenen Erkundungen gestoßen waren. Damit wurden konstruierte Erklärungsversuche (die Engländerinnen seien einer Touristenattraktion aufgesessen oder versehentlich in eine Theateraufführung geraten) ein für allemal ad absurdum geführt.

Gibbons und seine Mitarbeiter brachten das detektivische Kunststück fertig, einige der Personen, mit denen die beiden Frauen gesprochen hatten, zweifelsfrei zu identifizieren, beispielsweise Claude Richard und seinen Sohn Antoine. Beide waren Obergärtner des Petit Trianon gewesen. Antoines Tätigkeit fiel in die bewegte Zeit von 1765 bis 1795. Sein beherztes Eingreifen hatte die Gebäude vor der Zerstörung durch den revolutionären Mob bewahrt. Der narbige Mann mit der beunruhigenden Ausstrahlung konnte kein anderer als Graf de Vaudreuil sein. Die minutiöse Rekonstruktion erlaubte eine ziemlich verläßliche Schätzung des Tages, an welchen Miß Moberly und Miß Jourdain zurückversetzt worden waren. Es handelte sich um den 5. Oktober 1789, den letzten Tag, den Marie Antoinette in ihrem geliebten Schlößchen verbringen sollte. Mit Sicherheit war die aus Österreich stammende Monarchin die zeichnende Frau. Die Botschaft, die ihr der eilige Page überbrachte, dürfte eine Warnung gewesen sein, verbunden mit dem Vorschlag, sich sofort zum Grand Trianon zu begeben, wo sie in Sicherheit sein würde.

Der bekannte britische Autor Colin Wilson (Verfasser des Standardwerkes *Das Okkulte*) räumt dem Abenteuer der beiden Ladys in seinem Buch *Mysteries* breiten Raum ein. Für ihn ist es ein primär lokales Phänomen, eine Wechselwirkung zwischen einem spezifischen Ort und bestimmten Personen. Als Indiz für diese Hypothese betrachtet er die gelegentlichen Abweichungen in den Schilderungen der Engländerinnen (beispielsweise nahm Miß Moberly die Frau nicht wahr, die dem jungen Mädchen den Krug gereicht hatte). Völlig befriedigend ist diese Erklärungsweise allerdings nicht, da es sich beim »Trianon-Abenteuer« um mehr als um eine Art Fata Morgana aus der Vergangenheit gehandelt haben muß. Schließlich reagierten die Menschen aus dem Gestern auf die Besucher aus der Zukunft und umgekehrt. Man sprach miteinander, und die Damen befolgten Richtungshinweise, die sie über eine durchaus materielle Brücke gehen ließen, die eigentlich nicht da war. Das scheint mir kaum der Stoff zu sein, aus dem Visionen gewoben werden. Auf jeden Fall zitiert Wilson als Resümee den Evolutionisten Professor Dr. C. E. M. Joad, der während des Zweiten Weltkriegs dem berühmten BBC-Brain-Trust-Team angehörte. Besagter Wissenschaftler setzte sich in seinem Buch *Guide to Modern Thought* mit der Versailles-Episode auseinander und meinte dazu unter anderem: »… mehr und mehr scheint es sich zu erweisen, daß die menschliche Auffassung von der Zeit als Einbahnstraße reine Illusion ist.« Eine Ansicht, der man sich wohl nur anschließen kann.

Regelmäßige Präkognitionsexperimente und das Zentrale Vorausahnungsregister

Interessanterweise hat die Wissenschaft dies längst getan, auch wenn wenig darüber bekannt ist. Präkognitionstests gehören schon fast drei Jahrzehnte lang zu den Standardversuchen an Universitätsinstituten mit »seriösen« Forschungsrichtungen wie Psychologie oder Statistik – Pragmatismus des Unerklärlichen.

Harold E. Puthoff und Russell Targ, zwei Laserphysiker vom renommierten Stanford Research Institute (SRI) in Kalifornien, führen seit Ende der siebziger Jahre regelmäßig Experimente durch, bei denen Testpersonen Zielorte, Gegenstände und vieles andere nennen sollten, *bevor* diese von jemand anderem willkürlich ausgewählt wurden. Die Übereinstimmungen sind signifikant.

Den Vogel schießt zweifellos das Central Premonitions Registry (CPR; »Zentrales Vorausahnungsregister«) ab. Es wurde von Wissenschaftlern in New York zur Registrierung von Präkognitionen eingerichtet. Im Interesse sachlicher Forschung finden persönliche Voraussagen keine Berücksichtigung. Festgehalten werden nur Prophezeiungen über Vorkommnisse, die Aufmerksamkeit in der Öffentlichkeit erregen. Die Präkognitionen müssen *vor* dem Ereignis *schriftlich* vorliegen und exakt genug sein, um zufällige Übereinstimmungen auszuschließen. Erstaunlicherweise sind mittlerweile Hunderte von Meldungen, die diese rigiden Forderungen erfüllen, beim CPR eingegangen.

Unter ihnen nimmt das originelle Telegramm einer Mrs. Katherine Sabin aus San Diego eine Sonderstellung ein. Sie sandte es am 5. Oktober 1968 an das CPR ab. Ihre Voraussage war, gelinde gesagt, bizarr. Sie lautete: »In San Diego kommt es im Oktober oder November zu einem Angriff ausländischer Mächte.«

Absurder ging es wohl kaum. Wer sollte die kalifornische Hafenstadt San Diego attackieren und sich mit dem dort stationierten starken Kontingent der US-Marine anlegen? Tatsächlich steuerte vor San Diego im November 1968 ein mexikanisches Schiff ein amerikanisches Thunfischerboot an und feuerte eine Salve fünfzigkalibriger Geschosse über den Bug des US-Bootes. Gegen alle Erwartung hatte eine ausländische Macht einen feindseligen Akt gesetzt.

Die Wirklichkeit erwies sich wieder einmal als verrückter denn jede Phantasie und die Zeit in der Tat als keine Einbahnstraße. In ihr sind wir kreuz und quer herumgereist. Das sollte genügen.

Das Gebäude einer größeren Realität hat ein weiteres Stockwerk erhalten. Also können wir den Bau fortsetzen. Dazu muß abermals ein wesentlicher Bestandteil unserer Weltansicht hinterfragt, korrigiert und vielleicht von Grund auf neu definiert werden. Nun ist *das Wesen des Lebendigen* an der Reihe.

TEIL II

Rätsel
des Lebendigen

Wunderwesen Mensch:
Frei von den Banden der Materie

*Das global im Raum
und in der Zeit vorhandene Bewußtsein
ist die verborgene Variable, die alles ordnet.*

Nick Herbert, Quantenphysiker

Die doppelte Lehrerin

Die attraktive, hochqualifizierte französische Sprachlehrerin Mademoiselle Emilie Sagée aus Dijon hatte in sechzehn Jahren achtzehnmal ihre Stelle verloren. Wie ein Wanderpokal zog sie im vorigen Jahrhundert durch die Unterrichtsstätten Europas. An einem Mädchenpensionat im damaligen Ort Neuwelcke in Livland, das 1918 zwischen Estland und Lettland aufgeteilt wurde, hatte sie schließlich wieder eine Anstellung erhalten. Das Glück sollte nicht lange währen. 1845 – Emilie war eben zweiunddreißig geworden – kündigte die Schulleitung den Vertrag der jungen Lehrerin nach erst achtzehnmonatiger Tätigkeit. Es war keine leichte Entscheidung. Rektor Buch fällte sie mit äußerstem Widerwillen, denn die junge Lehrerin machte ihre Sache ausgezeichnet. Niemand vor ihr hatte es fertiggebracht, den jungen Mädchen ein so fundiertes Wissen zu vermitteln. Trotzdem mußten sie sie gehen lassen: Die Eltern der Schülerinnen bestanden darauf. Nachdem erste Beschwerden nichts gefruchtet hatten, waren sie dazu übergegangen, ihre Kinder aus der Schule zu nehmen. Nun mußte sich das Direktorium wohl oder übel fügen. Emilie Sagée war zum neunzehnten Mal arbeitslos.

Wodurch hatte sie diese Ablehnung auf breiter Front ausgelöst? Machte die junge Französin die wohlbehüteten Töchter aus gutem Haus mit den Unsitten des dekadenten Westeuropa bekannt, oder konnten ihr andere Verfehlungen zur Last gelegt werden?

Was man herkömmlich als Verfehlung bezeichnet, hatte sie sich nicht zuschulden kommen lassen. Ihr »Delikt« bestand schlicht und einfach in der grotesken Tatsache, daß sie zuweilen *in zweifacher Ausführung* auftrat.

Vor der entsetzten Klasse standen zwei Emilies Schulter an Schulter an der Tafel oder aßen in harmonischem Zweiklang ihre Frühstücksbrote. Gelegentlich setzte sich eine von ihnen nieder und betrachtete die andere gelangweilt. Hin und wieder trennte sich das unheimliche Doppel. Eine der jungen Frauen wanderte durch die Gänge der Schule oder schlenderte ins Freie, während die andere den Unterricht weiterführte, als wäre nichts geschehen.

Einmal half die Lehrerin der Schülerin Antoine de Wrangel mit ihrem Kleid. Dabei sah das Mädchen in einen Spiegel und entdeckte eine zweite Mademoiselle Sagée, worauf sie ohnmächtig zu Boden sank. Ein anderes Mal trafen einige Schülerinnen die junge Lehrerin beim Blumenpflücken an. Da es ein warmer Sommertag war, fragten sie, ob der Unterricht vielleicht im Freien stattfinden könnte. Emilie stimmte zu und wollte die Einwilligung der Direktorin einholen. Seltsamerweise saß eine zweite Emilie Sagée währenddessen in der Handarbeitsklasse.

Als sich diese Vorfälle zu häufen begannen, bekam die Öffentlichkeit Wind davon. Mehr und mehr Eltern holten ihre Kinder mitten im Jahr aus dem Internat. Damit war das Schicksal der »doppelten Lehrerin« besiegelt. Sie zog zu ihrer Schwägerin, wo sie sich einige Zeit aufhielt. Danach verliert sich ihr Weg im Dunkel der Geschichte.

Der Fall Emilie Sagée wurde von dem amerikanischen Para-Forscher und Schriftsteller walisischer Abstammung, Robert Dale Owens, genau recherchiert und ausführlich dokumentiert. Zahlreiche Detailinformationen erhielt er von der Baronesse Julie von Güldenstubbe, die zu Mademoiselle Sagées aristokratischen Schülerinnen gehört hatte. Die Baronesse brachte unter anderem in Erfahrung, daß Emilies Doppelnatur in ihrer Familie wohlbekannt war. Speziell die Schwägerin fand nichts dabei, daß sich von Zeit zu Zeit die Zahl ihrer Logiergäste von einem auf zwei verdoppelte. Auch ihre beiden Kinder sprachen immer von »zwei Tanten Emilie«. Es gibt zahlreiche Dokumentationen über den kuriosen Fall – unter anderem von dem berühmten französischen Astronomen Camille Flammarion und dem russischen Literaten Alexander Aksakow – und sogar eine BBC-Verfilmung.

Erkson Goriques Vorläufer

Solche Phänomene ereignen sich immer wieder. Beispielsweise mußte der New Yorker Importeur Erkson Gorique verblüfft feststellen, daß sein zweites Ich ihm vorausgereist war. Im Jahr 1955 wollte Gorique nach Norwegen expandieren. Er war noch nie in diesem Land gewesen, versprach sich aber gute Chancen, da er interessante Produkte anzubieten hatte und die Sprache beherrschte. Die erste Überraschung erwartete den Amerikaner im Hotel in Oslo. Der Empfangschef gab seiner Freude darüber Ausdruck, Mr. Gorique so schnell wiederzusehen. Erkson, für den der Mann und das Hotel neu waren, glaubte an eine Verwechslung. Eine seltsame Verwechslung allerdings. Wenig später wußte er nicht mehr, was er glauben sollte. Ein Großhändler namens Olsen und andere sprachen gleichfalls von einer früheren Begegnung. Nun dachte der Geschäftsmann aus den Staaten an ein Betrugsmanöver. Irgendwer mußte sich für

ihn ausgegeben haben, doch wozu? Der mysteriöse Doppelgänger hatte weder Geld noch andere Vorteile erschlichen,
sondern im Gegenteil den Weg für den »echten« Gorique ge-
ebnet.

Freispruchsgrund Verdoppelung

Ein anderer Doppelgänger wurde sogar zum Entlastungs-
zeugen bei einem Strafprozeß. Diese bizarre Verhandlung
fand am 8. Juli 1896 in einem Gericht von New York City
statt. Ein William McDonald wurde beschuldigt, in ein Haus
in der Second Avenue eingebrochen zu sein. Leugnen nützte
ihm nichts, denn sechs Zeugen identifizierten ihn eindeutig
als den Mann, den sie beim Einpacken von Diebsgut in fla-
granti überrascht hatten. Der Täter konnte zwar flüchten,
wurde aber aufgrund der Personenbeschreibung wenig später festgenommen. Eine klare Sache, doch nur bis zur Aussage von Professor Dr. Wein.
Dieser Arzt war kein Unbekannter, da er von Zeit zu Zeit öffentliche Hypnoseexperimente durchführte. Seine Integrität
stand außer jeder Frage. Zudem konnte er einige hundert
weitere Zeugen benennen: die Zuschauer eines Theaters
von Brooklyn, das acht Kilometer vom Tatort entfernt war.
Auf dessen Bühne hatte Professor Wein einen Freiwilligen
zum Zeitpunkt des Einbruchs in Trance versetzt. Dieser
Mann aus dem Publikum war niemand anderer als der an-
geklagte William McDonald. Der Mediziner erinnerte sich
ganz genau an McDonald, da er sich als besonders empfäng-
lich für die Hypnose erwiesen hatte. Die Zuschauer erinner-
ten sich ebenfalls. Pattstellung.
»Wäre es denkbar«, wollte ein Rechtsanwalt wissen, »daß
der Geist dieses Mannes im Zustand der hypnotischen Trance herumwanderte?« Der Professor antwortete, er halte dies
für durchaus möglich.

Da alle Zeugen die Wahrheit gesagt hatten, mußte der Beschuldigte freigesprochen werden. Eine Verurteilung mit der Begründung, ein Mann habe seinen feinstofflichen Leib ausgesandt, um etwas zu stehlen, während sein Körper ganz woanders war, wäre mit Sicherheit aufgehoben worden – von den höhnischen Kommentaren der Presse ganz abgesehen.

Out-of-body-Erlebnisse

Wie man nicht nur am Fall McDonald erkennen kann, dürfte es sich beim Doppelgänger-Phänomen und bei den Astralreisen, die heute *Out-of-body-Erlebnisse* (OOB) genannt werden, um zwei Seiten *einer* Münze handeln. Es ist bezeichnend, daß die vom Unglück verfolgte Emilie Sagée bei der Schulleitung angab, sie könne sich durch Willenskraft verdoppeln. Auf die Frage, warum sie dies vor den Internatszöglingen getan habe, rechtfertigte sie sich: »... um die Disziplin zu stärken. Die Mädchen sollten sich nicht unbeobachtet fühlen.« Vor der Entlassung konnte diese Verantwortung Emilie jedoch nicht bewahren.

Der astrale Doppelgänger hat heimlich, still und leise, nicht selten mit neuen Etikettierungen (Alter ego etc.), sowohl seinen Platz in der Literatur gefunden (beispielsweise bei Goethe) als auch Einzug in die Psychologie gehalten (man denke an C. G. Jungs »Schatten«). Seine Wurzeln reichen allerdings viel weiter in die Vergangenheit zurück.

Die Vorstellung, daß wir einen zweiten, geistigen Körper haben, der manchmal von anderen wahrgenommen werden kann, ist so alt wie die Menschheit. 1978 zeigte eine völkerkundliche Studie von Dan Sheils, daß es bei siebenundfünfzig von sechzig unterschiedlichen Kulturen den traditionellen Glauben gibt, ein Teil der Persönlichkeit sei unabhängig und könne sich vom stofflichen Körper lösen. Diese Überzeugung ist die *einzige* Übereinstimmung.

In Burma wird der Geistkörper »Schmetterling« genannt, während das südamerikanische Volk der Bacairi vom »anda-dura« spricht, dem »Schatten«, der seine materielle Hülle abstreifen kann. Für das afrikanische Volk der Azande hat jeder Mensch zwei Seelen. Eine davon, man nennt sie »mbi-simo«, verläßt den Körper während des Schlafs. Sie erlebt eigenständige Abenteuer und trifft mit ihresgleichen zusammen. Nach den Vorstellungen der Azande bewohnt die Menschheit unseren Planeten in zwei Formen: einer körperlichen und einer astralen.

In Schottland und Norwegen ist der »Vardögr«, der nicht-körperliche »Vorläufer«, ein alter Bekannter. Bei ihm handelt es sich um eine astrale Projektion, die uns vorhergeht. Das Erlebnis von Erkson Gorique ist ein geradezu klassischer Vardögr-Fall.

Der Osloer Physikprofessor W. Wereide scheute sich nicht, offen auszusprechen, es sei in Norwegen eine fast alltägliche Erscheinung, daß die Ankunft einer Person durch einen Vardögr angekündigt wird. Man hört, wie er die Haustür aufschließt, die Treppe heraufkommt und alle anderen Handlungen vorwegnimmt, die der Erwartete üblicherweise beim Nachhausekommen ausführt. Untersuchungen haben gezeigt, daß die Vardögr-Geräusche beginnen, wenn der Betreffende sich auf den Weg macht oder sich dazu entschließt. Es gibt eine große Zahl von Fällen, in denen dieses Phänomen mit solcher Regelmäßigkeit und Verläßlichkeit auftritt, daß Hausfrauen sich mit dem Zubereiten der Mahlzeit danach richten.

Den OOB-Erscheinungen wird seit langem von Forschern zahlreicher Disziplinen aus den unterschiedlichsten Motiven heraus nachgegangen. Nicht selten ist die Zielsetzung hinter den Recherchen der Wunsch, die ganze Sache ins Reich der Einbildung zu verweisen.

Das Unter-den-Teppich-Kehren ist allerdings nicht ganz einfach. Immerhin archivierte bereits 1886 Edmund Gurney dreihundertfünfzig Fälle. In unserem Jahrhundert türmen sich die einschlägigen Unterlagen geradezu.

Von 1961 bis 1978 füllte der Engländer Dr. Robert Crookall neun Bücher mit Tausenden von Fällen. Der südafrikanische Biologe Dr. John C. Poynton von der Universität Natal forderte die Leser einer Zeitschrift auf, über persönliche Astralreisen zu berichten. Darauf ging eine Flut von Zuschriften ein, aus denen Poynton einhundertzweiundzwanzig ernstzunehmende Vorfälle herausfilterte. Dieselbe Vorgehensweise der englischen Mathematikerin Celia Green führte 1968 schlußendlich zu dreihundertsechsundzwanzig glaubwürdigen Berichten. Dr. J. H. M. Whitman stellte 1956 nach der Analyse von fünfhundertfünfzig von ihm gesammelten und veröffentlichten Fällen jeden mystischen oder halluzinativen Effekt in Abrede. Er begründete dieses mutige Urteil mit dem Hinweis, daß die betreffenden Personen von ihren astralen Ausflügen Informationen mitgebracht hatten, über die sie normalerweise nicht verfügen konnten.

Großangelegte Erhebungen, darunter die bedeutende Untersuchung von Professor Hornell Hart vom Soziologischen und Anthropologischen Institut der Duke-Universität in Durham im US-Bundesstaat North Carolina, erbrachten die unglaubliche Tatsache, daß zehn Prozent der Bevölkerung in den meisten Zivilisationsländern Außerkörpererlebnisse gehabt haben oder regelmäßig haben. Noch frappierender ist eine Studie, die der Psychiater Fowler Jones von der Universität Kansas 1982 durchführte. Um einen absolut repräsentativen Bevölkerungsquerschnitt zu erhalten, wählte er vierhundertzwanzig Testpersonen nach dem Zufallsprinzip aus und stellte jeder einzelnen die Frage, ob er oder sie außerkörperliche Erfahrungen gemacht habe. Unglaubliche dreihundertneununddreißig Personen aus dieser Gruppe bejahten dies.

Das klingt alles ganz überzeugend, aber auch der Hohlweltlehre und dem geozentrischen System kann man eine gewisse Plausibilität nicht absprechen, solange man nichts Gegenteiliges erfährt. Am besten ist, wie immer, der praktische Beweis.

Gibt es OOB-Fälle, die greifbare Resultate zeitigen? Es gibt sie. Zwei wollen wir herausgreifen, und zwar – im Interesse der Ausgewogenheit – einen von geradezu trivialer Alltäglichkeit (schließlich hat auch der vielgeschmähte Alltag seine phantastischen Seiten) und einen spektakulären.

Das wiedergefundene Buch

Der amerikanische Physiker Michael Talbot berichtet in seinem Buch *Jenseits der Quanten* von einem eigenen OOB-Erlebnis in seiner Jugend, das ich komprimiert wiedergeben möchte. So schildert er es: »Eines Nachts hatte ich einen ungewöhnlich lebhaften Traum. Ich schwebte über meinem Körper und blickte auf mich selbst hinunter. Das war irgendwie bestürzend, denn diese Wahrnehmung wie auch mein Schlafzimmer wirkten absolut real und vertraut, gar nicht wie in einem Traum. Ich beschloß, das Beste daraus zu machen und körperlos herumzugeistern. Also schwebte ich ins Wohnzimmer. Die ganze Zeit hindurch erstaunte es mich, daß dieser Erfahrung nicht die losgelöste Qualität eines Traums anhaftete. Im Gegenteil. Nichts war schemenhaft, verschwommen oder irreal. Jeder einzelne Gegenstand, jedes Möbelstück und auch sonst alles befanden sich am richtigen Platz. Es war, als würde ich tatsächlich durch das Haus wandern.

Das Gefühl des Schwebens war so beglückend, daß ich die Ungereimtheiten beiseite ließ und einfach weitermachte. Als ich so ›wie ein Fisch durch die Luft schwebte‹, trieb ich auf eines der großen Panoramafenster zu. Ehe ich den Kurs wechseln konnte, glitt ich mühelos einfach hindurch und befand mich im Freien. Ich blickte über meine Schulter, um zu sehen, ob ich das Fenster beschädigt hatte. Es war völlig intakt. Das verwunderte mich. Verwirrt schwebte ich weiter. Dabei blickte ich hinunter auf das feuchte Gras. Plötzlich sah ich das Buch.

Ich ging tiefer, damit ich den Titel lesen konnte. Es war eine Kurzgeschichtensammlung von Guy de Maupassant, die aus dem neunzehnten Jahrhundert stammte. Natürlich kannte ich den Namen des berühmten französischen Autors. Er hatte mich allerdings nie sonderlich interessiert, so daß ich mir nicht erklären konnte, welche Bedeutung seine Anthologie für mich haben sollte.

Bekanntlich geben einem Träume gelegentlich Hinweise, wenn auch zumeist in symbolhaft verschlüsselter Form. Derartiges konnte hier nicht der Fall sein. Andererseits erblickte ich im unmotivierten Auftauchen des Buches jene für Träume charakteristische Absurdität, die ich bisher vermißt hatte. Mit dieser Erkenntnis endete mein nächtlicher Außerkörperausflug.

Meine nächste Erinnerung war das Erwachen am Morgen. Als ich etwas später auf dem Weg zur Schule war, wurde ich von der Nachbarin angesprochen. Sie erzählte mir, sie sei im Wald nahe bei unserem Haus spazierengegangen. Dabei habe sie ein Buch aus der Leihbücherei verloren. Das war ihr sehr unangenehm, denn es handelte sich um eine ziemlich wertvolle Kurzgeschichtensammlung von Guy de Maupassant aus dem vorigen Jahrhundert. Sie fragte mich, ob ich das Buch bemerkt hätte. Meine Verblüffung war grenzenlos. Damit sie den Grund dafür verstand, erzählte ich ihr von meinem ›Traum‹. Ohne Umweg gingen wir gemeinsam zu der Stelle, wo ich das Buch aus der Vogelperspektive gesehen hatte. Genau dort lag es auch.

Für mein Erlebnis gibt es mehrere Erklärungen. Die für mich wahrscheinlichste ist jene, daß mein Bewußtsein oder ein Teil davon meinen Körper im Schlafzustand verließ und ich das Buch *tatsächlich sah.* Damals kam mir zum ersten Mal die beunruhigende und wissenschaftlich unerhörte Idee, das Bewußtsein und alle Empfindungen und Wahrnehmungen, die als das ›Ich‹ definiert werden, könnten nicht in dem Maße mit dem biologischen Gehirn verbunden sein, wie ich dies bisher angenommen hatte.«

Eine verblüffende Sache, aber vielleicht doch »nur« eine groteske Verknüpfung unglaublichster Zufälle. Vor dem OOB-Fall Nummer zwei (dem spektakulären) muß jedoch selbst der bis zum äußersten strapazierte Zufall kapitulieren.

Die schriftliche Botschaft des Astralreisenden

Im Jahr 1828 war ein britisches Schiff aus Liverpool schon einige Wochen in den eisigen Gewässern des Nordatlantiks unterwegs. Eines Tages entdeckte der Erste Maat Robert Bruce einen Fremden in der Kapitänskajüte. Der Unbekannte schrieb etwas auf die Tafel. Bruce wußte, daß der Mann kein Besatzungsmitglied war, also hielt er ihn für einen blinden Passagier. Er eilte davon, um den Kapitän zu holen. Als die beiden in die Kajüte zurückkehrten, war da niemand, nur noch die Nachricht des Besuchers: »Nehmen Sie Kurs Nordwest.«

Das Schiff wurde von oben bis unten durchsucht. Kein blinder Passagier war zu finden. Daraufhin ließ der Kapitän die gesamte Mannschaft antreten und jeden die Nachricht schreiben. Keine der Handschriften wies auch nur die geringste Ähnlichkeit mit der geheimnisvollen Botschaft auf. Das Vorkommnis war so befremdlich, daß der Kapitän beschloß, der Aufforderung zu folgen. Das Schiff, das nach Neuschottland unterwegs gewesen war, änderte seine Richtung auf Nordwest.

Bald nach der Kursänderung entdeckte der Ausgucksposten ein weiteres Schiff. Es steckte im nordatlantischen Eis fest. Auf sich gestellt, wären Schiff und Männer verloren gewesen. Da nun unerwartet Hilfe eingetroffen war, konnten die vom Eis Eingeschlossenen gerettet werden. Besatzung und Passagiere setzten auf das britische Schiff über. Dabei fiel Bruce ein Mann auf, der dem geheimnisvollen Schreiber wie aus dem Gesicht geschnitten war. Man ersuchte ihn um eine Schriftprobe. Diesmal waren beide Schriftzüge identisch.

Der Mann erzählte, er sei eingeschlafen, nachdem sein Schiff im Eis festgefahren war. Sein Traum hatte ihn an einen anderen Ort geführt, und nach dem Erwachen wußte er, daß Rettung unterwegs war.

Durch Folter aus dem Körper getrieben

Zu Außerkörpererlebnissen kommt es in den unterschiedlichsten Zusammenhängen und aus den mannigfaltigsten Anlässen. Ihre Erscheinungsformen variieren ebenso wie die Auslösungsmechanismen. Wer hätte beispielsweise gedacht, daß Folter ein solcher Auslöser sein könnte? Es ist wohl eine der bedauerlichsten Tatsachen, daß in vielen Staaten der Welt Tag für Tag zahlreiche Seelen menschliche Körper während einer Tortur verlassen, weil der Unglückliche die Schinderei nicht überlebt. Im Fall von Ed Morrell lagen die Dinge nicht ganz so.

Der glühende Antikapitalist und Buchautor, den Jack London so bewunderte, daß er ihn zum Helden seines letzten Romans *The Star Rover* machte, legte sich in jüngeren Jahren immer wieder mit der Staatsgewalt an. Dadurch lernte er so manches Gefängnis von innen kennen, auch das staatliche Zuchthaus von Arizona.

In seinem Buch *The Twenty-Fifth Man* beschreibt Morrell eine verblüffende Erfahrung. In diesen Tagen machte man mit widerspenstigen Häftlingen nicht viel Federlesens. Durch Folter wurden sie meist schnell wieder »kooperativ«. Diesen Erziehungsprozeß mußte der unbequeme Ed Morrell mehrmals über sich ergehen lassen. Die Wärter schworen auf die heilsame Wirkung »wohldosierten Drucks«. In der Praxis ging das so vor sich: Gefangene wurden auf bestimmte Weise in Zwangsjacken festgezurrt und mit Wasser übergossen. Während des Trocknens zog sich diese Umhüllung zusammen. Der Unglückliche fühlte sich wie von einer Anakonda zu Tode gewürgt.

Beim ersten Mal ging es Morrell wie allen anderen. Er glaubte, zerquetscht zu werden, Funken explodierten in seinem Kopf, vor seinen Augen drehte sich alles. Plötzlich wich der unerträgliche Druck. Er stand völlig schmerzfrei neben seinem gequälten Körper. Für die anwesenden Wärter schien er zu schlafen. Das hatten sie noch nie erlebt. Während sie ratlos um den Mann herumstanden, der eigentlich schreien oder wenigstens röcheln hätte sollen, wanderte Morrells Geist in die Ferne. Wie ein interessierter Tourist glitt er durch die Straßen von San Francisco. Dabei fiel ihm das eine und andere auf, darunter ein Wrack in der Bucht von San Francisco, von dem er nichts wissen konnte.

George W. P. Hunt, der Gouverneur von Arizona, bestätigte später, daß Morrell mit einer Vielzahl von Informationen über Vorgänge und Einzelheiten in der Außenwelt aufwartete, zu denen er mit Sicherheit in der Haftanstalt keinen Zugang hatte.

Ein interessantes Detail: Als man Ed Morrell nicht mehr folterte, verschwand seine Fähigkeit, den Körper zu verlassen.

Dieser Fall ist ein weiteres Indiz unter vielen Fingerzeigen dafür, daß im *Homo sapiens* mehr steckt, als sich die Schulweisheit träumen läßt.

Davon abgesehen manifestiert sich hier ganz klar die Krux bei OOB-Erlebnissen, an der sich Wegrationalisierer die Zähne ausbeißen: das Vorhandensein von Wissen, das es nicht geben darf. Dies tritt besonders frappant bei Operationen zutage.

Barney Clark, der erste Empfänger eines künstlichen Herzens, fügte dieser medizinischen Großtat eine phantastische Facette hinzu: Er beobachtete die Operation von einem Punkt außerhalb seines narkotisierten Körpers, an dem das Chirurgenteam arbeitete. Clarks ebenso präzise wie detailreiche Schilderungen der Vorgänge während des Eingriffs sind schlichtweg unerklärlich. Einmalig ist seine Erfahrung allerdings nicht.

Professor Saboms OOB-Gruppe

Der Herzspezialist Michael B. Sabom – Professor an der Emory-Universität und Mitglied des VA Medicial Center in Atlanta – hielt von alldem nichts. Um solchen »Mythen« den Boden zu entziehen, führte er einen streng seriösen Versuch durch. Danach war aus dem Saulus ein Paulus geworden.

Professor Sabom stellte eine Gruppe von fünfundzwanzig Patienten zusammen, die oft wegen Herzanfällen ins Krankenhaus mußten. Alle waren ins Leben zurückgeholt worden und mit ihrer Situation vertraut. Sabom achtete sorgfältig darauf, daß niemand in dieser Gruppe war, der ein Außerkörpererlebnis gehabt hatte. Der Herzspezialist forderte die Patienten auf, sich vorzustellen, sie hätten den Vorgang der Wiederbelebung als Außenstehende miterlebt, und bat um eine möglichst genaue Beschreibung. Zwanzig der

Befragten gaben reine Phantasien von sich, die mit einer realen Wiederbelebung nichts zu tun hatten. Drei verfügten offenbar über gewisse medizinische Kenntnisse, da sie die Sache prinzipiell richtig, aber gänzlich allgemein schilderten. Zwei hatten überhaupt keine Ahnung, was mit ihnen geschehen war.

Nun formierte der Professor eine Kontrollgruppe. Er trieb zweiunddreißig Personen auf, die von OOB-Erfahrungen während ihrer Herzanfälle berichtet hatten. Auch diese bat er um genaue Einzelheiten. Sechsundzwanzig beschrieben den Prozeß korrekt, aber nicht detailreich genug, um ein Urteil zu fällen. Sechs machten erstaunlich genaue und *später verifizierte* Angaben über ihre kardiopulmonäre Wiederbelebung. Einer davon präsentierte eine exakte Darstellung, mit der niemand gerechnet hatte. Professor Sabom gibt sie in seinem 1982 veröffentlichten Buch *Recollections of Death* (»Erinnerungen an den Tod«) zusammen mit seinem eigenen Kommentar wieder:

»Niemals fand ich ein Anzeichen dafür, daß der Patient mehr medizinisches Wissen besaß als der durchschnittliche Laie. Auch der Umstand, daß er mit den Details erst nach meinem fortgesetzten Drängen herausrückte, spricht gegen einen Halbgebildeten, der mit seinem Wissen protzen oder die Sache aus eigener Kraft ›rekonstruieren‹ will. Als ich den gebräuchlichen medizinischen Ausdruck ›Paddel‹ für ein Instrument zur elektrischen Herzmassage verwendete, korrigierte mich der Mann sofort mit den Worten: ›Da waren keine Paddel, Herr Doktor, nur Scheiben mit einem Griff.‹ Er wußte eindeutig nicht Bescheid, obwohl er den Vorgang selbst genauestens beschreiben konnte.« Sabom kommt in seinem Buch zu der Schlußfolgerung, »daß die außerkörperliche Hypothese am besten zu den vorhandenen Daten paßt«.

Der Erlebnisbericht des amerikanischen Schriftstellers Harold Sherman ist noch um einen Grad signifikanter. Er überschreitet, so meine ich, endgültig die Grenze zwischen dem gerade noch Möglichen und dem normal nicht mehr Erklärbaren. Der Autor beobachtete nämlich einen ärztlichen Kunstfehler an sich selbst von irgendwo unterhalb der Decke des Operationssaals aus.

Der Eingriff, dem sich Sherman unterziehen mußte, war relativ harmlos, dennoch hätte es beinahe eine fatale Panne gegeben. Da kein Anästhesist zur Verfügung stand, führte ein rasch herbeigeholter Zahnarzt die Narkose durch. Dabei verabreichte er dem Patienten eine Überdosis Chloroform. Sherman, der sich plötzlich oberhalb seines Körpers befand, sah mit wachsendem Entsetzen, wie die Ärzte hektische Wiederbelebungsversuche machten. Kurze Zeit später vereinigten sich sein Körper und sein Geist wieder. Die Sache war noch einmal gutgegangen.

Zur größten Peinlichkeit der zwei betroffenen Mediziner zeigte sich der haarscharf am Tode vorbeigegangene Patient genauestens über die Vorgänge während der außer Kontrolle geratenen Operation informiert. Er konnte sogar die Unterhaltung zwischen dem Operateur und dem Aushilfsanästhesisten rekapitulieren.

Ingo Swanns Mandeln

Wissenschaftler, die Projekte zur Untersuchung (oder Verunglimpfung) der OOB-Phänomene durchführen, stoßen mit schöner Regelmäßigkeit auf ähnlich gelagerte, ebenso hieb- und stichfeste Fälle. So meldete sich im Jahr 1971 bei der Forschungsdirektorin der American Society for Psychical Research, Dr. Karlis Osis, ein junger Künstler und Schriftsteller namens Ingo Swann. Als Kind waren ihm die Mandeln herausoperiert worden. Mit kindlichem Interesse hatte der kleine Patient dem Arzt die ganze Zeit von außerhalb seines Körpers über die Schulter gesehen. Der Mediziner fluchte vor sich hin, während er die Mandeln herausholte. Dann ließ er sie in einen Glasbehälter fallen. Er stellte ihn auf ein Brett und schob zwei Rollen Verbandmull davor, die ihn zur Gänze verdeckten.

Minuten später erwachte Ingo Swann aus der Narkose. Sein erstes Interesse galt den Mandeln. Er wollte sie haben und deutete auf den Platz, wo der Glasbehälter hinter der Gaze verborgen war. Dabei bemerkte er mit unschuldiger Offenheit, daß der Arzt während des Eingriffs »Scheiße« gesagt hatte.

Ein beeindruckender Bericht, doch in diesem Fall nur die Spitze des Eisbergs. Der amerikanische Künstler gehört nämlich zu einer besonderen Spezies, und zwar zu jenen Individuen, die OOB willentlich, wiederholt und ganz gezielt praktizieren. Diese Personen, für die es keinen Fachterminus gibt, können ihren Körper an jedem Ort und jederzeit verlassen.

Für Ingo Swann war diese Fähigkeit seit frühester Kindheit eine Selbstverständlichkeit. Besonderen Spaß machte ihm das Spiel, mit seinem Astralkörper in die Erde einzudringen. Als Sohn der Rocky Mountains, wo er das Licht der Welt erblickt hatte, war es für ihn das größte Vergnügen, den Metalladern zu folgen.

Um seinen zwanzigsten Geburtstag herum legte er die Kindereien ab und begann, seine Außerkörperreisen ernsthaft und mit wachsendem Erfolg zu trainieren. All diese Behauptungen konnte er im Zuge der Versuchsreihe von Dr. Osis mühelos beweisen, indem er seinen Geist herumwandern ließ und allerorten identifizierte, wonach er gefragt wurde. Im Gegensatz zu ähnlich Begabten scheint es für Swann keine örtliche Begrenzung zu geben. Er behauptete sogar, seinen Geistkörper zum Merkur, dem sonnennächsten Planeten unseres Systems, gesandt zu haben. Das wollte ihm denn doch niemand abnehmen. Allerdings konnte sich auch niemand erklären, woher Swann die von ihm gelieferten exakten astrophysikalischen Informationen hatte, über die nicht einmal die NASA verfügte (darunter die extravagante Form von Merkurs Magnetfeld, und das zu einem Zeitpunkt, als man noch glaubte, Merkur habe gar keines). Tatsache ist, daß der später ins Innere des Sonnensystems gesandte Mariner 10 genau *die von Swann vorgelegten Merkur-Daten* zur Erde funkte.

Die Alltags-Astralreisen des Oliver Fox

Nicht so bekannt ist der Engländer Oliver Fox, der in seiner Jugend – es war kurz nach der Jahrhundertwende – seinen Geist auf Reisen zu schicken begann. In einer Periode gesundheitlicher Schwäche träumte Fox sehr intensiv und konnte sich (vielleicht deswegen) auch an seine Schlaferlebnisse erinnern. Als er sich einmal im Traum an der Küste befand, überkam ihn ganz stark der Wunsch, wirklich dort spazierenzugehen. Daraufhin entbrannte in seinem Bewußtsein ein bizarrer innerer Kampf, bei dem ein Teil seines Selbst mit einem anderen rang. Es kam zu seltsamen Oszillationen des Schauplatzes: Die Küste verschwand und machte dem Schlafzimmer Platz, und umgekehrt. So ging es einige Male. Plötzlich gab es einen Ruck, als würde ein unsichtbares Band reißen. Fox befand sich wieder an dem Küstenstreifen, nur diesmal erschien alles völlig real. Er fühlte sich frei von den Banden des Körpers, war aber nicht ganz sicher, was vor sich ging. In den darauffolgenden Wochen und Monaten begann er vorsichtig zu experimentieren. Er wollte ausprobieren, ob er sich auf astralem Wege Informationen beschaffen konnte, die ihm sonst verborgen waren. Am Vorabend

eines Examens sandte er seinen Geist aus, um die Prüfungs-
fragen in Erfahrung zu bringen. Das gelang ihm, und siehe
da: Es handelte sich tatsächlich um *die* Aufgaben, mit denen
sich die Kandidaten am nächsten Tag herumschlagen
mußten. Einige davon wurden so selten gestellt, daß es
schlichtweg unmöglich war, sie im vorhinein zu erraten.

Die Geschichte von Oliver Fox ist gut dokumentiert, aber
nicht so spektakulär wie die seiner meisten Kollegen, da Fox
so etwas wie eine Art von »Alltags-Astralreisen« praktizierte
und damit kaum an die Öffentlichkeit trat. Hätte er nicht gelegentlich andere dazu aufgefordert, ihre Astralkörper aus-
zusenden, um sich mit seinem zu treffen, wäre er wahrscheinlich gänzlich unbeachtet geblieben. Einmal gelang
eine solche spirituelle Zusammenkunft tatsächlich, und zwar
auf dem Areal der Southampton Common School. Fox behielt seine Gabe bis zum Tode. Er bewerkstelligte die Tren-
nung von Körper und Geist durch eine Methode, die große
Ähnlichkeit mit tantrisch-hinduistischen Meditationstechni-
ken aufweist. Im Alter wurde ihm das zu mühsam. Trotzdem
gelangen ihm nach wie vor Astralreisen auf »die alte Art«,
indem er bewußt träumte.

Ein Standardwerk zum OOB-Phänomen

Ganz anders verlief das Leben des Amerikaners Sylvan J.
Muldoon. Der wie Fox etwas kränkliche Muldoon hatte als
Zwölfjähriger entdeckt, daß er seinen Geist vom Körper los-
lösen konnte. Das war zu Beginn eine furchtbare Erfahrung
voller körperlicher und psychischer Pein. Im Laufe der Zeit
lernte er schließlich, Astralreisen bewußt zu unternehmen.
Da er für seine Mitmenschen nach wie vor ein unbeschrie-
benes Blatt war, blieb ihm im Zuge seiner OOB-Experimen-
te manche Peinlichkeit nicht erspart.

Beispielsweise trat er einmal auf der Straße an ein Mädchen

heran und fragte die Betreffende, wo sie lebe. Die Antwort war – nicht unerwartet –, er solle sich zum Teufel scheren. Die Angesprochene konnte nicht wissen, daß Muldoons Astralleib einige Tage zuvor die Farm besucht hatte, wo sie zu Hause war. Damals waren sie einander begegnet. Muldoon ließ sich nicht ins Bockshorn jagen und beschrieb der Aufgebrachten ihr Wohnzimmer. Dies verblüffte das Mädchen. Alles stimmte ganz genau. Wie konnte er das wissen? Aus diesem unorthodoxen Gespräch sollte eine jahrelange Freundschaft zwischen der jungen Frau und Muldoon entstehen. All die Zeit reiste er astral vor sich hin und machte kein Aufhebens von der Sache.

So ging es bereits mehr als zehn Jahre lang, als Muldoon durch die Lektüre eines Buches von Hereward Carrington, einem Parapsychologen und bedeutenden Mitglied der American Society for Psychical Research, bewußt wurde, daß an diesem Phänomen wissenschaftliches Interesse bestand. Daraufhin nahm er Kontakt mit dem Autor und Forscher auf. Carrington erkannte sofort, daß er es mit einem außergewöhnlichen Naturtalent zu tun hatte, und begann, mit Muldoon zusammenzuarbeiten. Diese Verbindung führte 1929 zur Veröffentlichung des autobiographischen Werks *The Projection of the Astralbody* mit Muldoon und Carrington als Koautoren. Das Buch erregte ungeheures Aufsehen.

Interessanterweise verlor der Amerikaner seine OOB-Fähigkeit, als sich sein Gesundheitszustand besserte und er nach Jahren bescheidenster Lebensführung endlich materiell abgesichert war. 1971 starb Sylvan Muldoon als ganz »normaler« Mensch und trotz seiner früheren Berühmtheit völlig unbeachtet. Nur Insider wußten, welche faszinierende Persönlichkeit die Erde für immer verlassen hatte.

Die Einstellung, die Muldoon zeitlebens zu seiner alles andere als alltäglichen Fähigkeit hatte, ist geradezu erfrischend.

Er distanzierte sich stets von den okkult-verschwommenen Vorstellungen, sein Geist würde in fremden Dimensionen und auf anderen Ebenen wandeln. Auch sein Astralkörper stand mit beiden Beinen auf unserer Erde. »Ich wüßte gar nicht, wo ich die höheren Sphären suchen sollte«, lautete sein Kommentar.

Robert Allan Monroes zweiter Körper

Der wohl bekannteste Astralreisende und zugleich OOB-Erforscher ist der Amerikaner Robert Allan Monroe. Der auf einer Farm in den Blue Ridge Mountains in Nelson County, Virginia, lebende Fachmann für Elektronik und Kabelfernsehen, Autor, Komponist, Programmdirektor, Produzent und Großunternehmer studierte Maschinenbau und Zeitungswissenschaft. Nach seinem Examen widmete er sich den elektronischen Medien, wobei er seine Vielseitigkeit entfalten konnte und schnell in leitende Funktionen aufstieg. Auch in der Werbebranche gab er ein eindrucksvolles Gastspiel. Zentraler Faktor seines Lebens waren und sind seine Außerkörpererfahrungen. Für den Sohn eines Universitätsprofessors und einer Ärztin sind Gründlichkeit und wissenschaftliche Vorgehensweise eine solche Selbstverständlichkeit, daß ihm die genauesten und beweiskräftigsten Aufzeichnungen zu verdanken sind, die über das Phänomen existieren. Monroe dokumentierte bislang fünfhundertneunundachtzig seiner Astralreisen mit größter Genauigkeit. Seinen Ausführungen wird absolute Beweiskraft zugemessen.

Diese Dokumentationen sind von doppelter Bedeutung, da Monroe ein ernstzunehmender Wissenschaftler ist. 1973 gründete er das Monroe Institute of Applied Sciences mit zahlreichen Labors und Einrichtungen. Seine Forschungen zum schnelleren Lernen durch Bewußtseinserweiterung sind anerkannt. 1975 wurde ihm für eine Methode zur Entspannung im Schlaf ein Patent erteilt.

Monroes Außerkörpererfahrungen begannen in den fünfziger Jahren. An einem Sonntagnachmittag döste er auf der Wohnzimmercouch vor sich hin, als ein warmer Lichtstrahl seinen Körper traf und in leichte Vibrationen versetzte. Dieses Ereignis war so eindrucksvoll, daß Monroe einen Arzt aufsuchte, doch er war kerngesund. Das Erlebnis wiederholte sich immer wieder, wenn er schlief oder im Halbschlaf war. Einmal hatte er dabei das ganz starke Gefühl, er könne die Hand durch die Matte neben dem Bett und durch den Boden stoßen. Vier Wochen später kam der Durchbruch. Wieder erfaßten ihn warme Schwingungen, die dann in seinen Kopf zu fließen und sich dort zu konzentrieren schienen. Er öffnete die Augen und blickte auf sich selbst hinunter. Sein Geist schwebte direkt unter dem Plafond. Das wühlte ihn dermaßen auf, daß er wie ein Turmspringer nach unten tauchte und wieder mit seinem Körper verschmolz.

Nach einiger Zeit war Monroe klar, daß er diesen Effekt willentlich hervorrufen konnte. Wenig später stieß er auf die Werke von Muldoon und Carrington. Es beruhigte ihn, keine Einzelerscheinung zu sein, und er begann mit seinem Talent zu experimentieren. Sein Astralleib wanderte umher, wobei Monroe Einzelheiten dieser Ausflüge zwecks Kontrolle bewußt memorierte und hinterher überprüfte. Die Übereinstimmung von Astralinformation und den realen Gegebenheiten (bestimmte Gegenstände, Örtlichkeiten etc.) war immer hundertprozentig. Alle diese Ergebnisse sind in seinen Reporten gewissenhaft niedergelegt. In einer Hinsicht war und ist Monroe doch eine Einzelerscheinung, denn sein Geistkörper kann handfeste Handlungen setzen, was den meisten anderen Astralreisenden nicht möglich ist. Beispielsweise zwickte er bei einem Astralbesuch eine Freundin, die ihm später wütend die Druckstelle zeigte.

Monroe begrüßte und unterstützte jegliche wissenschaftliche Untersuchung seiner Fähigkeiten. Die Ergebnisse bewiesen stets eindeutig: Der Getestete *konnte*, was er behauptete. Im Jahr 1977 war es Dr. Stuart W. Tremlow und Dr. Jones von der medizinischen Fakultät der Kansas-Universität während eines dreißig Minuten dauernden Versuchs möglich, den Austritt von Monroes Astralleib aus seinem physischen Körper Schritt für Schritt aufzuzeichnen. Die Forscher benützten dazu einen Beckmann-Polygraphen mit linken und rechten EEG-Okzipitalelektroden. Auch der Parapsychologe und Autor des Standardwerks *Veränderte Bewußtseinszustände*, Charles Tart, untersuchte Monroe und bestätigte die Echtheit seiner Fähigkeiten. Der Neurologe Dr. Andrija Puharich und andere kamen zu demselben Resultat.

OOB-Untersuchungen seit mehr als hundert Jahren

Versuche, dem OOB-Phänomen experimentell zu Leibe zu rücken, begannen nicht erst in unseren Tagen. Die Franzosen Dr. H. Durville und Albert de Rochas glaubten bereits im neunzehnten Jahrhundert, den Astralkörper auf einer fotografischen Platte festgehalten zu haben, und Dr. Malta und Zaalberg von Zest waren überzeugt, sie hätten mittels einer komplizierten Versuchseinrichtung sein Gewicht bestimmt. Ein fundiertes wissenschaftliches Programm zur Erforschung von Außerkörperphänomenen, das unseren Standards entspricht, wurde allerdings erst 1959 vom bereits erwähnten Professor Hornell Hart ins Leben gerufen.

Seither gibt es zahlreiche Untersuchungen dieser Art. Eines der aktuellsten Experimente wurde 1989 vom englischen Parapsychologen Dr. Arthur Duncan durchgeführt. Er hypnotisierte zwei Testpersonen und forderte sie auf, ihren Geist

in die Wohnung eines Kollegen zu senden und dort nachzu-
sehen, was sich auf dem Schreibtisch befand. Die hinterher
getrennt niedergeschriebenen Aussagen waren so gut wie
identisch und gaben mit verblüffender Genauigkeit die Gegenstände auf dem Schreibtisch wieder.

Etwas aus der Reihe fällt ein Experiment, das in der berühmten Duke-Universität in North Carolina mit einem
jungen Mann namens Stuart Blue Harary durchgeführt
wurde. Obgleich Harary der »Astralreisende« war, galt die
Aufmerksamkeit weniger ihm als seiner kleinen Katze Spi-
rit, die nicht ganz einen Kilometer von ihrem Besitzer entfernt in einer großen Holzkiste unglücklich miauend her-
umstrich. Das Katzenzimmer war mit einem riesigen Arrangement von Instrumenten gespickt, darunter Bildver-
größerer sowie Geräte, die Wärme, elektrische Leitfähigkeit, magnetischen Fluß und vieles andere messen konnten.
Während des vierzig Minuten dauernden Versuchs sollte
Harary seine Katze geistig besuchen, mit ihr spielen und sie
beruhigen. Dies gelang dem jungen Mann auch, wie er sagte, allerdings nur vier Minuten lang. Die Meßgeräte regi-
strierten nichts, wohl aber die kleine Katze. Exakt in diesen
genau eingegrenzten vier Minuten stellte sie ihr klagendes
Miauen ein. Sie bewegte sich, als würde eine unsichtbare
Hand sie kraulen, sie schnurrte und strahlte höchstes Wohl-
befinden aus.

Im Grunde sind fast alle Experimente ziemlich eindeutig
und überzeugend. Diese sachliche Komponente birgt allerdings meiner Meinung nach eine Gefahr in sich: Es könnte
leicht übersehen werden, daß das OOB-Phänomen zwar be-
weisbar, aber dennoch weit mysteriöser ist, als es sich vordergründig präsentiert. *Noch* mysteriöser? Ist es nicht phantastisch genug, daß Menschen offenbar ihren Geist auf Reisen schicken können? Ohne Zweifel – aber auch die damit

verbundenen Fragen und Probleme sind mehr als phantastisch.

Erst einmal eröffnet sich die philosophische Frage, ob bei Astralreisen der Geist vielleicht zwischen Diesseits und Jenseits hin- und herpendelt – ist doch für viele der Tod nichts anderes als ein Verlassen der materiellen Hülle – bzw. was eigentlich passieren würde, wenn ein OOB-Begabter kurz vor seinem Dahinscheiden beschließt, dieses lieber »von außen« mitzuerleben? Und dann wären da noch praktische Überlegungen, ob OOB (sofern man es erlernen kann) nicht bei so manchen Behinderungen die Lebensqualität wesentlich verbessern könnte. Denkt man das Phänomen mit allen Facetten konsequent durch, stößt man in der Tat auf Aspekte, die – man glaubt es kaum – *noch bizarrer* anmuten.

Überlegen wir einmal, welche Wahrnehmungen ein »reiner Geist« machen kann. Was soll die Frage? wird mancher spontan denken. Doch wohl dieselben wie jedermann auch. Eben nicht. Beispielsweise der Vorgang des Sehens beruht auf einer Wechselwirkung zwischen Lichtquanten und der Netzhaut des Auges. Ein Astralkörper, der – wie oftmals demonstriert – feste Materie (zum Beispiel ein Fenster) problemlos zu durchdringen vermag, *kann* auch mit Photonen nicht wechselwirken. Also müßte ein immaterieller Astralreisender *gar nichts wahrnehmen*. Auch nichts hören oder riechen. Dem ist aber nicht so. Andererseits erweisen sich Astralkörper gelegentlich als durchaus solide, man denke nur an den Seemann aus dem im Eis gefangenen Schiff, der eine Nachricht auf die Tafel schrieb, oder an Monroes Kneifen eines weiblichen Körperteils.

LOCALE I, II, III und die Silberkordel

Ungereimtheiten, wohin man auch sieht. Unter diesem Aspekt sollte man sich auch versagen, die eindeutig mystischen Theorien zum OOB-Phänomen einfach vom Tisch fegen. Wer kann schon sagen, was an dem hierarchischen System von Astralreisen auf den verschiedenen Ebenen LOCALE I, II und III dran ist, das Robert A. Monroe entwickelte? Für ihn ist LOCALE I unsere physische Ebene, unser Hier und Jetzt. Die beiden anderen Regionen sind psychologisch-esoterisch-metaphysischer Natur. Ein interessanter Aspekt, daß ausgerechnet *ein Wissenschaftler* ein solches Gedankengebäude errichtet.

Ähnlich neutral sollte man sich zur »Silberkordel« stellen. Dieses von Astralreisenden gelegentlich registrierte schimmernde Band zwischen materiellem und feinstofflichem Körper soll eine astrale Nabelschnur sein, die die Verbindung aufrechterhält, eine recht dehnbare Nabelschnur, wenn man Ingo Swanns Reise zum zwischen fünfundsiebzig und über zweihundert Millionen Kilometer von der Erde entfernten Planeten Merkur bedenkt.

Damit kommen wir zum Resümee: Der menschliche Geist kann sich unter bestimmten Umständen von den Banden der Materie freimachen. Was dabei de facto vor sich geht, bleibt ein Mysterium. Vielleicht reden unbekannte Mächte auch dabei ein Wörtchen mit. Immerhin berichtet (der Wissenschaftler) Monroe von gummiartigen Geschöpfen und sonstigen exotischen Wesen, die ihm bei seinen OOB-Reisen begegneten und die seinen Geistkörper wahrnehmen konnten. Auch von anderen Astralreisenden ist ähnliches zu vernehmen, natürlich mit größter Zurückhaltung.

Tatsache ist, daß Außerkörperphänomene im Alltagsleben eine weit größere Rolle spielen, als man bei einer so phantastischen Sache vermuten würde. Beispielsweise erzählte ein Mann dem Psychiater Fowler Jones während eines Gesprächs beiläufig, er sei in astraler Form an einen Ort gereist, wo man seine Ermordung plante. Sie wurde allerdings abgeblasen, als das potentielle Opfer die Möchte-gerntäter darauf ansprach. Storys wie diese sind fürwahr der Stoff, den die Boulevardpresse liebt, in der man auch lesen konnte, daß Monroe Selbstverwirklichungs-OOB-Seminare abhalten soll.

Berühmte Astralreisende

Kurzum: Menschen jeden Zeitalters, jeder Rasse, jeden Lebensalters, jeden Glaubens und jeder Kultur machen solche Erfahrungen. Sie sind bei primitiven Völkern ebenso häufig wie bei gestreßten Zivilisationsneurotikern. Wissenschaftler, wie zum Beispiel der Schweizer Tiefenpsychologe C. G. Jung, berichten von Außenkörpererlebnissen. Künstler erklären, OOB-Erfahrungen hätten sie kreativ inspiriert, unter ihnen Berühmtheiten wie Johann Wolfgang von Goethe, D. H. Lawrence, Jack London, Aldous Huxley und Ernest Hemingway. Hemingway verewigte eine solche Erfahrung, die er 1918 im Ersten Weltkrieg beim Sanitätskorps der US-Armee als Folge einer schweren Verletzung machte, in seinem Roman *In einem anderen Land.*

Die einzige wirklich verläßliche Schlußfolgerung aus alldem kann nur sein, daß die vielzitierte Einheit von Körper und Geist auf tönernen Füßen steht und die Realität sich wieder einmal als völlig irreal erweist. In diesem Sinne wollen wir das sogenannte gesicherte Wissen weiter in Frage stellen.

Wunderwesen Mensch:
Denken ohne Gehirn

*Zu beweisen gilt es
die überphysikalische Natur
des Menschen.*

Joseph Banks Rhine

Wir brauchen unser Gehirn gar nicht

Während einer Konferenz von Kinderärzten im Jahr 1980 sorgte der britische Neurologe Dr. John Lorber mit einer spektakulären Hypothese für große Aufregung. Sie lautete: »Wir brauchen unser Gehirn gar nicht!«

Das war kein provokanter Gag. Dr. Lorber wollte weder um jeden Preis auffallen, noch war er von allen guten Geistern verlassen. Die Frage nach der Notwendigkeit unseres organischen Denkapparates, mit der er sein Referat begann, war wohlbegründet. Sie brachte lediglich eine Reihe von seltsamen Ereignissen auf den Punkt, auf die der Neurologe schon Mitte der sechziger Jahre gestoßen war.

Damals hatte er zwei Kleinkinder mit Hydrozephalus behandelt, eine Krankheit, die gemeinhin als »Wasserkopf« bekannt ist. Aufgrund dieser Abnormität verfügte keines der beiden Kinder über eine Großhirnrinde. Trotz der enormen Schädigung (schließlich ist, so meint die Schulmedizin, die Großhirnrinde der Sitz des Bewußtseins) schien die geistige Entwicklung der Kleinen nicht beeinträchtigt zu sein. Eines der Kinder starb im Alter von drei Monaten. Das andere war mit einem Jahr immer noch geistig gesund und völlig normal, obwohl Untersuchungen eindeutig die völlige Ab-

senz von Gehirnsubstanz bewiesen. Dr. Lorber veröffentlichte einen Bericht über diese rätselhafte Anomalie in der Zeitschrift *Developmental Medicine and Child Neurology.* Wie das
beim Auftreten unliebsamer Unerklärlichkeiten oft geschieht, war der Widerhall auf seinen Artikel gleich Null.

Das Rätsel ließ den Briten jedoch nicht los. Er forschte in
der Richtung weiter und hielt sein spezielles Interesse in keiner Weise geheim. So kam es, daß einer seiner Mediziner-
kollegen ihm einen jungen Mann schickte, der an der Universität Sheffield studierte. Der Kopf des Betroffenen war
größer als normal, aber damit hatte es sich auch schon. Seine Noten in Mathematik waren die besten seit langem, und
sein mehrfach gemessener Intelligenzquotient von einhun-
dertsechsundzwanzig hätte ihn zur Aufnahme in die diversen Klubs von »Superintelligenten« qualifiziert.

Das Seltsame war nur, daß der Student diese Leistungen
ohne feststellbares Gehirn vollbrachte. Er besaß keines, wie Dr.
Lorbers Untersuchungen unwiderlegbar erbrachten. Alles,
was sich unter der Schädeldecke des jungen Mannes feststellen ließ, war eine knapp einen Millimeter dicke Schicht von
Gehirnzellen. Der Rest war Flüssigkeit. Hätte jemand den
Betreffenden kurz nach der Geburt in einen dunklen Raum
gebracht und einen Lichtstrahl auf seinen Schädel gerichtet,
wäre das Licht aufgrund der im Säuglingsalter zarten Kno-
chenstruktur mühelos durch den Kopf gedrungen. Die über-
raschende Tatsache, daß er gehirnlos durchs Leben geht, erschütterte den jungen Mann nicht sonderlich. Er lebte vor
dieser Eröffnung völlig normal und nachher ebenso.

In der Zwischenzeit ist Dr. Lorber im Zuge seiner systema-
tischen Suche auf zahlreiche Parallelfälle gestoßen. Er führte
im Kinderkrankenhaus von Sheffield mehr als sechshundert
Messungen an Hydrozephaliden durch. Dabei ergab sich ein
erstaunliches Bild: Bei etwa zehn Prozent der Untersuchten

waren fünfundneunzig Prozent des Schädels mit Flüssigkeit gefüllt. Sie besaßen per definitionem kein funktionstaugliches Gehirn. Dessenungeachtet war die Hälfte dieser zehn Prozent geistig voll tüchtig und wies sogar einen überdurchschnittlichen IQ von mehr als einhundert auf.

Dr. Lorbers umfassende Studie ist nicht die erste ihrer Art. Dr. Wilder Penfield, Direktor des Neurologischen Institutes der McGill-Universität in Montreal und einer der führenden Gehirnchirurgen der Welt, hat sich der Erforschung dieses irritierenden Rätsels jahrzehntelang verschrieben. Auslösendes Moment dafür war eine Arbeit von Dr. Walter Dandy aus dem Jahr 1922 über Menschen, die mit bescheidensten Überresten ihres Gehirns ein absolut normales Dasein führten.

Dr. Penfield machte eine Reihe von Experimenten, in denen er das Gehirn mittels Strom und anderer Methoden teilweise gezielt ausschaltete. In über fünfhundert Versuchen konnte er den Schleier des Geheimnisses zwar nicht lüften, wohl aber die *Existenz* des Phänomens zweifelsfrei belegen.

Im Mai 1950 kommentierte der berühmte New Yorker Neuropsychiater Dr. Russell G. MacRobert die monumentale Penfield-Studie wie auch das Mysterium selbst im Magazin *Tomorrow* so: »Der Chirurg, der große Hirnteile wegoperiert, zerstört damit nicht nur Gewebe, sondern unvermeidlicherweise auch unsere gegenwärtige Vorstellung von Geist und Bewußtsein.«

All das konnte irgendwann einmal nicht mehr ignoriert werden und mußte zu diversen Erklärungsversuchen führen. Manche Fachleute streiten die Ergebnisse mit dem Hinweis auf die Schwierigkeiten bei Gehirnmessungen schlichtweg ab. Andere sprechen philosophisch vom Überflußprinzip der Natur, das sich in Gehirnstrukturen besonders manifestieren könne. Letzterer Gruppe hielt Anatomieprofessor

Patrick Wall von der Londoner Universität entgegen: »Von einem Überfluß im Gehirnbereich zu sprechen ist eine Ausflucht, um nicht zugeben zu müssen, daß man etwas nicht verstehen kann.«

Einen ähnlichen Standpunkt vertrat auch der Neurologe Norman Geschwind vom Beth-Israel-Hospital in Boston mit den Worten: »Natürlich weist das Gehirn eine bemerkenswerte Kapazität bei der Neuverteilung von Fähigkeiten nach einem Trauma auf, aber irgendein Defizit bleibt gewöhnlich sogar bei scheinbar völliger Wiederherstellung. Tests beweisen das immer wieder.«

Zertrümmert, zerstört, entfernt, und doch voll funktionsfähig

Dieser Erfahrung zuwider läuft die Tatsache, daß viele Menschen radikalste Eingriffe (Durchtrennung der Hirnhemisphären, Entfernung einer Hirnhälfte etc.) völlig unbeschadet überstehen, während andere durch einen Schlag auf den Kopf schwere Schäden davontragen. Nimmt man die Medizingeschichte gründlich unter die Lupe, so strotzt sie von solchen Absonderlichkeiten. Berichte darüber reichen weit in die Vergangenheit zurück.

Einer der ersten ausführlich dokumentierten findet sich in dem berühmten Standardwerk von Gould und Pyle: *Anomalies and Curiosities of Medicine.* Er betrifft den Fall des fünfundzwanzigjährigen Vorarbeiters bei einem Bautrupp der US-Eisenbahn, Phineas Gage. Im September 1847 wollte der junge Mann eine Sprengung vornehmen. Dabei stopfte er Schwarzpulver mittels einer Stange mit einem Durchmesser von etwa vier Zentimetern und einem Gewicht von fast sieben Kilogramm in ein Loch. Durch eine Panne kam es verfrüht zur Explosion, wobei die schwere Stange durch die Luft geschleudert wurde. Sie bohrte sich tief in Gages Schädel. Kollegen trugen das Unfallopfer in eine Arztpraxis. Dort wurde die Stange in aller Eile entfernt, zusammen mit Teilen der Schädelknochen und größeren Partien Gehirngewebe. Die beiden Ärzte, die Gage versorgten, hätten keinen Penny auf sein Überleben gewettet, jedoch *jede* Summe darauf gesetzt, daß er, wenn er davonkam, ohne Bewußtsein dahindämmern würde. Sie hätten beide Wetten verloren, denn der Fünfundzwanzigjährige überlebte nicht nur, sondern er erholte sich bis auf Verhaltensstörungen, obgleich ein Tunnel durch seinen Kopf zurückblieb. Dieser hatte mehr als acht Zentimeter Durchmesser und verlief, so die Fachleute »vom linken Großhirnvorderlappen parallel zur Pfeilnaht durch den Schädel«. Ein Fall mit mehreren Unmöglichkeiten.

Nicht weniger dramatisch erging es einer Textilarbeiterin 1879 an ihrem Arbeitsplatz. Eine riesige Schraube flog aus einer Maschine und drang tief in den Kopf der Unglücklichen. Dabei wurden große Teile ihres Gehirns unwiederbringlich zerstört. Weitere Gehirnmasse mußte geopfert werden, als Chirurgen die Schraube herausoperierten. Entgegen allen Erwartungen trug die junge Frau keinerlei Folgeschäden davon. Sie führte noch zweiundvierzig Jahre lang ein Leben wie jeder andere und hatte nicht einmal Kopfschmerzen.

In der Zeitschrift *Medical Press of Western New York* aus dem Jahr 1888 findet sich die Story eines Matrosen, der ein Viertel seines Schädels einbüßte, als er zwischen dem Balken einer Brücke und dem Aufbau des Schiffes, auf dem er arbeitete, eingeklemmt wurde. Der scharfkantige Pfeiler trennte dem Mann einen Teil seiner Schädeldecke glatt ab. Die behandelnden Mediziner stellten den Verlust einer großen Menge Blutes und eines beträchtlichen Teils des Gehirngewebes fest. Das hinderte den Betreffenden jedoch nicht, ein normales Verhalten an den Tag zu legen, nachdem er wieder bei Bewußtsein war. Er wollte sich sogar anziehen und seinen Dienst sofort wiederaufnehmen.

Aus den ersten Jahren unseres Jahrhunderts stammen die Aufzeichnungen von Dr. Nicholas Ortiz über eine Studie, die der bolivianische Mediziner Dr. Augustin Itturicha der Anthropologischen Gesellschaft in Sucre, Bolivien, vorlegte. Es handelt sich dabei um die Fallgeschichten von Personen, die bis zum Tod im Vollbesitz ihrer geistigen Kräfte gewesen waren. Bei der Obduktion stellte sich jedoch zur grenzenlosen Verblüffung der Chirurgen heraus, daß das Gehirn der Betreffenden schon viele Jahre durch Abszesse, Tumore oder andere Ursachen gänzlich zerstört war. Seltsamerweise hatten die Betreffenden bis zu ihrer Todesstunde nichts davon bemerkt. Besonders beeindruckt hatte Dr. Itturicha der Fall eines Jungen, der immer über starke Kopfschmerzen geklagt hatte und mit vierzehn Jahren starb. Die Autopsie ergab, daß sich die Hirnmasse des Knaben bereits vor langer Zeit vollständig von der Schädelinnenseite gelöst hatte – ein Vorgang, dessen Auswirkungen gewöhnlich mit denen einer Enthauptung identisch sind. Der Junge hatte jedoch all die Zeit keinerlei Beeinträchtigung an den Tag gelegt.

Siebenundzwanzig Tage lang unterschied sich ein Baby, das 1935 im New Yorker St. Vincent's Hospital zur Welt kam, durch nichts von den anderen Neugeborenen. Es trank, schrie, weinte, versuchte nach Gegenständen zu greifen, reagierte auf Umwelteinflüsse und bewegte sich absolut normal. Dann starb es. Bei der Obduktion stellte sich heraus, daß das Baby *gänzlich ohne Gehirn* geboren worden war.

Die Ärzte Dr. Jan W. Bruell und Dr. George W. Albee berichteten 1953 vor der American Psychological Association von einem neununddreißigjährigen Mann, dem die gesamte rechte Hirnhälfte entfernt werden mußte. Er überlebte diesen schwerwiegenden Eingriff nicht nur, sondern, so schlossen die beiden Vortragenden, »die intellektuellen Fähigkeiten des Mannes waren praktisch nicht beeinträchtigt«.

Ebenso frappant – und zusätzlich etwas makaber – sind die Umstände, mit denen ein Leichenbeschauer nach dem Unfalltod eines jungen Mannes konfrontiert wurde. Der Verstorbene war mit einem besonders ausgeprägten Wasserkopf zur Welt gekommen. Um sein Leben zu retten, war ihm als Säugling eine Apparatur zur Ableitung der Überproduktion von Gehirnflüssigkeit in den Schädel eingepflanzt worden. Das Versagen dieser Apparatur, die viele Jahre gute Dienste geleistet hatte, verursachte den Tod des nunmehr jungen Erwachsenen. Das stellte der Leichenbeschauer bei seinen Untersuchungen fest. Gleichzeitig registrierte er, daß der Tote nur eine hauchdünne Schicht Gehirnzellen besessen hatte: ein klarer Fall von schwerster geistiger Behinderung. Als der Beamte die Angehörigen über die Todesursache informierte, drückte er sein Beileid aus und fügte als Trost hinzu, der Tod sei für jeden Menschen eine Erlösung, der, so wie der Verstorbene, mehr tot als lebendig dahinvegetiere. Man kann sich die Überraschung und Bestürzung des Leichenbeschauers vorstellen, als ihm die Eltern des Toten erklärten, ihr Sohn habe ein gänzlich normales Leben geführt und bis zum letzten Tag einen hochqualifizierten Beruf ausgeübt.

Es kommt noch extremer. Der deutsche Gehirnexperte Hufeland entdeckte bei der Autopsie eines Mannes, der bis zum Eintritt einer Lähmung im Vollbesitz seiner geistigen Kräfte gewesen war, daß der Betreffende *überhaupt kein Gehirn* besessen hatte. Der Hirnschädel war nur mit dreihundertzwölf Gramm Wasser gefüllt.

Der berühmte Gehirnspezialist Dr. Schleich listete zwanzig Fälle schwerster Verluste von vitalem Hirngewebe ohne jegliche geistige Behinderung der Betreffenden auf. Dazu merkte er an, daß diese Fälle Quelle steter Verwirrung beim medizinischen Personal waren und Stoff für Diskussionen über die alte philosophische Frage vom Sitz der Seele lieferten. Kurzum: das Gehirn – ein unerforschliches Rätsel. Auf der einen Seite ist es so empfindlich, daß es *ein einzelnes Photon* registrieren kann, dann wiederum arbeitet es in Höchstform, ohne vorhanden zu sein.

Gehirn und Geist existieren getrennt

Was läßt sich aus alldem schließen? Schwer zu sagen. Der nackte Materialismus erweist sich jedenfalls als ungenügend. Das Bewußtsein treibt sich als reiner Geist in der Gegend herum oder entfaltet sich selbst dann, wenn es keinen Sitz (Gehirn) im Körper hat. Auch wenn die meisten Neurologen nach wie vor an der Vorstellung festhalten, Bewußtsein sei eine Folge der Anatomie und der Struktur der Großhirnrinde, so müssen sie dennoch zähneknirschend zugeben, daß niemand eine wirkliche Vorstellung davon hat, wie Bewußtsein hervorgebracht wird beziehungsweise wie das Gehirn diesen Prozeß bewerkstelligt, für den es ja verantwortlich sein soll.

Erste zaghafte Schritte in neue Denkrichtungen lassen sich feststellen. Beispielsweise deutete der Computerexperte Donald MacKay von der englischen Universität in Keele in einem Interview vorsichtig die mögliche Existenz einer »menschlichen Gleichung« an, die den Tod ihres »Gastgebers« (des Körpers) überleben könne.

Wenn man einmal so weit zu denken bereit ist, wäre es nur fair zuzugeben, daß wir auch sonst erschreckend wenig über unsere Daseinsform und ihre tatsächlichen Kräfte wissen. Mit Sicherheit dürfte einzig und allein feststehen, daß der *Homo sapiens* ebensowenig eine »organische Maschine« ist wie das Universum eine riesige Uhr.

Lassen wir darum unseren Blick noch zu anderen Mysterien streifen, die den Begriff »Wunderwesen Mensch« sachlich rechtfertigen, Phänomene, mit denen Biologen, Anatomen, Mediziner und andere Wissenschaftler ihre liebe Not hätten – wenn sie sich ernsthafter damit auseinandersetzen müßten, als dies trotz gelegentlicher Experimente, Tests und Analysen der Fall ist.

Wunderwesen Mensch:
Den Göttern gleich?

*Es ist möglich, daß das Leben
weit größer ist als wir,
genausogut können wir aber auch
weit größer sein als das Leben.*

Robert Ardrey

Großversuch in Pasadena

Mehr als tausend Personen fanden sich am 14. April 1985 auf dem Sportplatz des California Institute of Technology in Pasadena ein. Sie sollten an einem Großversuch teilnehmen, der vom Plasmaphysiker Dr. Bernard Leikind und dem Psychologen Dr. William McCarthy durchgeführt wurde, beide von der Universität von Kalifornien. Die Absicht der Wissenschaftler war, das seit den achtziger Jahren grassierende *Feuerlaufen* zu entmystifizieren. Dr. Leikind und Dr. McCarthy hatten sich nie mit den Behauptungen von Selbsthilfe- und New-Age-Gruppen anfreunden können, der Mensch sei in der Lage, seinen Körper so sehr zu beherrschen, daß sogar Krebs, Sehschwäche, Impotenz und vieles andere ohne Behandlung überwunden werden könnten. Phänomene wie das Feuerlaufen nicht speziell trainierter Zeitgenossen werden meist als Beweis für diese Kraft des Geistes angeführt. Dem wollten die Versuchsleiter sachlich entgegentreten.

Dr. Leikind erläuterte den Versammelten, was er für die physikalischen Grundlagen des Feuerlaufens hielt. Er sprach von unterschiedlichen Wärmeenergiemengen, von der Schutzfunktion nasser Fußsohlen aufgrund des »Leidenfrost-

Effekts«, der einen Wassertropfen über einem isolierenden Dampfpolster auf einer heißen Platte »tanzen« läßt, und von anderen Naturgesetzen. Danach wies er einladend auf die Grube, in der ein Teppich glühender Kohlen mit einer Temperatur von siebenhundertfünfzig Grad auf kühne Naturen wartete. Die aus der Grube strömende Hitze war so groß, daß sie noch in einer Entfernung von zehn Metern als unangenehm empfunden wurde. Trotzdem faßten sich einhundertfünfundzwanzig Menschen ein Herz und liefen barfuß über die glühenden Kohlen.

Kein einziger befand sich in einem Zustand mystischer Ekstase oder war hypnotisiert worden. Eine Mobilisierung innerer Kräfte (welcher Natur auch immer) hatte Dr. Leikind allerdings zweifellos dadurch bewirkt, daß er seinen eigenen bedingungslosen Glauben an die rein physikalische Natur des Feuerlaufens auf die Menge übertrug. So dürfte er sich im Grunde nur selbst widerlegt haben. Es ging ihm nicht anders als den Physikern (unter ihnen der berühmte Dr. Charles R. Darling), Psychologen und Journalisten, die ein halbes Jahrhundert vorher unter der Leitung von Harry Price von der Universität London im Auftrag der englischen Gesellschaft für Parapsychologische Forschungen in Surrey eine Reihe von Experimenten mit zwei Fakiren durchgeführt hatten.

Die Getesteten – einer davon war der berühmte Kuda Bux aus Kaschmir – gingen unter anderem ohne jegliche Vorbereitung oder Verwendung irgendwelcher Hilfsmittel unverletzt über glühende Kohlen, zwischen denen Flämmchen zuckten. Die Fußsohlen der Feuerläufer waren nachher sogar kühler als zuvor. All das war schon unerklärlich genug. Es kam noch besser. Am Ende der faszinierenden Darbietung erklärten die Fakire, jeder der Europäer könnte mit ihrer Hilfe genauso unbeschadet über die Kohlen schreiten.

Ein Psychologe brachte tatsächlich den Mut dazu auf. Mit bewundernswerter Selbstverleugnung zog er seine Schuhe aus und schritt Hand in Hand mit einem der Fakire über das Feuer. Keinem der beiden Männer geschah auch nur das geringste. Die ganze Sache wurde außerdem gefilmt.

Tatsache ist, daß durch und durch normale Bürger mit fernöstlichen Yogis und Gurus in Konkurrenz treten können, ohne zuvor jahrelang zu meditieren, auf Säulen zu hocken oder Ramakrischnas Samadhi-Stadium (die Vereinigung mit Gott durch absolute Isolation) erreichen zu müssen. Eine zufriedenstellende Erklärung für diese uns allen innewohnende Fähigkeit gibt es nicht. Bei den Naturvölkern tut man sich leichter. Das Feuerlaufen findet dort in der Regel während religiöser Zeremonien im Zustand der Verzückung statt. Daher kann man sich noch mit dem Hinweis auf die körperlichen Phänomene, die Trance hervorzurufen vermag, um eine echte Erklärung drücken. Im Falle gestreßter Manager muß etwas viel Elementareres im Spiel sein – etwas aus den unergründlichen Tiefen der menschlichen Natur.

Der Körper legt nun einmal dann und wann seltsame Fähigkeiten an den Tag. Feuerfestigkeit ist wohl eine der erstaunlichsten, ganz besonders wenn man bedenkt, wie weh es tut, wenn man sich nur den Finger verbrennt. Nicht jeder ist schließlich ein Lawrence von Arabien, der Streichhölzer mit den Fingern zu löschen pflegte. Darauf angesprochen, worin der Trick bestehe, antwortete er – zumindest durch den Mund von Peter O'Toole –: »Der Trick dabei ist, sich nichts daraus zu machen, daß es weh tut.« Dergleichen ist nicht nach jedermanns Geschmack.

Trotz der zerstörerischen Wirkung, die große Hitze auf den menschlichen Körper hat, existiert eine seltsame Affinität zwischen Mensch und Feuer. Unter gewissen Rahmenbedingungen kann man sich wenigstens partiell davor schützen, wie der zeitgeistige Trend des Feuerlaufens beweist. Manche Menschen sind jedoch schlicht und einfach »feuerfest«.

Der feuerfeste Nathan Coker

Zu den berühmtesten Fällen dieser Art zählt der des Farbigen Nathan Coker aus Denton im US-Bundesstaat Maryland. Coker erblickte 1814 in Hillsborough das Licht der Welt. Seine Eltern waren Sklaven eines Rechtsanwaltes und er demzufolge auch. Viele Weiße behandelten ihre Sklaven so gut, daß sie später während des amerikanischen Bürgerkrieges an der Seite ihrer Herren für die Südstaaten kämpfen sollten. Nathans Besitzer war von der anderen Sorte. Er ließ seinen sadistischen Neigungen freien Lauf und gab dem Jungen darüber hinaus tagelang nichts zu essen. Dabei entdeckte der Gequälte seine besondere Fähigkeit.

Eines Nachmittags hielt er sich in der Küche auf, um wenigstens zu riechen, was er nicht essen durfte. Plötzlich konnte er sich nicht mehr beherrschen. Der rasende Hunger ließ ihn das Verbot und jede Vorsicht vergessen. Er griff in einen Kessel kochenden Wassers, holte einen Kloß heraus und steckte ihn gierig in den Mund. Im selben Augenblick durchfuhr ihn die Erkenntnis siedend heiß, daß er sich verbrannt hatte. Siedend heiß war jedoch nur die Erkenntnis, denn er verspürte keine Schmerzen, weder an der Hand noch im Mund. Es gab tatsächlich keine Verletzungen.

Bald schon stellte Nathan fest, daß er sich nicht verbrennen *konnte*. Er begann kochendheiße Nahrung – beispielsweise das Fett von der Oberfläche siedender Suppen – zu verzehren und zeigte sich selbst von extremer Hitze unbeeindruckt. Welchen Beruf ergreift ein Mann mit einer solchen Gabe nach seiner Freilassung? Richtig, er wird Schmied. Coker zog nach Denton, wo er zuerst Gehilfe und dann

Schmied wurde. Seine Gewohnheit, rotglühende Werkstücke mit bloßer Hand aus der Esse zu nehmen und sie in diesem Zustand zu bearbeiten, erregte verständlicherweise Aufsehen.

Die Nachricht verbreitete sich. Das Interesse von Fachwelt und Öffentlichkeit konnte nicht ausbleiben. 1871 wurde Coker zu einer Untersuchung seiner Fähigkeiten nach Easton, Maryland, eingeladen. Vor zwei Zeitungsredakteuren, zwei Ärzten und mehreren prominenten Bürgern hielt er sich eine weißglühende Eisenschaufel an die Fußsohlen. Nach neuerlichem Erhitzen leckte Coker das weißglühende Schaufelblatt genüßlich ab. Dessen nicht genug, ließ er sich geschmolzenes Blei in die Hand gießen, füllte es in den Mund und rollte es vor den entsetzten Zuschauern so lange mit der Zunge herum, bis es fest geworden war. Der abgekühlte Bleiklumpen ging von Hand zu Hand. Nach jedem der makabren Versuche wurde Nathan von den Ärzten untersucht. Sie konnten nicht die geringste Verletzung feststellen. Der *New York Herald* berichtete über diese Demonstration, wobei der Artikel zum Ausdruck brachte, was alle empfanden: grenzenloses Staunen. *Noch* erstaunlicher ist es allerdings, wenn Feuerfestigkeit nur *eine* von *mehreren* paranormalen Fähigkeiten einer einzigen Person ist. Daß derartige Fälle selten sind, liegt auf der Hand. Der bereits erwähnte Kuda Bux ist eine solche Person.

Der übermenschliche D. D. Home

Die Talente von Daniel Dunglass Home stellen jedoch mit ziemlicher Sicherheit alles andere in den Schatten. Home wurde 1833 in Edinburgh geboren und starb 1886 in Auteuil, Frankreich. Er ist einer der berühmtesten »Mehrfach-Übermenschen«, wenn nicht *der* berühmteste überhaupt. Der unglaubliche Schotte wurde immer wieder auf

Wieso konnte sie wissen, daß sie diese Woche Geburtstag hatte? Diese eigenartige Begebenheit ließ Miß Probert keine Ruhe. Um herauszufinden, ob Missie nun besondere Fähigkeiten besaß oder nicht, fragte sie die fröhliche Terrierdame, wie viele Finger ein Mensch habe und anderes mehr auf Kindergartenniveau. Dieses Niveau hatte Missie eindeutig, doch nicht nur das. Sie nannte auch Telefonnummern, Hausnummern und andere Zahlenkombinationen aus dem Bekanntenkreis.

Dann wurde es unheimlich. Missie wußte Dinge, die Miß Probert und anderen nicht bekannt waren, beispielsweise die Hausnummern von Fremden. Sie informierte Gäste im Bell-Code über die genauen Geldbeträge, die diese bei sich hatten und selbst gar nicht hätten exakt beziffern können. Sie gab Seriennummern von Dollarnoten, Geburtsdaten von Unbekannten und ähnliches an.

Einem skeptischen Arzt nannte sie seine eigene geheime Privatnummer, die er nur wenigen mitgeteilt hatte. Miß Probert gehörte nicht zu den darüber Informierten. Trotzdem bellte Missie die Nummer. Mehr noch: Um den guten Doktor nicht zu verärgern, hatte Miß Probert sie ermahnt: »Sag uns nicht die ganze Nummer des Doktors, sondern laß die letzte Zahl weg, damit seine Privatnummer weiter geheim bleibt.« Genauso geschah es.

Ein Zeitungsreporter forderte die Hündin auf, ihm seine eigene Versicherungsnummer zu nennen, die er natürlich nicht auswendig wußte. Ehe der Journalist auf seiner Versicherungskarte nachsehen konnte, hatte Missie die Zahlenkombination bereits richtig wiedergegeben.

Die Hündin entpuppte sich als waschechte Hellseherin. Sie prophezeite die Wahl von US-Präsidenten, den Zeitpunkt von Geburten, einschließlich des Gewichtes der Neugeborenen usw.

Todesvoraussagen vermied das Duo Probert/Missie tunlichst. Bis auf zwei Ausnahmen. Einmal wurden sie regelrecht genötigt. Dieser Vorfall ist in einem Brief von Mrs. Kincaid festgehalten, der in dem Buch *PSI im Tierreich* wiedergegeben wird.

Mrs. Kincaid schreibt: »Im Februar 1965 besuchten wir unsere Nachbarin Mildred Probert. Sie ließ ihren kleinen hellsichtigen Terrier einige Fragen für uns beantworten. Er bellte die Geburtsdaten unserer drei Töchter sehr deutlich und auch für uns leicht verständlich. Missie sagte uns auch die Zahl der Buchstaben in unserem Namen, die Tageszeiten usw. Dann setzte mein Mann den Hund auf einen Sessel, beugte sich über ihn und fragte: ›Wie viele Monate werde ich noch leben?‹ Frau Probert protestierte. Sie wollte nicht, daß ihr Hund diese Frage beantwortete. Mein Mann bestand darauf. (Er sagte, er fürchte, daß er nur noch einige Monate lebe und nicht Jahre.) Missie beantwortete seine Frage mit ›fünfundzwanzig‹. Frau Probert sagte schnell: ›Vielleicht meint sie fünfundzwanzig Jahre.‹ Er fragte dann den Hund: ›Wie viele Jahre werde ich noch leben?‹ Missie antwortete sofort ›zwei‹. Er fuhr fort: ›Kannst du mir das Datum sagen, den Monat?‹ Missie antwortete ›vier‹. Er fragte: ›Den Tag?‹ Missie antwortete ›drei‹. Alles traf ein, wie der Hund vorhergesagt hatte. Mein Mann, C. Kincaid, starb am 3. April 1967. Der vierte Monat, der dritte Tag, fünfundzwanzig Monate (zwei Jahre) später.«

Was dieser Prophezeiung eine gänzlich unerklärliche Note gibt, ist die Tatsache, daß Mr. Kincaid nicht an dem Magenkrebs starb, von dem er wußte und der ihn zu diesen Fragen veranlaßt hatte, sondern an einer Schußverletzung.

Die zweite Todesvoraussage betraf die Terrierdame selbst. Im Mai 1966 wollte Miß Probert von Missie die Uhrzeit wissen. Die Hündin bellte achtmal. Das stimmte nicht. Miß

Probert fragte nochmals, worauf die richtige Antwort kam. Danach wieder achtmaliges Bellen. Um acht Uhr desselben Tages erstickte Missie an einem Stück Futter. Damit endete eines der erstaunlichsten Rätsel aus dem Reich der Tiere, das leider niemals einer großangelegten Analyse unterzogen wurde. Um der Wahrheit die Ehre zu geben, darf nicht verschwiegen werden, daß Miß Probert zu ihrer Hündin ein – wie soll man es nennen? – extrem ausgeprägtes Verhältnis hatte. Missie trug am Tag Ausgehkleidung, nachts einen Pyjama. Sie schlief mit einem Stoffhund, speiste nicht aus einem gewöhnlichen Napf und konsumierte nur menschliche Nahrung. Im großen und ganzen benahm sie sich mehr wie ein Mensch denn wie ein Hund. Der mit alldem verbundene Medienrummel trug wenig dazu bei, den Vierbeiner zum Kandidaten für eine ernsthafte wissenschaftliche Untersuchung zu machen. Total ignoriert wurde er natürlich auch nicht. Man vermutete Theatertricks und Scharlatanerie der Besitzerin. Das vertrug sich jedoch nicht mit der ärgerlichen Tatsache, daß Miß Probert die meisten Informationen nicht bekannt gewesen waren, die Missie herausgebellt hatte.

Da die erstaunlichen Fakten nicht unter den Teppich gekehrt werden konnten, zimmerte man schließlich die eingangs erwähnte »natürliche Erklärung«, die für sich selbst spricht: Vielleicht war der Hellseher in der Familie Miß Probert und nicht der Hund (ein präkognitiver Terrier, das ist doch ein starkes Stück). Diese Annahme degradierte Missie allerdings noch immer nicht zum »normalen« Hund, sondern nur zum Telepathen, der die Daten durch Gedankenübertragung aus Miß Proberts hellsichtigem Geist herausholte. Eine waschechte Kompromißhypothese. Man könnte auch sagen: die Quadratur des Kreises.

Präkognitionsversuche mit Laborratten

Gelegentlich bekennen sich jedoch Forscher zu den verpöntesten und unglaublichsten Dingen. So berichtete Robert Morris anläßlich der im Winter 1967 abgehaltenen Konferenz der Foundation for Research on the Nature of Man in einem Beitrag über *Precognition in Laboratory Rats* an der Duke-Universität.

Das bekannte Institut befaßte sich peripher auch mit paranormalen Tieren, vorrangig im Zusammenhang mit Erdbebenvorhersagen, dem tierischen Orientierungssinn (»PSI-trailing«) und der mentalen Wechselwirkung zwischen Menschen und ihnen nahestehenden Hunden, Katzen usw.

Die Forschergruppe um Morris wollte den wohlbekannten Todesahnungen der Tiere auf den Grund gehen. Der Jagdhund, der seinem Herrn fröhlich zuläuft, wenn dieser die Flinte schultert, um mit seinem vierbeinigen Gefährten ins Revier zu gehen, und der sich winselnd verkriecht, wenn er, hochbetagt und krank, durch dieselbe Flinte von seinem Elend erlöst werden soll, ist sprichwörtlich. Daran gibt es nichts Rätselhaftes. Der Herr ist zutiefst unglücklich über seine grausame Pflicht, und der Hund spürt das auf vielfältige Weise.

Wenn Laborratten am Ende einer Versuchsreihe getötet werden und sich unmittelbar zuvor besonders aggressiv verhalten, scheint derselbe Mechanismus abzulaufen. Tatsächlich? Robert Morris und sein Team konzipierten eine Testanordnung, die eine Interaktion zwischen den Ratten und ihren menschlichen Henkern unterband. In einer quadratischen Kiste von 2,5 Meter Seitenlänge, die ihrerseits in kleinere Quadrate mit Durchgängen unterteilt war, mußten die Ratten einige Zeit in den einzelnen abgeteilten Bereichen verbringen. Einige von ihnen würden sterben, die anderen nicht. Ein Zufallsgenerator entschied im letzten Moment über Leben und Tod der Nager. Es war ihnen durch keine Sinnesleistung möglich, ihr Schicksal aufgrund von unbewußten menschlichen Signalen zu erspüren. Die Mitarbeiter an dem Experiment ahnten nämlich selbst nicht, welche Ratten es erwischen würde. Erstaunlicherweise schienen es die Betroffenen aber sehr wohl zu wissen, denn die später überlebenden Tiere blieben aktiv, während die Todeskandidaten apathisch in ihren Quadraten hockten. Die daraus gezogene Schlußfolgerung der Experimentatoren wies – bei vorsichtigster Formulierung – auf die Möglichkeit von Präkognition hin. Andernfalls hätte es *überhaupt keine Erklärung* gegeben.

Tierische Vorausschau

In der Zwischenzeit belegt eine Reihe von Experimenten die Existenz von tierischer Vorausschau. Amerikanische Institutionen wie die Psychical Research Foundation in Durham, South Carolina, zur Erforschung von RSPCA (»recurrent spontaneous psychoactivities«; sich wiederholende spontane Geistesaktivitäten) oder das Parapsychologische Laboratorium stellten ähnliche Versuche wie die Gruppe um Morris an, desgleichen das Team von Professor J. B. Rhine. In Europa befaßte sich der französische Zoologe R. Chauvin eingehend mit dem erstaunlichen Phänomen. Dabei zeigte sich, daß Mäuse, Ratten, Goldfische und anderes Getier wußten, in welchen Abschnitten von Labyrinthen, in welchen Kämmerchen usw. ein Zufallsgenerator sie umbringen würde und wo nicht. Sie mieden die Todeszonen mit einer statistisch relevanten Häufigkeit.

Die hier offengelegten Erscheinungen haben nichts mit dem vertrauten Vorausspüren von Erdbeben und anderen Katastrophen gemein. Der Gänserich, dessen Denkmal in Freiburg steht, weil er während des Zweiten Weltkriegs die

Bevölkerung der Stadt vor Bombardements warnte (speziell beim Großangriff am 27. November 1944 verdankten ihm zahlreiche Menschen ihr Leben), hat nichts mit Abraham Lincolns Hund gemein, der sich am 14. April 1865, Stunden vor dem Attentat, wie verrückt gebärdete. Dem gesamten Stab des Weißen Hauses gelang es nicht, ihn zu beruhigen. Man wandte sich erst von dem tobenden Hund ab, als die Nachricht kam, der sechzehnte US-Präsident sei im Ford-Theater von Washington durch John Wilkes Booth tödlich verwundet worden.

Hier muß genau differenziert werden. Tiere sind zu phantastischen Sinnesleistungen fähig, das steht außer Zweifel. Sie hören, sehen und riechen besser als der *Homo sapiens*. Sie können Vibrationen aufnehmen, die sogar unseren empfindlichsten Meßgeräten entgehen, elektromagnetische Felder registrieren und anderes mehr. Die Nase eines Hundes ist der menschlichen um den Faktor von eins zu einer Million überlegen. Unser bellender Freund kann dieselbe Menge Duftstoff, die wir in einem kleinen Raum riechen können, noch wahrnehmen, wenn sie im Luftraum einer Stadt von der Größe Münchens verteilt ist. Manche Vögel, Maikäfer, Schmetterlinge und Fische orientieren sich durch Magnetismus. Bienen navigieren nach dem Polarisationsmuster des Sonnenlichtes, Fledermäuse mit Hilfe von Ultraschall. Manche Schlangen können Infrarot wahrnehmen. Der Wettersinn der Tiere hat rätselhafte Facetten, übernatürlich ist er aber keineswegs.

Das Wissen um solche sensorischen Fähigkeiten baute sukzessive die Hemmungen ab, ernsthaft auch nach möglichen tierischen PSI-Fähigkeiten zu fragen. Ebenso klar ist, daß der Weg von ersten verschämten Mutmaßungen bis zu den angeführten Präkognitionsexperimenten ein langer und steiniger sein mußte.

Tiertelepathie

Ein Jahrzehnt vor J. B. Rhines Begegnung mit dem telepa-
thischen Pferd Lady Wonder veröffentlichte der russische
Elektroingenieur Bernhard Kajinsky eine Reihe von Arbeiten über Gedankenübertragung. Sie erregten die Aufmerksamkeit eines Landsmannes, des berühmten Telepathiefor-
schers und Tierdompteurs Wladimir L. Durow, der überzeugt war, daß Tiere Gedanken lesen können.

Durow war bis zu seinem Tode Direktor des Tierpsycholo-
gischen Laboratoriums in Moskau. Von Kajinskys Werk an-
geregt, wollte er der Tiertelepathie sachlich auf den Grund
gehen. Gemeinsam mit dem bedeutenden Neurologen und
Physiologen Wladimir M. Bechterew fand im von Durow
geleiteten Institut eine Versuchsreihe statt, die neue Maß-
stäbe setzen und anderen Forschern Mut machen sollte. Der
Neurologe schrieb komplizierte Befehle auf und händigte sie
dem Dompteur aus, der sie telepathisch und ohne Gestik an
seine Tiere weitergab. Erstaunlicherweise wurden sie fast
immer exakt ausgeführt.

Beispielsweise blickte Durow dem deutschen Schäferhund
Mars sekundenlang wortlos in die treuen Hundeaugen.
Mars sollte einen Gegenstand apportieren, der sich in einem
ihm unbekannten Raum, oberhalb seiner Kopfhöhe befand
und der niemals mit Durow in Berührung gekommen war.
Mit Schnüffeln war also nichts auszurichten. Daraufhin ging
der Hund ins Nebenzimmer, stellte sich bei jedem der drei
dort stehenden Tische auf, damit er sehen konnte, was sich
auf ihnen befand, und nahm schließlich mit der Schnauze
ein Telefonbuch, das auf dem dritten Tisch lag. Dieses
brachte er zu Durow. Es war der gesuchte Gegenstand.

Manche Versuche umfaßten ein ganzes Aktionsprogramm,
wobei ausgeschlossen wurde, daß Durow seinen Prüflingen
auf andere als telepathische Weise Anweisungen geben

konnte. Auch sie wurden fast immer präzise befolgt. Gerade die gelegentlichen Fehlleistungen der tierischen Kandidaten sind ein weiteres Indiz für Telepathie. Einmal wollte man, daß ein Hund eine Goldplakette von Durows Rockaufschlag nahm, einigte sich dann aber auf die Kette eines anderen Mannes. Bei dem Experiment eilte der Hund sofort zu dem Mann mit der Kette, umkreiste ihn mehrmals, lief aber dann zu Durow, um seine Plakette zart mit den Zähnen zu fassen. Gelegentlich führten Tiere Anweisungen durch, die eigentlich für die nächste Übung vorgesehen waren. All das spricht dafür, daß sie ungerichtete Gedanken aufgefangen hatten.

Der Wissenschaftler und Varietékünstler Durow schrieb ein Buch über seine Methode der mentalen Tierbeeinflussung. Es trägt den schlichten Titel *Das Abrichten von Tieren* und gilt als Standardwerk für Dressur wie auch für die Erforschung der Mensch-Tier-Telepathie. Seit Durows Tod gelang es niemandem mehr, einen so harmonischen Rapport zwischen Mensch und Tier herzustellen.

Ihm nahe kommt bestenfalls der deutsche Dresseur Hans Brick. Wie Durow war er überzeugt, daß Tiere ihm mittels geistigen Kontakts gehorchten, und demonstrierte dies einmal auf beeindruckende Weise. Während des Zweiten Weltkriegs verbrachte Brick einige Zeit als Kriegsgefangener in England. Nach seiner Freilassung bat ihn eine britische Filmgesellschaft, bei Aufnahmen mit wilden Tieren die Aufsicht zu führen. Dabei sollte der »menschenfressende Löwe« Habibi aus dem Londoner Zoo mitspielen. Der Löwe war Brick von früher gut bekannt.

Am Drehtag, einem Sonntagmorgen, ging Brick in den Zoo. Dort schloß er mit Habibi einen geistigen Nichtangriffspakt. Der Löwe würde sich bei seinem Ausflug in die Freiheit friedlich verhalten. Dann öffnete Brick Habibis Zwinger. Die

Zootiere reagierten hysterisch. Kaninchen und Pfaue, die frei herumliefen, gerieten in helle Panik, doch der riesige Herr des Dschungels beachtete sie nicht. Folgsam wie das sprichwörtliche Lamm trottete er neben seinem mentalen Partner her. Gemeinsam gingen sie zum Tor, wo ein Fahrzeug mit einem Transportkäfig wartete. In diesen begab sich der gefürchtete Löwe ohne jeden Zwang hinein. Auch während der Filmarbeiten kooperierte er mustergültig und ließ sich anschließend problemlos wieder in seinen Zwinger verfrachten. Die verblüffende Story wurde vom englischen Zeitungsherausgeber Edward Campbell belegt.

Seither hat eine Reihe von Telepathieversuchen mit Tieren stattgefunden. So gut wie alle bewiesen die Existenz von Gedankenübertragung zwischen Mensch und Tier statistisch einwandfrei. Manche waren leicht skurril, wie etwa das Experiment des englischen Forschers Nigel Richmond, der feststellen wollte, ob menschliche Parafähigkeiten durch Einwirkung auf Kleinstlebewesen zu ungewöhnlichen Heilungsvorgängen beitragen können. Bei dem Experiment wurde versucht, das Verhalten von Pantoffeltierchen durch Telekinese zu beeinflussen. Die Ergebnisse waren jedoch so ungewöhnlich, daß manche Fachleute statt Psychokinese eine telepathische Verbindung zwischen dem Versuchsleiter und den Pantoffeltierchen für möglich hielten. Wie auch immer. Heute sind PSI-Tests bei Tieren zwar nicht an der Tagesordnung, aber auch nicht tabu. Sie haben Gedankenübertragung zwischen Mensch und Tier de facto bewiesen. Auch andere Parafähigkeiten, speziell Telekinese, scheinen unbestreitbar zu sein. Hier gibt es nicht so viele Resultate, aber es gibt sie. Mittlerweile hat man sich sogar zähneknirschend mit tierischer Präkognition abgefunden und scheut selbst vor exotischen Konzepten nicht zurück. Von diesen gehört die Hypothese des englischen Archäologen und Radiästhesisten T. C. Lethbridge, die Schnurrhaare der Katzen könnten so etwas wie »natürliche Wünschelruten« sein, zu den originellsten.

Exotische Hypothesen

Hier, an der Grenze zwischen seriöser und unbekümmerter Spekulation, wollen wir innehalten und uns der Gretchenfrage stellen: Wenn wir schon zugeben müssen, daß es im Reich der Tiere ebenso ungereimt und unerklärlich zugeht wie bei den Menschen, warum dann vor der letzten Konsequenz zurückschrecken? Vor der Konsequenz einer *ganz und gar phantastischen* Wirklichkeit? Wundersames, das sogar tierische PSI-Eigenschaften als bieder erscheinen läßt, begegnet uns doch auch in der Tierwelt auf Schritt und Tritt. Gelegentlich meldet sich die Wissenschaft zu solchen stillschweigend hingenommenen Ungereimtheiten zu Wort.

Ein gutes Beispiel dafür ist die Tarantelwespe. Wenn es ans Ablegen der Eier geht, sucht die Wespe eine Tarantel, sticht sie und legt ihre Eier in der nicht toten, sondern nur gelähmten Spinne ab. Hernach vergräbt sie das grausige Depot in einem Erdloch. Die Wespenlarven zehren mit Bedacht von der Substanz der unfreiwilligen Gastgeberin. Dabei sparen sie vitale Organe bis zuletzt auf, um ihre lebende Vorratskammer nicht zu töten, worauf sie sich zersetzen würde, ehe die Larve ausgereift ist. Nach vollendeter Reife erscheint die fertige Wespe, und der Kreislauf der Natur beginnt von neuem. Mutter Natur ist brutal, das weiß jeder, aber – so mag man versucht sein zu fragen – was ist an diesem Zyklus geheimnisvoll? Einiges.

Woher weiß die Wespe, *wie* sie stechen muß, und wieso dieser schonende Nahrungsmittelverbrauch? Die vordergründige Antwort ist schnell gefunden: Es handelt sich um ein genetisch festgeschriebenes und weitervererbtes Reaktionsprogramm, das schon milliarden- und abermilliardenmal abgelaufen ist.

Absolut richtig, aber: Wie *entstand* es?

Irgendwann in fernster Vergangenheit hat die Wespe zum ersten Mal gestochen, und zwar an der Stelle im arachnidischen Nervensystem, wo der Stich eine Paralyse bewirkt. Andernfalls wäre die Spinne gestorben, und damit gäbe es keine Aufzucht der Larven. Wäre die Tarantel nur verletzt worden, hätte die Wespe dran glauben müssen. Alles oder nichts.

Dasselbe Vabanquespiel erwartete auch die ersten Larven. Hätten sie nicht von Anfang an extrem selektiv gefressen, wäre es auch mit ihnen ausgewesen. Eine ganz schöne Anhäufung von extremen Unwahrscheinlichkeiten. Man versucht diese zu mildern, indem man einwendet, es habe vor dem ersten erfolgreichen Wespen-Larven-Verhalten unzählige Fehlversuche gegeben. Mitnichten! Die harte Realität des natürlichen Vernichtungsdrucks hätte einer solchen Versuchsreihe schnell den Garaus gemacht. Besonders wenn man in Rechnung stellt, daß es sich um eine *doppelte Zufallskette* (richtiger Stich, richtiges Freßverhalten) handelt. Die Herausbildung der erfolgreichen Prozedur könnte rein mathematisch länger dauern, als das geschätzte Alter des Universums beträgt. So geht's also nicht. Da so enorme Fähigkeiten weder spontan auftauchen noch sich unter den genannten Bedingungen schrittweise entwickeln können, wurde von Wissenschaftlern sogar die Ansicht geäußert, besagte allererste Wespe habe bei der Konfrontation mit der ersten Wirtstarantel stammesgeschichtliche Informationen aus der Zukunft ihrer eigenen Wespenspezies oder aus dem mysteriösen Informationssee geholt, in den unser Kosmos nach neuesten Theorien der theoretischen Physik eingebettet ist. Wir können zu alldem keine Stellung beziehen. Nur soviel:

267

Ist *das* die Welt der Tiere, die uns in den Lehrbüchern präsentiert wird? Ist es nicht vielmehr so, daß auch sie ein chaotischer, unheimlicher und mehr als bizarrer Platz ist, an dem groteske Dinge vor sich gehen? Wenn wir die totale Schicksalsgemeinschaft alles Lebendigen akzeptieren, so erkennen wir, daß die Parallelen zwischen Mensch und Tier hundertprozentig sind – bis hin zu Jenseitsphänomenen.

Hundetreue aus dem Jenseits

Der bereits erwähnte Bill Schul hat sich mit diesem Bereich besonders befaßt und Faszinierendes festgestellt. Wie es scheint, manifestieren sich Tiergeister, und das nicht nur in der Phantasie ihrer trauernden früheren Besitzer.

Albert Pyson Terhune schildert in seinem Buch *The Book of Sunnybank* zwei unheimliche Vorfälle. Der erste ereignete sich während des Besuchs von Reverend Appleton Grannis. Terhune und der Geistliche saßen ins Gespräch vertieft am Tisch des Speisezimmers, wobei der Schriftsteller der Terrassentür den Rücken zukehrte. Beim Verlassen des Raums meinte der Priester: »Ich dachte, ich kenne alle deine Hunde, aber den einen habe ich noch nie gesehen. Ich meine den großen rehbraunen Burschen mit der Narbe auf der Schnauze. Er ist die ganze Zeit hinter dem Fenster gestanden und hat dich unverwandt angestarrt. Jetzt ist er weggelaufen. Welcher deiner Hunde ist das?« Die Beschreibung paßte nur auf Terhunes Mischlingshund Rex, der ein Jahr zuvor gestorben war. Grannis hatte den Hund niemals zu Gesicht bekommen oder von ihm gehört.

Henry A. Healy, ein Freund Terhunes, sagte einmal zu dem Schriftsteller, daß er (den toten) Rex zu Terhunes Füßen liegen gesehen habe, und zahlreiche Zeugen erlebten mit, wie ein anderer von Terhunes Hunden, der Collie Bruce, der Rex um vier Jahre überlebte, sich in dieser Zeit stets um ein

Stück Flur herumdrückte, ganz so, als würde dort ein unsichtbarer Hund liegen. Es war das ehemalige Lieblingsplätzchen von Rex.

Das englische Magazin *Prediction* berichtet ähnliches von den schnurrenden Zimmertigern. Katzen gehen gern aus. Die Katze Fingal, die einer Mrs. Celia Dale gehörte, machte hier keine Ausnahme. Sie zog abends ihre Runden und war pünktlich um neun Uhr wieder zurück. Dann pflegte sie laut an die Türe zu tapsen, bis sie eingelassen wurde. Auch nach dem Tod der Katze wurde das Tapsen weiter gehört. Es war so eindringlich, daß Celia Dale oder ein anderes Familienmitglied die Tür öffnete, worauf das Geräusch aufhörte. Danach war oft leises Schnurren von dem gelben Kissen zu vernehmen, auf dem Fingal zeit ihres Lebens gern gesessen war.

Ein geliebtes Haustier zu verlieren ist traurig. So mancher mag das nicht wahrhaben wollen und unbewußt glauben, es sei noch da. Seltener ist, daß *andere Menschen* das auch glauben, wie im Falle von Rex.

Fingals astrale Gegenwart wurde jedoch sogar von einer Artgenossin wahrgenommen, und zwar von einer Siamkatze, die eine Nachbarin und Freundin der Familie eines Nachmittags mitbrachte. Als sich die Katze auf Besuch in der Nähe des Sessels mit Fingals Kissen aufhielt, wurde sie erkennbar von Furcht ergriffen. Sie machte einen Buckel, sträubte die Haare und starrte auf den leeren Stuhl. Dann folgten ihre Augen einem unsichtbaren Etwas, das sich auf die Terrassentür zubewegte. Nachdem die Tür geöffnet worden war, entspannte sich die fremde Katze wieder. Sie legte sich sogar auf das Kissen, das nun offensichtlich verlassen war. Elliot O'Donnel listet in ihrem Buch *Animal Ghosts* zahlreiche vergleichbare Fälle auf.

Katastrophenwarnungen aus dem animalischen Totenreich

mögen sich als Halluzinationen oder Vorahnungen der ehemaligen Tierbesitzer erklären lassen. Wenn verstorbene Tiere Menschen erscheinen, die sie nicht kannten, macht sich Ratlosigkeit breit. Beispielsweise im Fall von Congletons Geisterkatze, die seit Jahrzehnten in einer Gegend der englischen Grafschaft Yorkshire beheimatet ist. Sie wird oft von Ortsfremden gesehen, die erst hinterher erfahren, daß ihnen keine leibhaftige große weiße Katze begegnet ist.

Es zeigt sich also, daß die Welt der Tiere ein perfektes Spiegelbild unserer eigenen ist – ebenso phantastisch, ebenso bizarr und ebenso widersprüchlich. Damit befinden wir uns, wie es scheint, in einer doppelten Zwickmühle: Entweder sind die Tiere PSI-begabt und werden von Unerklärlichkeiten heimgesucht wie wir, oder irgend etwas (oder jemand) treibt mit ihnen dasselbe undurchsichtige Spiel wie mit uns. Eines ist jedenfalls klar: Der Wunschtraum, alles wäre so, wie wir es uns vorstellen, ist endgültig zerbrochen.

Wenn dem so ist, können wir den konsequentesten Schritt tun: Versuchen wir, uns als reines Gedankenexperiment und ohne jeden Enthüllungsanspruch parallele Realitäten hinter der unseren lediglich vorzustellen – selbst auf die Gefahr hin, daß sie um nichts weniger bedrückend erscheinen als unsere vom Wahnsinn dominierte Wirklichkeit.

TEIL III

Das Undenkbare

Hinab ins Meer der Phantasie

Alles wiederholt sich nur im Leben,
ewig jung ist nur die Phantasie.

Friedrich Schiller, *An die Freude*

Fortsetzung eines Märchens

Eine rege Vorstellungskraft kann nützlich sein, manchmal sogar lebensrettend. Ein anschauliches Beispiel dafür ist das klassische Märchen von Scheherezade aus Tausendundeiner Nacht. Es demonstriert, wie eine blühende Phantasie – gepaart mit Raffinesse – Macht und Gewalt im Zaum halten kann.

Bekanntlich war Scheherezade die Tochter eines Großwesirs, die der Kalif und Herr besagten Wesirs zur Frau begehrte; an sich der Traum jedes Vaters und jedes jungen Mädchens im antiken Morgenland. Im vorliegenden Fall gab es allerdings einen Haken. Der Kalif pflegte seine Auserwählten nämlich am Morgen nach der Hochzeitsnacht dem Henker zu überantworten. Der Grund für diese Eigenheit lag in der Untreue seiner ersten Ehefrau. Ihr Tod war dem Kalifen nicht Sühne genug gewesen. Er schwor beim Barte des Propheten, daß von Stund an Nacht um Nacht die schönste Jungfrau des Landes sein Bett teilen und am Morgen danach sterben sollte.

Dieses Gelübde hatte er bereits seit vielen Jahren mit unermüdlicher Standhaftigkeit erfüllt, als Scheherezade an die Reihe kam. Das kluge Mädchen erfreute den Kalifen jedoch nicht nur mit jenen Reizen, die er hundertfach in- und auswendig kannte, sondern regte ihn durch das Erzählen phantastischer Geschichten auch geistig an. Wie der Zufall es wollte, war sie mit einer besonders spannenden Schilderung beim Morgengrauen noch nicht zu Ende. Nachdem der frauenfeindliche Kalif solcherart tausendundeinen Tag lang daran gehindert worden war, seinen Schwur einzulösen, geriet das Ganze in Vergessenheit. Scheherezade war gerettet. Soweit das Märchen.

Man kann den Bogen aber auch überspannen. Darüber, wie das im Falle Scheherezades ausgegangen wäre, spekulierte einer der bedeutendsten Dichter der amerikanischen Literatur. Ich spreche von dem Mann, der sich selbst in seinem berühmten Gedicht *Der Rabe* als »Träume träumend, die kein anderer Träumer je zuvor gewagt« charakterisiert und der die Logik in die Kriminal- und Gespensterliteratur eingebracht hat, von dem Mann, der als Herausgeber von *Graham's Magazine* in Philadelphia vor mehr als einhundertfünfzig Jahren die kühne Behauptung aufstellte, jede noch so ausgetüftelte Geheimschrift entziffern zu können, und dies tatsächlich schaffte, weil – so sein Credo – »alle Leistungen des menschlichen Verstandes auch durch den menschlichen Verstand wieder lösbar sein müssen«: Edgar Allan Poe.

In seiner originellen Novelle *Die tausendundzweite Nacht der Scheherezade* macht die kluge Wesirstochter einen entscheidenden Fehler. Mit ihrer nächsten Geschichte überfordert sie die Phantasie des Kalifen, der bis dahin an Fabeltieren und Wundern aller Art, einschließlich eines rosafarbenen Pferdes mit grünen Schwingen, das von einem Uhrwerk angetrieben wird, nichts auszusetzen gehabt hatte.

Nun aber kommen ihm ernsthafte Zweifel. Scheherezade enthüllt den wahren Schluß der Lebensgeschichte von Sindbad dem Seefahrer. Was sie dabei auftischt, ist eindeutig zuviel. In ihrer Erzählung kommen unter anderem vor: eine Insel, die von einem Volk kleiner wurmartiger Wesen erbaut worden ist; gefährliche Raubtiere mit sichelförmigen Kopfzangen, die aus einem sicheren Versteck Steine auf ihre Opfer werfen und ihnen dann das Blut aussaugen; leuchtende lebende Gebilde; Vögel und Bienen, die mehr von Mathematik und Geometrie verstehen als menschliche Gelehrte; das Herstellen von Eis in rotglühenden Tiegeln und andere Absonderlichkeiten, die sogar jenseits des Vorstellungsvermögens orientalischer Potentaten aus den Tagen Harun al-Raschids angesiedelt sind.

Die Strafe für diese schamlosen Übertreibungen folgt auf dem Fuße. Der Kalif, dem der Kopf vor lauter Ungeheuerlichkeiten dröhnt, erinnert sich wieder seines lange zurückliegenden Gelübdes. Sein Gewissen plagt ihn. Die Hinrichtung ist mehr als überfällig, sie muß umgehend nachgeholt werden. So geschieht es dann auch – bei Edgar Allan Poe.

Eine absurde Alternativwelt

Ohne diesem Giganten der Literatur Konkurrenz machen zu wollen (oder zu können), erscheint ein ähnlich gelagertes Experiment reizvoll. Setzen wir – wie Scheherezade – dem Phantastischen die Krone auf, und machen wir den Schritt zum Unsinnigen. Anders als bei Poe wird es den Kopf nicht kosten. Wir wollen uns jedoch keinerlei geographische oder zeitliche Beschränkungen auferlegen. Errichten wir eine Alternativwelt, in der alles auf den Kopf gestellt wird, was für uns normal und selbstverständlich ist. Das gilt sowohl für die Natur vernunftbegabter Lebewesen als auch für die uns vertraute Struktur einer technologischen Zivilisation. Wer sich hier die Frage stellt, wozu das gut sein soll, der sei um Geduld gebeten. Er wird die Antwort bekommen.

In dieser Phantasiewelt ist das Monströse an der Tagesordnung und hat immer schon den Ablauf der Geschichte bestimmt. Als zusätzliche Würze fügen wir reichlich Irrationalität, eine Prise Magie, jede Menge Gewissenlosigkeit und die hundertprozentige Bereitschaft zur selbstmörderischen Selbsttäuschung hinzu und übernehmen keinerlei Verantwortung für kommende Generationen. Dieses irreale Gebräu mischen wir gut durch, lassen es abkühlen und fest werden, und fertig ist eine fürwahr absurde Spielwiese.

Da ein solches Gedankenexperiment im leeren Raum stattfände, wäre es mit fremdartigen *Aliens* bevölkert, wie sie in der Science-fiction in großer Vielfalt herumgeistern, nehmen wir als beherrschende Spezies menschenähnliche Geschöpfe an: intelligenzbegabte, aufrecht gehende Zweibeiner mit einem Großhirn und einem unstillbaren Drang nach Erkenntnis, Veränderung und Selbstverwirklichung. Allerdings wollen wir ihnen einige exotische Züge und ein groteskes Sozialgefüge verleihen, letzteres nicht von ungefähr.

Leben beherbergende Planeten sind keine überdimensionalen, glatten Billardkugeln. Sie besitzen eine differenzierte Oberflächenstruktur, auf der sich in den verschiedenen Regionen zwangsläufig unterschiedliche Völker (und in der Folge Staaten, Nationen oder ähnliche Großgemeinschaften) entwickeln müssen. Also auch auf unserem Phantasieplaneten.

Damit sind *die Spielregeln* festgelegt, der Vorhang kann sich heben.

Jetzt kommen *die Akteure.* Mitglieder einer dominanten Spezies können keine Heiligen sein, das ist klar. Andernfalls wären sie nicht so weit gekommen. Der Evolutionsbaum ist voll von abgestorbenen Ästen. Nichtsdestotrotz: Mord und Totschlag müssen Extremsituationen (zum Beispiel Krieg oder anderen Ausnahmefällen) vorbehalten sein, wie das bei uns auch die Norm ist. Wer das Glück hat, in einem friedlichen Zivilisationsland zu leben, und keine geistige Deformation aufweist, unterläßt Gewalttaten gewöhnlich auch dann, wenn sie einen persönlichen Vorteil versprechen. So werden sich die meisten Bewohner westlicher Demokratien zum Großteil wohl für mitfühlende Lebewesen halten, die Gewalt ablehnen und keiner Fliege einen Flügel ausreißen können. Daß diese Selbsteinschätzung etwas geschmeichelt ist, zeigen die Exzesse, zu denen es allein im Straßenverkehr kommt, aber im Prinzip werden wir durch Gesetze, mehr noch durch unsere stammesgeschichtliche *Beißhemmung*, im Zaum gehalten.

Ebendiese persönliche innere Tötungsblockade wollen wir unserer fiktiven Spezies aber absprechen. Ihre Mitglieder wären in großer Mehrzahl bereit, einen Artgenossen aus nächster Nähe umzubringen, der ihnen nicht das geringste getan hat und den sie überhaupt nicht kennen. Ich betone die persönliche Nähe von Täter und Opfer deshalb, weil es bekanntlich ziemlich leicht ist, durch Knopfdruck eine Rakete abzuschießen, die in tausend Kilometer Entfernung Leute tötet, die man nicht zu Gesicht bekommt. Nein, ich spreche von unmittelbarer Tötung von Angesicht zu Angesicht, die mit gnadenloser Grausamkeit, ohne Grund, ohne eigenen Nutzen und gelegentlich sogar unwillig (um den Irrsinn auf die Spitze zu treiben) verübt wird. Eine Gattung von solcher Bestialität erscheint nicht lebensfähig und schon gar nicht geeignet zur Staatenbildung. Trotzdem: Nehmen wir eine Zivilisation an, die von derart unkontrollierten Amokläufern gebildet und bevölkert wird.

Damit sind wir beim *Schauplatz*. Ein angenehmer Ort kann ein solcher Planet nicht sein. Unsäglichkeiten unterschiedlichster Art würden auf jeder Ebene zutage treten. Der Phantasie sind keine Grenzen gesetzt. Beispielsweise müßte das ebenso sensible wie vitale Währungssystem auch in angenommenen demokratischen Staaten nicht zur Gänze der öffentlichen Kontrolle unterliegen, sondern könnte sich auf diese oder jene Weise einer diskreten Einflußnahme nicht entziehen. Gesichtslose Machthaber könnten im Hintergrund Fäden ziehen, unter Umständen bereit, ganze Nationen egoistischen Zielen zu opfern. Machtinteressen stünden über allem. Wenn es ihnen in den Kram paßte, würden sich geheime Regierungsstellen nicht scheuen, Prozesse zu initiieren, die langfristig das eigene Land destabilisieren, die Bevölkerung neuartigen Schrecknissen ausliefern, und dereinst dem Chaos Tür und Tor öffnen könnten. Selbst hochoffizielle Institutionen würden kaltblütig die ungeheuerlichsten Experimente anstellen, künstliche Seuchen freisetzen, bedenkenlos Staatsbürger gezielt in Killer verwandeln, die im eigenen Land wüten, und die Ausbreitung von Suchtgiftkonsum, Kriminalität und Verelendung sowie andere Unliebsamkeiten in Kauf nehmen. Man wäre sogar verrückt genug, um bei Experimenten den Weltuntergang wissentlich als Risiko einzukalkulieren.

Als Gipfel des Zynismus würde besonders zur Legitimierung himmelschreienden Unrechts von Menschlichkeit und moralischen Werten gefaselt, während Humanität de facto kaum eine wichtige Entscheidung bewirkt. Lüge würde zur Wahrheit, Mörder wären hochgeschätzte Gesprächspartner, Leben hätte keinerlei Wert, und allenthalben fänden Schlachtfeste für die Gänse statt, die goldene Eier legen.

In diesem Umfeld manifesten Irrsinns darf die erwähnte Prise Magie nicht fehlen, um endgültig dem Aberwitz das Feld zu überlassen. Stellen wir uns also als Krönung des Absurden vor, hochentwickelte Industrienationen mit berechtigtem Führungsanspruch in allen Wissenschaftsbereichen wären gleichzeitig Tummelplätze des Okkulten, und das ganz offiziell.

Nun muß es aber genug sein. Die Fiktion ist zu grotesk: ein verrückter Planet, halb Schlacht-, halb Irrenhaus, bevölkert von Lebewesen, die bestenfalls das Zerrbild einer vernunft-begabten Spezies abgeben. Das Fazit ist eindeutig: *So* eine Zivilisation *kann* es nicht geben.

Irrtum. Es soll sie tatsächlich geben. Sie könnte – mancher ahnte es vielleicht bereits – die menschliche sein. Zumindest nach Ansicht einiger Autoren, deren Überlegungen ich (ohne selbst Stellung zu beziehen) für unser Gedankenexperiment ausleihen möchte, um eine Brücke zu Edgar Allan Poes Novelle *Die tausendundzweite Nacht der Scheherezade* zu schlagen. Was der amerikanische Literat aus dem Munde der Wesirstochter dem erstaunten Kalifen vorsetzte, sind jedenfalls Tatsachen, wenn auch blumig dargestellt.

Im Detail: Bei der Insel, die von einem Volk kleiner wurm-artiger Wesen erbaut worden ist, handelt es sich um eine Korallenbank. Die gefährlichen Raubtiere, die aus einem sicheren Versteck Steine auf ihre Opfer werfen und ihnen dann das Blut aussaugen, entpuppen sich als Ameisenlöwen (Myrmeleons). Die lebenden leuchtenden Gebilde sind Pilze beziehungsweise Leuchtmoos. Vögel und Bienen verstehen tatsächlich mehr von Mathematik und Geometrie als menschliche Gelehrte, wenn man sich darauf bezieht, daß Bienenwaben das lange Zeit nicht einmal theoretisch reali-sierbare Konzept der größten Raumausnützung bei maxima-ler Stabilität des Baues optimal in die Praxis umsetzen, und darauf, daß Vogelflügel die Frage nach der bestmöglichen Form von Windmühlenflügeln beantworten, mit der sich Mathematiker noch um die Jahrhundertwende herumschlu-gen. Was das besonders widersinnig erscheinende Herstellen von Eis in glühenden Tiegeln betrifft, so ist derartiges unter Verwendung eines Platintiegels möglich, den man bis zur Rotglut erhitzt. Danach wird schwefelige Säure hineinge-leert, welche einen sphäroidalen Zustand einnimmt; an-schließend werden ein paar Tropfen Wasser hineingeträufelt.

Dabei bilden sich Eisklümpchen, die man, wenn man schnell genug ist, aus dem glühenden Tiegel herausholen kann. Verblüffend, aber nicht unmöglich.

Entscheidend ist der Blickwinkel

Der geniale Poe hat lediglich die Realität mit anderen Worten beschrieben, als wir es im betreffenden Zusammenhang gewöhnt sind – schon befand er sich im Märchenreich.

Denselben Verfremdungseffekt habe ich unter extremer Ausnützung der dichterischen Freiheit anzuwenden versucht. Dabei durften zu offensichtliche Monstrositäten wie Umweltzerstörung, unsere gedankenlose Bestialität gegen die Tiere, unsere stumpfsinnige Brutalität gegen uns selbst, unser Selbstzerstörungstrieb, unsere auf Erden ohne Parallele dastehende Grausamkeit, kurzum die gesamte Palette der altbekannten Ungeheuerlichkeiten, nicht erwähnt werden. All das wäre zu verräterisch gewesen. Statt dessen habe ich von der seit einiger Zeit auch im TV und auf dem Printmarkt grassierenden *Verschwörungsmanie* überhaupt erst auf diese Idee gebracht – Strittiges ins Rampenlicht gestellt, das man kaum für möglich halten würde, dem aber manche erstaunlicherweise dennoch Tatsachencharakter zubilligen wollen. Was dabei entstand, ist eine Welt, die nicht die unsere zu sein scheint, es aber – als Gedankenexperiment – sein könnte. Es kommt nur auf den Blickwinkel an.

Spätestens jetzt dürfte sich Widerspruch erheben. Woher stammen die aufgelisteten Absurditäten, und wer ist so kühn, sie gar als Fakten betrachten zu wollen? Ich nicht, das sei nochmals in aller Deutlichkeit betont. Damit ist der Moment gekommen, konkreter zu werden. Schritt für Schritt, Punkt für Punkt sollen die fraglichen Behauptungen und Vermutungen wiedergegeben werden.

Beginnen wir mit bewiesenen Tatsachen, und wagen wir uns

dann mit allen Vorbehalten in die faszinierende Grauzone der jedermann zugänglichen *Anti-Establishment-* oder auch, volkstümlicher ausgedrückt, *Verschwörungsliteratur.* Die herangezogenen Autoren (siehe auch Literaturverzeichnis) gießen ein Füllhorn an Seltsamkeiten – von kauzig bis haarsträubend – aus. Ich habe mich ausschließlich an öffentlich erhältliche Publikationen gehalten, die gründlich recherchiert erscheinen – stimmen müssen sie deswegen noch lange nicht; ein Schicksal, das sie allerdings mit zahlreichen wissenschaftlichen Erkenntnissen teilen müssen, die wohldurchdacht, aber leider falsch waren ...

Arena der Täuschungen

Wir haben den Feind gefunden.
Wir sind es selbst.

Pogo, berühmte Comicfigur

Das Milgram-Experiment

Jeder legt jeden um, und zwar ohne eigene Not, das war eine der Grundprämissen, von der wir ausgegangen sind. Eine gewagte Behauptung ohne Zweifel und erst einmal zu beweisen. Stellt man den Bewohnern eines demokratischen Landes die Frage, ob der oder die Betreffende bereit wäre, einen unschuldigen Mitmenschen sadistisch zu Tode zu quälen, wird die Antwort so gut wie immer ein empörtes Nein sein. Psychiater und Psychologen werden sich dieser Aussage anschließen und klarlegen, daß nur Psychopathen oder irregeleitete Fanatiker zu solchen Grausamkeiten bereit wären. Der amerikanische Psychologe Stanley Milgram von der Yale-Universität legte in den sechziger Jahren einigen Gruppen von Psychiatern, Studenten und Angehörigen des amerikanischen Mittelstandes zwei konkrete Fragen vor. Als Einleitung sagte er etwa folgendes:

»Stellen Sie sich vor, Sie nehmen freiwillig an einem Experiment der Yale-Universität über Lernfähigkeit teil. Geld bekommen Sie außer dem Ersatz Ihrer Fahrtspesen keines. Sie werden in einen Raum geführt, wo zwei Männer Sie erwarten. Einer von ihnen trägt einen weißen Mantel. Er ist der Versuchsleiter. Der andere ist der zweite freiwillige Teilnehmer an dem Experiment, ein freundlicher und höflicher Zeitgenosse, der Ihnen auf Anhieb sympathisch ist. Der Versuchsleiter erklärt, daß es um das Behalten von Informationen geht und daß einer von Ihnen der ›Lehrer‹ und der andere der ›Schüler‹ ist. Das Los entscheidet über die Rollenverteilung. Sie sind der ›Lehrer‹. Nun begeben sich alle nach nebenan, wo sich ein Schaltpult befindet, von dem aus Kabel in einem einsamen Stuhl mit Bändern, Kontakten und anderen Vorrichtungen münden. Er erinnert Sie – nicht zu Unrecht – an einen elektrischen Stuhl. Der ›Schüler‹ nimmt darauf Platz und wird festgeschnallt. Man befestigt ein Band mit Kontakten an seiner Stirn, eine Elektrodensalbe wird zur besseren Leitfähigkeit und zur Vermeidung von Brandwunden aufgetragen. Sie fühlen sich seltsam, doch der Versuchsleiter erinnert Sie daran, daß niemand zur Teilnahme gezwungen wurde. Das beruhigt Sie. Sie setzen sich hinter das Pult. Die darauf befindlichen Schalter lösen, so wird Ihnen erklärt, Elektroschocks von steigender Intensität aus. Die Voltstärke (von fünfzehn bis vierhundertfünfzig Volt) ist jeweils angegeben und durch Hinweise wie ›leichter Schock‹, ›mittlerer Schock‹, ›starker Schock‹, ›sehr starker Schock‹, ›intensiver Schock‹, ›extrem intensiver Schock‹ erläutert. Im oberen Viertel der Schalthebel gibt es zusätzliche Markierungen wie ›Gefahr‹, ›extreme Gefahr‹ und dann nur noch rote Linien und Totenschädel. All das ist unmißverständlich. Nachdem Sie sich damit vertraut gemacht haben, legt der Versuchsleiter Sinn und Ablauf des Experiments dar. Sie, der ›Lehrer‹, lesen dem ›Schüler‹ eine Reihe von Begriffen vor, die er sich merken muß, weil er von Ihnen hinterher abgefragt wird. Weiß der Kandidat ein Wort nicht mehr, helfen Sie seinem Erinnerungsvermögen mit immer stärkeren Elektroschocks nach. Zur Einstimmung und als Beweis dafür, daß alles bestens funktioniert, erhalten Sie selbst einen leichten ›Probeschock‹ von fünfundvierzig Volt. Das tut ziemlich weh. Das Experiment nimmt seinen Verlauf, und schon bald beginnt der ›Schüler‹, Fehler zu machen. Sie verpassen ihm leichte Elektroschocks, worauf seine Leistung sich tatsächlich kurz bessert, dann aber kommt das völlige Versagen. Der ›Schüler‹ kann sich nicht mehr konzentrieren. Er schreit und stöhnt nur noch und fleht Sie an, aufzuhören. Der Versuchsleiter weist Sie jedoch an weiterzumachen.« Dies ist die Vorgeschichte.

Die Fragen, die Stanley Milgram danach stellte, lauteten: »Wie würden Sie sich in der unangenehmen Situation des ›Lehrers‹ nun verhalten?« Und: »Was, glauben Sie, würden andere tun?«

So gut wie alle befragten Durchschnittsmenschen waren der festen Überzeugung, sie würden den »Schüler« niemals wirklich quälen oder gar ernsthaft verletzen. Andere, so meinten die meisten, wären vielleicht brutaler, aber tatsächlichen Schaden würde keiner dem »Schüler« zufügen. Psychiater stimmten voll zu. Die Experten einigten sich darauf, daß maximal um die drei Prozent in einem repräsentativen Bevölkerungsquerschnitt bis dreihundert Volt gehen würden. Bis zum bitteren Ende (des »Schülers«), also bis zu vierhundertfünfzig Volt, würde vielleicht einer von tausend »durchhalten« (man beachte die Formulierung).

Das war eine Täuschung.

Wenn Psychiater irren

Nach der Theorie schritt der Psychologe nämlich zur Praxis. Sein berühmtes *Milgram-Experiment* zertrümmerte das von Laien und Fachleuten gleichermaßen gehätschelte (falsche) Menschenbild ein für allemal, und in diesem Fall auch den gern gegen die Psychologie erhobenen Vorwurf, Versuche würden nur im nachhinein beweisen, was man von ihnen erwartete. *Das* hatte niemand erwartet.

Die Realität war, gelinde gesagt, niederschmetternd. Beim

praktischen Feldversuch zeigte sich, daß fünfhundert- bis sechshundertmal mehr Personen bereit waren, dem »Schüler« den maximalen tödlichen Schock von vierhundertfünfzig Volt zu verabreichen, als die befragten Psychiater vorhergesagt hatten. Da niemand auf die Idee kommen wird, daß über sechzig Prozent der Bevölkerung von Nordamerika sadistisch oder psychopathisch veranlagt sind, war die unvermeidliche Schlußfolgerung ernüchternd: Der Großteil ganz gewöhnlicher Menschen in einer Demokratie ist bereit, einem harmlosen Landsmann das Lebenslicht auszublasen, wenn ein Mann im weißen Mantel sagt: »Machen Sie weiter.« Wiederholungen des Milgram-Experiments in den demokratischen Ländern Europas, in Australien und in Südafrika ergaben sogar gelegentlich eine Horrorquote von fünfundachtzig Prozent. Wer die daraus resultierende peinliche Erkenntnis über die wahre Natur des zivilisierten *Homo sapiens* verdrängen will, indem er sich einredet, die »Lehrer« hätten das Ganze vielleicht doch durchschaut, den mögen einige pikante Details eines Besseren – oder Schlechteren – belehren:

Ein neununddreißigjähriger Sozialarbeiter wurde von unfreiwilligen hysterischen Lachkrämpfen geschüttelt, während er sein Opfer sukzessive röstete.

Eine Hausfrau hatte bei der Vorbesprechung ihren humanitären Dauereinsatz für Unterprivilegierte geschwätzig dargelegt und auf die Frage, wieviel Volt sie bereit wäre, ihrem »Schüler« zu verabreichen, geantwortet: »Fünfzehn Volt.« Während des Experiments zitterte sie zwar ständig, ging aber dennoch bis vierhundertfünfzig Volt.

Ein dreiundvierzigjähriger Wasserinspektor litt nicht unter inneren Kämpfen. Als der »Schüler« gegen Ende der Schockreihe kein Lebenszeichen von sich gab, dachte der »Lehrer« bei sich – wie er später ehrlich eingestand –:

»Mein Gott, der ist tot. Na ja, kann man nichts machen, geben wir ihm den Rest.« Das hieß weiter bis vierhundertfünfzig Volt.

Einer der »Lehrer« verließ sogar sein Pult und drückte die Hand des »Schülers« mit Gewalt auf die Schockplatte. Ein anderer steigerte die Stromstärke ungerührt bei einem »Schüler«, von dem er wußte, daß er einen Herzfehler hatte. Es gab keinen prozentuellen Unterschied bei männlichen und weiblichen »Lehrern«. War das Opfer jedoch ein Hund, so verabreichte nur etwa die Hälfte der Männer auf Anweisung dem winselnden Vierbeiner Elektroschocks, während fast alle Frauen dazu bereit waren. Kein Kommentar dazu, alles nur Statistik.

Jetzt ist der Moment gekommen, den Horror ein klein bißchen zurückzunehmen und damit eine Frage zu beantworten, die manchen vielleicht gekommen ist. Natürlich wurde beim Milgram-Experiment niemand durch Strom geröstet oder umgebracht. Das spektakuläre Arrangement war nur Theater. Es gab keine Stromstöße. Das Los wählte immer einen bestimmten »Lehrer« aus, und der »Schüler« war ein Mitarbeiter des Institutes. Mit beachtlicher Darstellkunst spielte er den Gefolterten und »starb« schließlich, wenn sein »Lehrer« bis zum Äußersten ging. Lediglich bei der Hundevariante gab es leichte Stromstöße.

Was durch das Experiment (als Nachwirkung des Eichmann-Prozesses) bewiesen werden sollte, war die Mündigkeit des demokratisch erzogenen Zivilisationsmenschen. Ungeheuerlichkeiten, wie man sie aus menschenverachtenden Tyranneien kennt, so glaubte man vor Milgrams Experiment, seien nur unter extremen Rahmenbedingungen möglich, bei denen gnadenlose Indoktrination eine wesentliche Rolle spielt. Was bei dem Versuch tatsächlich bewiesen wurde, wissen wir nun.

Die Schockwirkung des Milgram-Experimentes war ungeheuer. Der Psychologe Milgram wurde 1964 mit dem Socio-Psychological Prize der American Association for the Advancement of Science ausgezeichnet. Er selbst betrachtete die Ergebnisse seiner Arbeit pessimistisch und meinte: »Die Fähigkeit des Menschen, sein Menschtum aufzugeben ..., ist der fatale Charakterfehler, mit dem die Natur uns ausgestattet hat und der unserer Spezies auf lange Sicht nur eine geringe Überlebenschance gibt.«

Mir ist eine Implikation des Milgram-Experiments aufgefallen, die selten erwähnt wird: es brutalisiert auch die Versuchsleiter. In einigen Fällen brachte der »Mann im weißen Mantel« sein Opfer (den »Lehrer«) durch erbarmungslose Autoritätsausübung dazu, mehr und mehr Volt zu geben, obgleich der »Lehrer« litt wie ein Tier. Manche »Lehrer« drehten durch, weil sie weder weitermachen noch aufhören konnten. Es kam zu Schreikrämpfen, psychischen Störungen und Kollapsen.

Eine verkommene Welt?

Die meisten normalen Menschen scheinen jedoch nicht so sensibel zu sein. Beispielsweise gelang es dem Psychologen Stephen West ohne große Mühe, zahlreiche Bürger zum Schmierestehen bei einem geplanten Einbruch zu überreden, indem er ihnen versicherte, das sei ohne Risiko. Noch ernüchternder ist die – wenigstens ehrliche – Antwort von drei Millionen Briten, die bei einer Umfrage angaben, sie würden für Geld morden, wenn sie ungeschoren davonkämen. Schockierend.

Der Mensch lügt sich offenbar selbst in die Tasche, was seine vielzitierte Humanität betrifft. Im Grunde müßten das Lesen von Tageszeitungen und der Konsum der Nachrichten für diese Erkenntnis ausreichen. Dessenungeachtet dürften die zuvor genannten Kriterien des *Schauplatzes* (verborgene Diktatur von Interessengruppen, staatlich erzeugtes Chaos im eigenen Land, Experimente mit ganzen Völkerschaften, Magie und Okkultismus hochoffiziell, von oben verordnete Selbstdestruktion bis hin zur riskierten Weltvernichtung etc.) die Grenzen selbst widerwilliger Akzeptanz überschreiten. Das ist doch einfach zu absurd. *So* kann es nicht zugehen, auch nicht im geheimen, oder?

Die Verschwörungsliteratur

Betreten wir den Bereich unorthodoxer Hypothesen. Der Buchmarkt bietet eine reiche Auswahl von Werken mit dem erklärten Anspruch, Seltsames aufzudecken. Ob sie da und dort ein Zipfelchen des Vorhangs lüften, der verborgene Aktivitäten und Strukturen verhüllen mag, kann ich nicht befinden. Es liegt mir fern, abstrusen Verschwörungstheorien das Wort zu reden oder ergründen zu wollen, ob hinter der Weltbühne Unsägliches vor sich geht. Mir persönlich reicht bereits das Offensichtliche. Was sich global für alle erkennbar an Widersinn entfaltet, muß jedem denkenden Menschen ohnedies klarmachen, daß wir in einer verkommenen, aus den Fugen geratenen Welt leben. Einer Welt, in der demokratische Regierungen wegen Korruption en bloc ins Gefängnis wandern, in der zerschlagen wird, was funktioniert, in der man Völkermördern rote Teppiche ausrollt, in der »die Gesellschaft« für Monstren Stellung bezieht (zum Beispiel für einen amerikanischen Kinderschlächter, dessen Untaten so bestialisch waren, daß Geschworene nach dem Prozeß wegen der Tatschilderungen in psychiatrische Behandlung mußten), in der, kurzum, Ungeheuerlichkeiten jeglicher Spielart an der Tagesordnung sind. Und in der es meist besonders blutig zugeht, wenn von Humanität die Rede ist. Nicht zu vergessen die erstaunliche Leistung, als denkende Spezies gleichzeitig durch Wirtschafts- und Bevölkerungswachstum sehenden Auges in den Orkus zu marschieren.

Möglicherweise ist der Wunsch, eine geheime Verschwörung möge hinter alldem stehen, nichts anderes als eine Manifestation unserer Sehnsucht nach irgendeiner Art von Ordnung im Chaos, vergleichbar mit der Triebfeder für Wissenschaft und Forschung. Wie auch immer.

Ich habe nicht den Ehrgeiz, »wahre Zusammenhänge« zu enthüllen. Meine Rolle ist nicht die des Aufdeckers, sondern des Chronisten und Lieferers von Denkanstößen und Aha-Erlebnissen. Anderen ist das Ausgraben der bizarren »Fakten« zu verdanken, von denen ich mir einige ziemlich willkürlich herausgesucht habe. Ob sich aus all den Teilen eine zusammenhängende Theorie zimmern läßt oder ob lediglich Stückwerk parallel nebeneinander herlaufender nebuloser Umtriebe enthüllt wird, kann ich beim besten Willen nicht beurteilen. Nicht einmal, ob es die Umtriebe überhaupt gibt. Wie alle anderen Nichteingeweihten weiß ich weder, was von den Seltsamkeiten zu halten ist, die von der eingangs erwähnten Anti-Establishment- beziehungsweise Verschwörungsliteratur präsentiert werden, noch ob Eingeweihte überhaupt existieren. Daher gebe ich einige dieser Seltsamkeiten hier kommentarlos wieder: Puzzlesteine zum Selberzusammensetzen. Ihre Implikationen sind ebenso strittig wie ihre Beweiskraft. Daß manches schlüssig erscheint, muß nichts bedeuten, denn auch die Hohlweltlehre oder der Glaube an den Osterhasen enthalten keinen Widerspruch in sich. Was wir also vor uns haben, ist ein denkmögliches Puzzle zum Kopfschütteln, fernab vom Anspruch auf Vollständigkeit. Eine Speisekarte des Absonderlichen. Was von alldem zu halten ist, sei jedem einzelnen überlassen.

Eine seltsame Leitwährung

Beginnen wir mit jenen Hypothesenschmieden, die sich ebenso tollkühn wie respektlos an die heiligste aller Kühe heranwagen, ans *Geld.* Das internationale Währungssystem ist ein Garant der Stabilität in der Welt, Grundpfeiler des Wohlstandes und florierender Märkte. Dies denkt der Durchschnittsbürger, der emsig arbeitend seinen Kontostand zu erhöhen trachtet. Die obersten Währungshüter, so meint er weiter, sind auf einer Art modernem Olymp angesiedelt, wo sie, an der Kandare staatlicher Kontroll- und Schutzmechanismen, den Wohlstand ihrer Völker mehren. Das ist bei den meisten Nationalbanken und ähnlichen Einrichtungen zweifellos richtig.

Just die Leitwährung der westlichen Welt, der US-Dollar, gäbe, das meinen einige Autoren, Anlaß zur Verwunderung. Gräbt man verbissen genug – was die erwähnten Autoren getan haben –, so soll Eigentümliches an die Oberfläche kommen. Das amerikanische Bank- und Währungsgesetz, der Federal Reserve Act, wurde, nach ihren Recherchen, nicht in den Hallen des Kongresses aus der Taufe gehoben, sondern im Dezember 1910 auf Jekyl Island im US-Bundesstaat Georgia, genauer gesagt, im Jagdklub des Inselchens, der einflußreichen Bankiers gehörte.

Das Fleckchen Erde ist heute ein öffentlicher Park. Einen Hinweis auf dieses geschichtlich bedeutende Ereignis findet man dort nicht. Möglicherweise würde es auch dem einen oder andern Touristen zu denken geben, daß hier die Weichen für besagten Federal Reserve Act gestellt wurden, der am 24. Dezember 1913 von lediglich drei US-Senatoren beschlossen wurde. Die Mehrheit der Senatsmitglieder, die wahrscheinlich abgelehnt hätten, befand sich im Weihnachtsurlaub. So soll, von der amerikanischen Bevölkerung anscheinend weitgehend unbemerkt, das unvorstellbare

Machtinstrument des Federal Reserve Board initiiert und in wenige Hände gelegt worden sein, wo es anscheinend verblieben ist. Die Federal Reserve Bank ist eine faszinierende Konstruktion: eine De-facto-Notenbank mit dem Monopol der Geldausgabe und Kreditregulierung, dabei privater Natur. Sie unterliegt nicht der Kontrolle und Überwachung des Kongresses, obgleich Artikel 1, Abschnitt 8, Paragraph 5 der amerikanischen Verfassung das eigentlich fordern würde (nachzulesen in *Die Bankierverschwörung*). Wie es scheint, ist die tatsächliche Macht des Federal Reserve Board nur zu vermuten. Die Bank soll beispielsweise im Zuge des Zweiten Weltkriegs fünfunddreißig Milliarden Steuerdollar an die Alliierten verliehen haben. Eine ungeheure Summe, die nicht zurückgezahlt wurde. Sehr wohl entrichtet wurden allerdings die Zinsen, und zwar an die Banker, wie ein Aufdeckungsautor behauptet, der unter dem Pseudonym E. R. Carmin schreibt. Finanzkartelle hatten immer eine offene Hand für Menschenfreunde wie Stalin oder Dritte-Welt-Potentaten und sind interessanterweise Mussolini und Hitler sogar noch mit Riesensummen beigesprungen, als sich die USA gegen diese Diktatoren bereits längere Zeit im Krieg befanden, worüber mehr als einmal publiziert wurde. Ob auch heute manches Süppchen dieser Art am Kochen ist, ist schwer zu sagen. Selbst ansonsten arglose Leser von Tageszeitungen äußern gelegentlich Ansichten dieser Art.

Genug der Welt des großen Geldes. Auf diesem Parkett rutschen sogar Experten aus. Schon deswegen nehme ich zu keiner der hier wiedergegebenen Recherchen Stellung. Jene, die diese Zusammenhänge veröffentlicht haben, mögen meinen, auf so manches gestoßen zu sein, von dem unsereins sich nichts träumen läßt.

Es soll hier nicht erörtert werden, ob Spinnennetze die Finanz- und/oder Machtzentren unseres Erdballs verbinden, sondern nur darauf hingewiesen, daß alles bei weitem nicht so sein muß, wie es biedere Sparer und so mancher Finanzfachmann vermuten würden. Die Verflechtungen von Geld und Politik sind ohnedies nicht zu entwirren.

Nur wenn monetäre Bewegungen die Norm sprengen, wenn sie der Erwartungshaltung des Normalbürgers zu sehr widersprechen oder wenn Dramatisches geschieht (wie beispielsweise der Tod von Robert Calvi, dem Chef der in einen Skandal verwickelten Vatikan-Bank Banco Ambrosiano, der im Juni 1982 erhängt und mit Ziegelsteinen in seinen Taschen unter der Londoner Blackfriars-Brücke entdeckt wurde), wird die Öffentlichkeit aufmerksam. Die in Rede stehenden Autoren erinnern auch an das öffentliche Erstaunen darüber, daß die finanzielle Starthilfe für die ökologische Bewegung in Deutschland angeblich aus dem Fundus des Aspen-Instituts kam, das der US-Ölindustrie nahestehen soll. Wie auch immer, gegen diesen Irrgarten muß das Labyrinth des Minotaurus als übersichtlicher Spazierweg erscheinen.

Die esoterische Eindollarnote

Ein originelles Glanzlicht zum Abschluß des monetären Bereichs verdeutlicht, was immer wieder gesagt wird: Fast nichts muß so sein, wie es scheint. Erstaunlicherweise finden sich im Gebäude des Materialismus auch Kämmerchen, in denen ein ganz anderer Geist zu Hause zu sein scheint. Wem ist bewußt, daß die USA – ein Land des Fortschritts, das auf vielen Gebieten der Technik weltweit führt – einen Geldschein mit vermeintlich esoterischen Symbolen in Umlauf gebracht haben? Es ist von der Eindollarnote die Rede. Die Schriftsteller Des Griffin, Eustace Mullins/Roland Bohlinger und andere wollen sage und schreibe dreizehn okkulte Herrschaftssymbole entdeckt haben, die Präsident Franklin Delano Roosevelt ihrer Meinung nach 1933 (warum auch immer) auf die Rückseite dieses Geldscheins setzen ließ.

Die Autoren interpretieren das so: Der lateinische Spruch »Novus ordo seclorum« sei der echte New Deal, die Pyramide mit dem allsehenden Auge der Gnosis ist das freimaurerische Erkennungszeichen »Blick«, die römische Jahreszahl MDCCLXXVI (1776) am Fuß der Pyramide verweise nicht auf die amerikanische Unabhängigkeit, sondern auf das Jahr der Gründung beziehungsweise Restauration des Illuminatenordens durch Adam Weishaupt in Ingolstadt, die frohgemute Botschaft »Annuit coeptis« (»Unsere Unternehmung ist von Erfolg gekrönt«) könnte sich selbst erklären. Sogar wenn diese eigenwillige Deutung stimmen sollte, muß sie keineswegs auf eine Weltverschwörung hindeuten – vielleicht nur auf ein (durchaus verbreitetes) Faible für Mystik. Nach unseren Vorstellungen irrationale Zirkel finden und fanden sich auch immer wieder in durch und durch technisierten Gesellschaften.

Okkultismus im Dritten Reich

Die esoterische Seite des Dritten Reichs ist mittlerweile speziell durch das französische Autorenduo Louis Pauwels und Jacques Bergier weltweit bekannt geworden. Trotzdem scheint erinnernswert, daß in einer Nation von Akademikern und Geisteswissenschaftlern, von der die Weltraumfahrt ihren Ausgang nahm, die den ersten Turbostrahljäger der Welt, Me 262, vom Fließband laufen ließ, deren revolutionäre Erfindungen Grundlagen für heute noch nicht abgeschlossene Entwicklungen waren und die durch Militärtechnologie und die Professionalität ihrer Generäle fast einen Kontinent eroberte, sozusagen Magier an den Schaltstellen saßen. Bizarrer noch: Die Wissenschaften wurden ganz offiziell umgemodelt. Ein Astrologe, der originellerweise

Führer hieß, wurde Reichsbevollmächtigter für Mathematik, Astronomie und Physik. Die Welteislehre *Wel,* eine unhaltbare Spinnerei im krassen Gegensatz zu den Naturgesetzen, war Staatswissenschaft. Berühmte Wissenschaftler wie der »Vater der Raumfahrt« Hermann Oberth, der Mitentdecker der Röntgenstrahlen und Nobelpreisträger Philipp Lenard oder der weltberühmte Pionier der Spektroskopie Stark mußten sich ihr unterwerfen. Auch der kleine Mann kam nicht um sie herum. So mancher Volksgenosse wurde vor einer Anstellung genötigt, schriftlich zu versichern, daß er an die Welteislehre glaubt.

Sie hat übrigens auch in unseren Tagen noch über eine Million Anhänger. Ganz schön grotesk, würden Verschwörungsbegeisterte wohl meinen.

Zu noch Extremerem wollen wir uns nicht versteigen, obwohl sich einiges an Kuriosem anbieten würde. Etwa die Behauptung in Peter Blackwoods Buch *Die Netzwerke der Insider,* England habe der deutschen Bedrohung im Schicksalsjahr 1940 nur standhalten können, weil der Satanist Aleister Crowley dem (laut Blackwood) »freimaurerischen Hochgrad« Winston Churchill geraten habe, Hitlers »Handmagie« (deutscher Gruß) durch eine eigene zu bekämpfen, und zwar durch die gespreizten Finger des Victory-Zeichens. Ob solches für bare Münze zu nehmen ist, sei dahingestellt und nur als surrealer Schnörkel zitiert.

Wahr ist jedenfalls, daß das englische Oberkommando den Astrologen und Schriftsteller Louis de Wohl beschäftigte, um die Ratschläge des aus der Schweiz stammenden, von Himmler engagierten Astrologen Karl Ernst Krafft nachzuvollziehen. So sollten Entscheidungen des »Führers« erraten werden, was tatsächlich gelang. Genug der Esoterik im Dritten Reich, auf Dollarscheinen oder im Umfeld der Freimaurer, die anscheinend aus dem Hut gezogen werden, wenn ein Mangel an wahren Drahtziehern herrscht. Begeben wir uns auf den Boden der Tatsachen zurück, wie es so schön heißt. Auch er könnte allerdings solider sein.

Der Fall Charles Manson und Aldous Huxleys Final Revolution

Die Amerikanerin Carol Greene, eine Journalistin und Lehrerin mit theologischem Hintergrund, glaubt mit ihrem Bestseller *Der Fall Charles Manson – Mörder aus der Retorte* eine Eiterbeule aufgestochen zu haben. Mit unerbittlicher Konsequenz setzt sie erschreckende Vorgänge in einen beklemmenden Zusammenhang. Daß selbst intensivste Wühlarbeit bei einer so heiklen Materie im besten Fall Indizien zutage fördert, liegt auf der Hand. Führen wir uns dessenungeachtet ausschnittweise zu Gemüte, wie staatliche Institutionen laut Carol Greene und anderen Rechercheuren mit Menschen umspringen und welche Zukunft für unsere Spezies angeblich geplant wurde.

Den britischen Schriftsteller Aldous Huxley (1894–1963) bringen nur wenige mit der ausufernden Rauschgiftszene, der Auflösung der Familien, dem urbanen Chaos, der Slum- und Ghettobildung in den immer monströser werdenden Großstädten, den alltäglichen Serienmorden und der unaufhaltsamen Verrohung der menschlichen Gesellschaft in Verbindung. Carol Greene ist eine von diesen wenigen, und das versucht sie mit Indizien zu begründen:

Aldous Huxley übersiedelte 1937 in die USA, wo er unter anderem Dozent an der Universität von Kalifornien in Santa Barbara und 1961 Professor at large an der kalifornischen Berkley-Universität war. 1959 hielt er auf einem Symposium der medizinischen Fakultät der Universität von Kalifornien eine Rede mit dem bedeutsamen Titel *The Final Revolution*. Der Umstand, daß an derselben Fakultät von einem Dr. David Smith und seinem Team Rattenexperimente über extreme Populationsdichte, verbunden mit bewußtseinsverändernden Chemikalien, durchgeführt worden waren, soll nach Carol Greenes Beweisführung ebensowenig ein Zufall sein wie jener, daß sie just in dieser Fakultät den Ausgangspunkt für die Gegenkultur ortet.

Zurück zum Vortrag von Aldous Huxley. Der Autor führte darin unter anderem aus: »Es scheint mir durchaus möglich, daß in Zukunft eine euphorische Droge hergestellt werden kann, die beispielsweise jeder Dose Coca-Cola beigegeben wird. Das würde, wie ich schon vor fünfundzwanzig Jahren in *Brave New World* beschrieb, zu einem ungeheuer mächtigen Massenkontrollinstrument werden ... Terror ist eine sehr aufwendige, dumme und unwirksame Methode ... Schon in der nächsten oder übernächsten Generation wird sich eine pharmakologische Methode durchsetzen, die Menschen dazu zu bringen, ihre Knechtschaft zu lieben ... Das wäre dann eine Art schmerzfreies Konzentrationslager für ganze Gesellschaften ... und das scheint mir dann die endgültige Revolution zu sein.«

Spinnereien eines Science-fiction-Autors? Gegenutopie wie Orwells *1984?* Weder noch, vielmehr eine mögliche Blaupause für ein Morgen, das unser Heute geworden zu sein scheint – so das Credo der selbsternannten Aufdeckerin Greene.

Aber eines nach dem anderen. Das Seminar war ein voller Erfolg, der auf einem vom 28. bis 30. Januar 1961 von der Universität von Kalifornien in San Francisco abgehaltenen Symposium zum Thema Bewußtseinskontrolle seine Fortsetzung fand. Diese Veranstaltung wurde unter anderem von der »Stimme Amerikas«, dem offiziellen Sender der US-Informationsbehörde, und von der Schering-Stiftung gesponsert. Unter den Teilnehmern finden sich Angehörige des National Institute of Mental Health (NIMH) in Bethseda, US-Bundesstaat Maryland. Klarerweise ist Aldous Huxley unter den Festrednern zu finden. Daß er nicht einer von vielen war, demonstrieren die Ergänzungen der Herausgeber der Redeprotokolle: »Kein anderer als Mr. Huxley hat zuerst festgestellt, daß es an der Zeit sei, ein interdisziplinäres Symposium über Bewußtseinskontrolle abzuhalten.«

Nicht weniger vielsagend erscheint Carol Greene die Zusatzbemerkung der Herausgeber, daß beträchtliche Teile der Ausführungen von Huxley und anderen verlorengegangen seien und daher nicht veröffentlicht werden könnten.

Aus dem schicksalsträchtigen Jahr 1961 gibt es noch weitere Wortmeldungen von Aldous Huxley, in welchen er zur Rückkehr zum alten dionysischen Religions- und Weltbild aufruft – eine Einstellung, die sich in seinem gesamten Werk finden läßt, beispielsweise schon im Essay mit dem unmißverständlichen Titel *Do What You Will* aus dem Jahr 1929. Bei einem Interview in London 1961 verglich er Rock 'n' Roll mit der Ritualmusik antiker orgiastischer Kulte und legte dar, welche entscheidende Rolle diese Musikrichtung als Wegbereiter neuer Gesellschaftsformen spielen würde.

Wie die Autorin Carol Greene behauptet, war Aldous Huxley einer der Katalysatoren für den Entschluß amerikanischer Regierungsstellen, an US-Bürgern ohne deren Wissen und Einwilligung neuropharmakologische Experimente vorzunehmen. Damit wurde laut Greene eine Entwicklung initiiert, unter deren Folgen wir heute leiden und nicht wissen, wieso: eine Entwicklung, die Phänomene wie Charles Mansons »Familie« (der die Autorin große Aufmerksamkeit widmet, wobei sie zu dem Schluß kommt, er und seinesgleichen seien reine Retortenprodukte) sowie das Sektenunwesen und die generelle Destabilisierung des Abendlandes, wenn nicht der Welt, mit sich gebracht haben könnte. Es wird argumentiert:

Huxleys Bücher haben eine Millionenleserschaft, wobei den meisten nicht klar sein dürfte, daß die in Romanen wie *Brave New World (Schöne neue Welt* bzw. *Wackere neue Welt), Brave New World Revisited (Dreißig Jahre danach* bzw. *Wiedersehen mit der wackeren neuen Welt)* oder *Island (Eiland)* geschilderten Szenarien einer »Rauschgiftgesellschaft« ohne bürgerliche Züge wie Familienbande, mit Kommunen statt Einzelmutterschaft etc. im Grunde positiv gezeichnet sind. Sein Gesamtwerk kennzeichnet das Gesellschaftsmodell einer Welt, in welcher eine kleine Herrschaftsschicht das Recht auf uneingeschränktes Sichausleben hat, während der Rest als mehr oder weniger willenlose Masse im Chaos sein Dasein fristet. Tragende Säule dieses Konzepts, das Huxley präsentierte, sei nicht nur der unkontrollierte Rauschgiftkonsum. Weitere Ingredienzien wären die Verbreitung von Pornographie, sexuelle Promiskuität unter Jugendlichen und ähnlich »Antirepressives«, wie es etwa die New-Age-Bewegung auf ihre Fahnen schreibt.

Beunruhigte Geister monieren, Huxley habe in seinen Romanen die vielzitierte »freie Liebe« propagiert, die in den Hippiekommunen (wenn auch nicht ohne Spannungen) gang und gäbe wurde. Jedenfalls drängte die »freie Liebe« die bürgerliche Familie für eine Weile zurück, da nunmehr der Sex kein Ausdruck persönlicher Zuneigung und gegenseitiger Verantwortung war, sondern eine rein körperliche Funktion wie Essen und Trinken. Und sie senkte die Geburtenrate, schließlich tat man »es« hauptsächlich zum Vergnügen und nicht wegen des »extrem lustfeindlichen« Gebärens. Sex um des Sexes willen würde der stärkste Hebel zur »Umwertung der Werte« – zum vielgepriesenen »Paradigmenwandel« – sein; beginnend mit den Zigtausenden, die in den siebziger Jahren aufbrachen, um sich selbst zu suchen, obgleich es sich für viele gar nicht lohnte, daß sie sich fanden, bis zu den Erscheinungen, die heute der Tagespresse zu entnehmen sind.

In den fünfziger Jahren gehörte *Brave New World* in den Schulen der USA zu den zehn am meisten gelesenen Büchern. Sinn und Zweck von alldem scheint, so Greene und andere Autoren weiter, die Verächtlichmachung des rationalen Denkens zu sein. An die Stelle des Verstandes sollten die »echten Gefühle aus dem Bauch« treten, auf daß der Mensch von seinen Trieben überflutet werde. Rauschgifte können zu dieser neuen Ekstase für den kleinen Mann wesentlich beitragen und tun es auch.

Huxley und andere dürften klar erkannt haben, daß Produktivität und Fortschrittsglaube ein wesentlicher Hemmschuh für jedes Eliten-Gesellschaftsmodell sind und demzufolge niedergerungen werden mußten, wird von den Autoren der Verschwörungsliteratur argumentiert. Dem wirtschaftlich motivierten Zukunftsoptimismus mit seiner gefährlichen Problemlösungskraft konnte angeblich nur mit Vorstellungen entgegengetreten werden, die langfristig zersetzend wirkten. Die Lust auf sexuelle und rauschartige Selbstverwirklichung, gepaart mit einem Frontalangriff auf das repressive Establishment, schien das richtige Mittel zu sein.

Die Gesellschaftsveränderer konnten ihres Erfolgs sicher sein, denn der Prozeß sollte auf zwei Schienen laufen. Zum einen locken die Bilder exotischer Rauschgifterlebnisse und idealer Soziotope gemeinhin viele Meinungsmacher, Trendsetter, kulturell Interessierte und andere Intellektuelle an, und zum anderen ist mit Rauschmitteln eine ungeheure Menge Geld sehr schnell zu verdienen. (Der derzeitige Weltumsatz von Rauschgiften wird vorsichtig auf ungefähr sechshundert Milliarden Dollar geschätzt.)

299

Huxley und seinen Mitstreitern mußte klar gewesen sein, daß dadurch eine neue Qualität der Gewalt das Licht der Welt erblicken würde, ein neuer gewalttätiger Menschenschlag, den Huxley vorausblickend den »somatotonischen Typ« nannte.

Die Romane, Storys und Essays von Aldous Leonard Huxley, den Carol Greene beißend »Mr. Rauschgift« nennt, sind weltbekannt. Weniger bekannt ist die Tatsache, welche Grundaussagen sich konsequent durch sein Werk zu ziehen scheinen, und am allerwenigsten sein bizarrer Abgang aus dem irdischen Jammertal. Bei seinem Krebstod im Jahr 1963 bat er seine zweite Frau Laura Archers auf dem Sterbebett um einen letzten LSD-Trip. So glitt er getreu seiner eigenen Lebensphilosophie ins Jenseits.

Huxleys Schlüsselwerk ist laut Carol Greene *Pforten der Wahrnehmung*, das bezeichnenderweise entstand, nachdem er das erste Mal Meskalin genommen hatte. Das Buch wurde nach ihrer Ansicht zur Bibel der drogendurchseuchten Gegenkultur wie auch zum Leitfaden der staatlichen Geheimprojekte, die besagte Gegenkultur ins Leben gerufen haben sollen. Damit sind wir beim nächsten Schritt.

Geheimprojekte zur Gesellschaftsveränderung

Nach dem Krieg arbeiteten, wie verschiedene Autoren belegen, amerikanische und englische Soziologen und Psychologen an einem geheimen CIA-Projekt mit dem Codenamen *MK-Ultra*. Sie nahmen angeblich ihre Experimente Ende der fünfziger Jahre nicht mehr an Ratten oder Meerschweinchen vor, sondern an blasierten Studenten, und das nicht selten ohne deren Wissen. Diese Massenexperimente sollen es gewesen sein, die in den sechziger Jahren die Hippiebewegung hervorbrachten, die zur New-Age-Bewegung mit ihrer Begeisterung für eine Wende im Zeitalter des Wassermanns etc. führte. Mystischer Irrationalismus sollte den wissenschaftlich-technischen Fortschritt bei seiner fast unlösbaren Aufgabe der Bewältigung globaler Probleme verdrängen, mehr noch: es besser machen. Dazu erübrigt sich jeder Kommentar.

MK-Ultra folgte 1953 auf die Vorgängerprojekte *Bluebird, Artichoke* und das mysteriöse *Delta*. Zuvor waren alle Projekte der US-Armee, der Flotte, der Luftwaffe und des FBI zur Bewußtseinskontrolle zentral dem CIA unterstellt worden. Man spricht sogar von ähnlichen Aktivitäten in den dreißiger Jahren. Einigen Quellen zufolge bestellte 1953 der damalige CIA-Chef Allen Dulles (er war der Bruder des amerikanischen Außenministers John Foster Dulles) zu Projektbeginn bei Sandoz in der Schweiz hundert Millionen LSD-Trips. Diese Menge überforderte sogar diesen Pharmagiganten, so daß in den USA nachgekauft werden mußte.

Wer meint, solche dubiosen Aktivitäten seien schon aufgrund der erforderlichen Riesenmittel kaum geheim durchzuziehen, der mache sich mit dem Begriff des »schwarzen Budgets« zur Finanzierung von Projekten, mit denen der Präsident oder der CIA-Direktor die Öffentlichkeit oder den Kongreß nicht behelligen wollen, vertraut. Aus diesem Schatzkästlein sollen einige Großunternehmen – vom Manhattan-Projekt zum Bau der Atombombe über das Satelliten-System MILSTAR, das SDI-Programm, die Entwicklung des Stealth-Bombers B-2 bis hin zum legendenumrankten Hyperschallaufklärer AURORA – finanziert worden sein. Was natürlich nicht bedeuten soll, daß die bloße Existenz von »schwarzen Budgets« automatisch jede wilde Spekulation verifiziert. Wie auch immer. Weiter in der Verschwörungsliteratur:

Aus dem Jahr 1975 findet sich laut besagter Autoren ein Regierungsdokument, in dem gefordert wird, MK-Ultra streng geheimzuhalten, da es als gesetzwidrig einzustufen sei. Angelpunkt und Paradebeispiel für die gewünschte – und erzielte – Wirkung des Programms ist für Carol Greene die Familie des 1967 aus dem Gefängnis entlassenen Charles Manson. Er und seine Mädchen wohnten in der Haight-Ashbury-Klinik. Sie wird von staatlichen Stellen finanziert, darunter dem bereits erwähnten NIMH. In ihren Mauern entstand das erste Ghetto süchtiger weißer Jugendlicher in den USA, laut Carol Greene bewußt in die Wege geleitet und akribisch studiert. Nach ihrer Ansicht wurde die Manson-Familie dort zu dem maßgeschneidert, was sie dann war, und schließlich freigelassen, um zu zeigen, was sie konnte.

Die Mitarbeiter von Haight-Ashbury und anderen Institutionen waren qualifizierte Fachleute, die eigentlich erkennen mußten, wie der Hase bereits lief und weiter laufen würde. Nach 1965 entstanden landauf, landab in jeder größeren Stadt nicht nur in den Vereinigten Staaten Hippiezentren und Wohngemeinschaften. Die Medien feierten dies als Revolution der Jugend, als Durchbruch von nicht besitzergreifender Liebe und von befreiender Spontaneität. Leider brachte die damals entstandene Gegenkultur nicht ausschließlich die Abkehr von Repression und Aggression mit sich, sondern auch Rauschgifthandel, Gewalt, Bandenkriege, Kriminalität, Prostitution und Mord.

Publikationen wie *Hot Money and the Politics of Debt* behaupten, daß der CIA etwa die Hälfte des LSD, das in den sechziger Jahren an US-Universitäten konsumiert wurde, direkt oder indirekt vorfinanziert und mit den daraus gezogenen Profiten verdeckte Operationen betrieben habe (das erinnert manche irgendwie an »Irangate«, die Iran-Contra-Affäre, deren Aufdeckung die Reagan-Regierung erschütterte).

Als MK-Ultra 1973 ruchbar wurde, teilte der CIA dem Senatsuntersuchungsausschuß und der Öffentlichkeit mit, daß alle offiziellen Dokumente vernichtet worden seien. Dennoch blieben einige Unterlagen erhalten, die schließlich im Rahmen des US-Gesetzes über Informationsfreiheit (Freedom of Information Act) zu einer Reihe von peinlichen Veröffentlichungen führten – nicht unähnlich dem jahrzehntelangen »UFO-Cover-up«. Es gibt Autoren, die das Ende des Projektes MK-Ultra zynisch schlicht und einfach darauf zurückführen, daß die Durchseuchung der Gesellschaft mit Rauschgift, Gewalt und die allgemeine Destabilisierung abgeschlossen wären und nun ohne weiteres Zutun ihren Fortgang nehmen würden. Massenmord, Sektenunwesen und andere Mißstände breiteten sich epidemisch aus und tun es immer noch.

Mittlerweile erscheint Pessimisten die Verwandlung der »repressiv-bürgerlichen Ordnungsgesellschaft« in ein Eldorado für Asoziale ziemlich fortgeschritten. Wie sonst könnten beispielsweise in den USA seit 1989 Mörder-Aufkleber für Kinder ganz offen im Handel sein? Auf der Rückseite dieser Verkaufsschlager werden Taten und »Karriere« der Betreffenden in allen Details beschrieben. Natürlich gibt es dazu auch Sammelalben.

Die psychedelische Lawine rollt

Zurück zu den Wurzeln und zu Carol Greene. Als eine der Hochburgen der Rauschgiftforschung gilt die berühmte Harvard-Universität in Cambridge, Massachusetts, in der die Tradition der 1884 gegründeten American Society for Psychical Research fortlebt. Diese auch in England vertretene Organisation suchte unter anderem zu ergründen, wie man mit Hilfe von Hypnose und Trance Macht über den menschlichen Willen gewinnen kann.

In Harvard wurde 1960 ein psychedelisches Forschungsprogramm initiiert. Anstöße zur Schaffung dieses Projektes gab Aldous Huxley, der damals eine befristete Gastprofessur in Harvard innehatte. Zu den Mitbegründern gehörte Dr. Timothy Leary, Träger der Fackel Huxleyscher Ideale und Galionsfigur der Gegenkultur friedliebender Blumenkinder und Kommunarden. Daß diese Art von Selbstentfaltung auch zur Entfaltung von Gewalt führen kann, zeigen die diversen Sektenmassaker (Johnestown, Salt Lake City, Marion, Waco), der Aufstand im autonomen Kopenhagener Stadtteil Noerrebro nach dem im zweiten Anlauf erzielten Maastricht-Ja der Dänen und die apokalyptisch-endzeitliche japanische AUM-Sekte mit ihren Giftgaslabors und ihrem Mega-Mikrowellenherd, in dem Abtrünnige ein schlimmes Ende gefunden haben sollen, eine Entwicklung, deren Wurzeln manche Autoren zu kennen glauben.

All das durch einen Mann verursacht? Natürlich nicht. Aldous Huxley ist nach Ansicht der Verschwörungstheoretiker nicht der alleinige Initiator, sondern eher der Kristallisations- und Knotenpunkt einer Entwicklung, deren Grundsteine längst gelegt waren. So interpretieren es die von mir herangezogenen Quellen. Die Argumentation mag fraglich sein, der Zustand der Welt jedoch nicht. Ein schwerer Brocken, aber er muß wohl herunter. Autoren wie William Engdahl halten nämlich nichts von dem Einwand, solche undemokratischen Aktionen seien bedauerliche Eigenmächtigkeiten des CIA. Ihr Gegenargument lautet, daß der CIA kein »normaler« Geheimdienst sei, sondern der verlängerte Arm einer sogenannten »geheimen Nebenregierung der USA«.

Dieser informelle Machtapparat soll sich, so sagen sie, aus anglo-amerikanischen Elitefamilien rekrutieren und den amerikanischen Staat wie ein Privatunternehmen führen. Ihrer Ansicht nach sei es unmöglich, Unternehmungen der geschilderten Art vor der offiziellen Regierung zu verbergen. Ein Netzwerk erscheint ihnen trotz aller Abschottung immer wieder schemenhaft erkennbar. Man gedenkt beispielsweise der Panama-Invasion, die US-Präsident George Bush durchführte, um Drogenboß Noriega dingfest zu machen, denselben Noriega, mit dem der CIA verbandelt gewesen sein soll, als Bush ihn leitete, auch wenn der Begriff »Nebenregierung« selbst für solche Bedenklichkeiten etwas bombastisch und überzogen wirkt.

Ich will dazu keinen Kommentar abgeben, sondern nur aus Carol Greenes Buch die Worte des Psychologen und ehemaligen Direktors des Belastungslabors der US-Armee, Dr. Wayne Evans, aus den sechziger Jahren zitieren: »Es sollte bekannt sein, daß die Welt, wie sie in fünfzehn Jahren existieren wird, heute bereits in den Forschungslabors vorhanden ist.«

Wenn dem so sein sollte, könnten kühne Spekulierer sogar auf die morbide Idee kommen, Aids sei künstlich erzeugt und würde hier irgendwie hineinpassen. Genau dieses Horrorszenario wird von manchen vermutet, Stichwort »Gefangenenexperimente«, auf die man ab und an stoßen kann. Das angesprochene psychedelische Forschungsprogramm soll zu einem nicht unwesentlichen Teil in Gefängnissen stattgefunden haben. Häftlinge erhielten Drogen und wurden aufgefordert, ihre Mitgefangenen mit Rauschgift zu versorgen und deren Verhalten laufend zu melden. Leary und andere berichten, daß immer mehr solcherart behandelte Häftlinge freigelassen wurden. Im Rahmen des Unterprojektes *Contact* wurden sie mit Harvard-Studenten in sogenannten »buddy systems« zusammengebracht. Da Leary es an der erforderlichen Diskretion mangeln ließ – er schrieb freimütig darüber und erreichte hohe Auflagen –, wurde er 1963 von der Harvard-Universität gefeuert. Ein Prozeß und ein Gefängnisaufenthalt wegen Drogenbesitzes machten sein Ansehen und besonders seine Glaubwürdigkeit endgültig zunichte. Eine interessante Wendung, bedenkt man, daß das Autorenduo Martin A. Lee und Bruce Shlain davon sprachen, Harvard sei zu einem Dorado für die Rauschgift- und Verhaltensänderungsprogramme des CIA geworden. Zusätzlich pikant ist, daß Dr. Leary wegen Besitzes eines halben Joints zu siebenunddreißig Jahren verurteilt wurde, von denen er fünf absaß. Sechs Monate wären damals die normale Strafe im Staate Kalifornien gewesen.

Enthüllte Horrorversuche

Solche Vorgänge sind zumindest irritierend, besonders angesichts des vor nicht allzulanger Zeit von der US-Energieministerin aufgedeckten und in den Medien breitgetretenen Skandals, offizielle Stellen hätten im kalten Krieg über einen Zeitraum von fast vierzig Jahren Krankenhauspatienten und Häftlingen ohne deren Wissen oder sogar gegen ihren Willen Plutonium injiziert, behinderten Kindern radioaktive Milch, Neugeborenen mit Atembeschwerden Chrom 50 und schwangeren Frauen radioaktive Eisenpräparate verabreicht sowie Soldaten als Versuchskaninchen bei Nuklearversuchen eingesetzt. Makabrerweise sollen zu manchen Versuchen mit falschen Papieren ins Land geschmuggelte Ex-Nazi-Experimentatoren (Stichwort »Paperclip-Affäre«) quasi als Experten zugezogen worden sein, die sie zweifellos waren. Radioaktivität soll großflächig über den USA freigesetzt worden sein, andere gezielte Versuchstests, beispielsweise das Versprühen von Bakterien in U-Bahn-Stationen, sollen stattgefunden haben. Dokumentationen wie die Produktion der Yorkshire Television von David Wright *Horrortrip nach Edgewood* oder ein Spiegel-TV-Bericht zeigten einige der unfreiwilligen Opfer von Menschenversuchen der US-Armee, denen interessanterweise auch Drogen verpaßt worden waren. Als der Skandal in der Öffentlichkeit Wellen zu schlagen begann, berief US-Präsident Clinton Anfang 1994 einen Krisenstab ein, um die »unverblümte Wahrheit« ans Tageslicht zu befördern. Das alles ohne nebulose Verschwörungstheorien.

Aids

Damit wieder zu den Ungereimtheiten im Zusammenhang mit Aids. Der emeritierte Naturwissenschaftler der Humboldt-Universität, Professor Dr. Jakob Segal, erregte mit seiner Behauptung weltweites Aufsehen, Aids sei Ende der siebziger Jahre im Zuge gentechnologischer Waffenentwicklung als Kreuzung des Mädi-Visna-Virus (er befällt Schafe) und des HL-23-Virus (verursacht bei Menschen Lymphschwellungen) in einem P-4-Labor des Gebäudes 550 des zentralen biologischen Versuchslabors des Pentagon, Fort Detrick, erzeugt und an freiwilligen Testpersonen (Strafgefangenen) erprobt worden. Nach deren Freilassung sei die Sache außer Kontrolle geraten, da die Experimentatoren durch die lange Ruhezeit des Virus an einen Fehlschlag geglaubt hatten. Das Pentagon schmetterte diese Theorie, die von den meisten US-Zeitungen ignoriert wurde, als kommunistische Propaganda reinsten Wassers ab, besonders nach ihrer Ausschlachtung in sowjetischen Publikationen. Der greise Professor aus der Leipziger Straße im ehemaligen Ostberlin ist nicht der einzige, der eine bewußte Rekombination von Retroviren zur Schaffung von Aids argwöhnt. (Segal könnte diesen Vorgang nach eigener Aussage eigenhändig und in wenigen Wochen bewerkstelligen.)

Diese Stimmen artikulieren, was viele immer schon an den gängigen Aids-Ursprungs-Theorien gestört und bei der Ebola-Virus-Diskussion eine Neuauflage erfahren hat: Zuerst waren es haitianische Bluter, dann grüne Affen aus Zentralafrika, wer kommt als nächster Aids-Verursacher? Die Vorstellung, eine neue Pest, die derzeit Millionen Menschen in ihren Klauen hat und sich exponentiell ausbreitet, könnte in Petri-Schalen gezüchtet und von Menschenhand freigelassen worden sein, verursacht zwangsläufig eine Gänsehaut.

Wieso das Ganze? Ein geheimer, gnadenloser Plan zur Eindämmung der Überbevölkerung oder schlichtweg ein danebengegangenes Experiment? Beides beunruhigt zutiefst, bedenkt man – ohne jeglichen humanitären Aspekt – allein die Gefahr, die der gesamten Menschheit dadurch erwachsen ist. Gleichzeitig wird man wieder geneigt, der Natur den Schwarzen Peter zuzuschieben, denn *so* verrückt kann niemand sein, den Untergang der *gesamten* Menschheit in Kauf zu nehmen. Schließlich ist ja auch kein Atomkrieg ausgebrochen.

Das Projekt Super

Was unsere ungern eingestandene Bereitschaft zum großen Abgang betrifft, so könnte das Projekt *Super* als Argument für den bitteren Standpunkt von Professor Segal und von anderen Pessimisten herangezogen werden, sozusagen als die Krönung des menschlichen Totentanzes. Unter dem Codenamen Super entwickelten die USA die Wasserstoffbombe. Sie war von Anfang an umstritten. Namhafte Experten – von Einstein bis Oppenheimer – sprachen sich dagegen aus, und das noch vehementer, als es früher vergeblich gegen den ersten Atombombentest in Alamogordo im Juli 1945 geschehen war. (Damals waren Berechnungen im Umlauf, die besagten, die Atmosphäre könnte mit dem ominösen »Atombrand« auf eine Kernspaltung reagieren.) Am Vorabend des H-Bomben-Kernverschmelzungstests sollen einige Warner leicht exotische Berechnungen präsentiert haben.

Diese sollen nicht mehr und nicht weniger als die Verwandlung der Erde in eine Minisonne im Falle der Einleitung der geplanten Kernverschmelzung vorausgesagt haben. Man würde meinen, daß selbst das minimalste Risiko eines Weltuntergangs bei einem Bombentest niemals eingegangen werden *darf.* Weit gefehlt. Die Befürworter glaubten an ihre Sendung und testeten erst einmal. Der Versuch fand im Mai 1951 statt. Allen Unkenrufen zum Trotz war der militärische Vorsprung gegenüber der UdSSR anscheinend wichtiger als das Fortbestehen unseres Planeten. Bekanntlich ging das Wasserstoffbomben-Roulette gut aus. Dankenswerterweise schlossen sich nicht, wie befürchtet, alle Wasserstoffatome der Fusion an. Noch einmal davongekommen. Bizarr ist das Ganze auf jeden Fall.

Dabei stellt sich die Frage, ob eine etwaige geheime Schattenregierung solches nicht eigentlich verhindern müßte? Genau hier liegt der Hase im Pfeffer: Man weiß eben nicht, ob etwas – und wenn ja, was – hinter der Bühne vor sich geht.

Eine interessante Familie

Lassen wir den Widerspruch einmal außer acht, daß der Profit eines Weltuntergangs mit null beziffert werden muß, und versuchen wir mit Hilfe unserer Quellen, die Spur der von ihnen postulierten Mächte im Hintergrund wiederaufzunehmen. Dabei stoßen wir plötzlich abermals auf die schillernde Persönlichkeit Aldous Huxley, ein Mann, der offen rassistische Anschauungen propagierte – »Eugenik« genannt –, ohne Schaden an seiner Reputation zu nehmen, der aber auch zum Problem der Überbevölkerung bereits frühzeitig präzise Aussagen machte. Er sagte: »Ungelöst wird dieses Problem [die Bevölkerungsexplosion] alle übrigen Probleme unlösbar machen.« Vielleicht offenbart sich hier ein Hinweis auf seine Motive und auf seine Hinwendung zu den Drogen. Wie auch immer.

Beachtung verdient auch über seine Familie Publiziertes. Huxleys Familie hat nicht nur Literaten und Wissenschaftler hervorgebracht, sondern zählt zu den wenigen, die in England große Macht ausübten. Aldous Huxleys Großvater Thomas Henry Huxley setzte sich so leidenschaftlich für den Darwinismus ein, daß man ihn zu seiner Zeit »Darwins Bulldogge« nannte. Darüber hinaus war er Gründungsmitglied der Round Table Group des südafrikanischen Rohstoffmagnaten Cecil Rhodes, einer Gesellschaft, die auch heute nicht ohne Einfluß zu sein scheint. Die Round Table Group gründete das Royal Institute of International Affairs (RIIA), das New Yorker Council on Foreign Relations (CFR) und andere Institutionen des sogenannten anglo-amerikanischen Establishments, die ihrerseits angeblich jenes »neue informelle Imperium« bilden, das US-Präsident Bush im Zusammenhang mit der »neuen Weltordnung« öffentlich erwähnt haben soll.

Geheimbünde ohne Ende

Für die Anhänger von Verschwörungshypothesen schlägt da eine Glocke an. Hat man nicht von einer angeblichen »geheimen Nebenregierung« der USA gehört und zu Beginn dieses Abschnittes von anderen dubiosen Machtapparaten wie dem Federal Reserve Board, das nicht das zu sein scheint, was man sich unter einer Notenbank gemeinhin vorstellt?

Macht man sich wie die Autoren der herangezogenen Bücher die Mühe, in dieser Richtung zu graben, so scheint man auf Netzwerke aller Art zu stoßen, etwa auf die »Sieben Schwestern«. Dabei handelt es sich nicht um miteinander verschworene alte Damen, sondern um ein überaus mächti-

ges anglo-amerikanisches Erdölkartell, dem William Engdahl nachspürte. Er schreibt, daß die Sieben Schwestern am
17. September 1928 auf dem schottischen Schloß Achnacarry
als Geheimpakt mit dem Namen »As Is Agreement of 1928«
beziehungsweise »Achnacarry Agreement« aus der Taufe gehoben wurden. Damals sollen sich die führenden Ölmagna-
ten Englands und Amerikas darauf geeinigt haben, die zur
Zeit gegebene Teilung der Welt zu zementieren, einen allgemein verbindlichen Ölpreis festzusetzen und nicht miteinander zu konkurrieren. Interessanterweise ratifizierten die jeweiligen Regierungen diese eindeutig private Vereinbarung
noch im gleichen Jahr. Sie hieß fortan Red-Line-Abkommen.
Für empfindsam Gewordene scheinen ähnliche Strukturen
immer wieder in dem brodelnden Dunkel aufzublitzen, das
sich kühn Informationsgesellschaft nennt. Inwieweit all das
mit dem vielgepriesenen, für manche jedoch unverständ-
lichen Wertewandel, vornehm Paradigmenwechsel genannt,
zu tun hat, steht in den Sternen. Die Geschichte zeigt jedenfalls, daß Rauschmittel nicht das erste Mal mit gesellschaft-
lichen Umwandlungen in Verbindung gebracht werden
können.
Man erinnere sich der persisch-syrischen Assassinen (arabisch für Haschischesser) aus dem elften Jahrhundert. Dieser
Geheimkult ist aus den Ismaeliten hervorgegangen und soll
nach Ansicht einiger Historiker nach seiner Vernichtung
durch die Mongolen von den Templern weitergetragen worden sein, die tatsächlich einige Assassinen-Symbole übernahmen. Die Haschischesser (das englische Wort für Atten-
täter lautet »assassin«) sollen ihren Anteil am schlußendli-
chen Niedergang der einstmals in Bagdad in höchster Blüte
stehenden Renaissance der Wissenschaften des antiken
Griechenland – Aristoteles galt als großes Vorbild und als
erster Lehrer – gehabt und die Hinwendung zum Funda-

mentalismus gefördert haben. Das altgriechische Ideal, das im Abendland jahrhundertelang vom dunklen Mittelalter verschlungen war, trat in der Welt des Islams den Rückzug an.

Also doch eine permanent in neuem Gewand auftretende Verschwörung, sogar durch die Jahrtausende? Ein *ganz großer* Zusammenhang? Auf solche leicht paranoiden Vermutungen mit ihren interpretierungsbedürftigen Indizien kann es keine klare Antwort geben. Für unser Gedankenexperiment brauchen wir sie erfreulicherweise nicht einmal zu suchen.

Damit genug der Weltverschwörungen. Wenn wir noch weitergraben und versuchen, Bilderberger, Illuminaten, Freimaurer und andere Logenbrüder, Goldene Dämmerer, Vril-Anhänger, Mitglieder der Mont-Pelerin-Gesellschaft, Trilaterale, Thulebündler, Rosenkreuzer, Templer, Hermetiker, Theosophen, Ordensmannen der Strikten Observanz, Funktionäre des Committee on the Present Danger (C. P. D.), Odd Fellows, Gralsgefährten usw. miteinander in Verbindung zu bringen, werden wir schon bald daran zweifeln, daß wir selbst wir selbst sind.

Es könnte uns wie den drei Lektoren aus Umberto Ecos Bestseller *Das Foucaultsche Pendel* gehen. Aus einer Laune heraus konstruieren sie unter hemmungsloser Verwendung von historischen Daten, Geheimlehren, kabbalistischen Zahlenkombinationen, gnostischen Initiationen und wildem Permutieren unterschiedlichster Faktoren eine Weltverschwörung, der sie – obgleich reine Erfindung – schließlich selbst zum Opfer fallen. Eine brillante Parabel für das Dilemma der Wirklichkeitserkenntnis.

Schockierende Wirklichkeit

Damit sind wir wieder bei der Grundaussage, die diesen Abschnitt in besonderem Maße charakterisiert: Nichts ist wirklich erwiesen. Dem kann ich mich nur anschließen. Ich behaupte nichts, und ich beschuldige niemanden. Manchen Argumentationen widerspreche ich sogar bei aller selbstverordneter Neutralität, an erster Stelle Carol Greenes Ansicht, Science-fiction sei Antiwissenschaft und der direkte Weg in die Traumwelt. Das Gegenteil scheint mir der Fall zu sein. Von dieser Stellungnahme abgesehen, wollte ich ausschließlich Diskussionsstoff liefern und die Dinge von mehreren Seiten beleuchten, auf daß sie *unterschiedliche Schatten* werfen. Dazu war es notwendig, heilige Kühe zu schlachten und unorthodoxe Argumentationen aufzugreifen, kurzum: die Welt auf den Kopf zu stellen.

Als ein geeignetes Mittel dazu erschienen mir die provokantesten Alternativwirklichkeiten der besonders engagierten Verschwörungstheoretiker. Der gewünschte Effekt der Aufrüttelung dürfte erzielt sein. Wie hat doch alles so harmlos mit irgendwelchen Finanzmanipulationen im Hintergrund begonnen, die auch andere Deutungen zulassen. Und nun? Halt und Orientierung sind dahin. Die versuchsweise gezimmerte Alternativrealität scheint noch infernalischer zu sein als unsere verlotterte Welt. Man wünscht sich, daß alles Angeführte reine Phantasie sei. Das kann der Fall sein – muß aber nicht.

Selbst wenn man jedes Detail völlig anders interpretiert, so bleibt der subjektive Eindruck: Das ist nicht die klare Welt der Geschichtsbücher und der Politikerreden, schon eher die der täglichen Horrormeldungen in den Medien. Dabei haben wir nur die Spitze eines Eisbergs angekratzt, die über den Meeresspiegel des Unbekannten ragt. Wo bleiben die *anderen* Eisberge?

Daher noch provokanter auf den Punkt gebracht: Was in diesem Abschnitt entrollt wurde, kann trotz allem zu *eng gefaßt*, man könnte fast sagen, zu kleinkariert sein – weil nur von Menschenwerk die Rede ist. Sensationell und dennoch im Grunde simpel. Ruft man sich die Fülle des Unerklärlichen ins Gedächtnis, so erscheint selbst eine enthüllte Weltverschwörung nicht der Weisheit letzter Schluß zu sein.

Ein tröstlicher Aspekt

Die größere Wirklichkeit dürfte noch weit phantastischer sein – und damit vielleicht auch nicht ganz so deprimierend. Darum Mut gefaßt. Kurzsichtiger Egoismus, stumpfsinnige Brutalität und anderes Wohlbekanntes *müssen* hinter den Kulissen nicht den Ton angeben. Die Geschichte *muß* nicht eine ununterbrochene Abfolge eben noch möglicher, jedoch immer höchst negativer Ereignisse sein, mit denen nach menschlichem Ermessen nicht zu rechnen war und die besser auch nicht eingetreten wären.

Hier möchte ich – ungewohnt genug – einmal trostspendend argumentieren: Die aufgezählten Seltsamkeiten und Umtriebe (einmal angenommen, es gibt sie überhaupt) scheinen der Menschheit keine Wohltaten beschert zu haben. Im Gegenteil. Nicht so eindeutig muß es um möglicherweise verborgene Motive bestellt sein. Vielleicht sind der scheinbare Wahnsinn und der erschütternd kurzsichtige Egoismus nur vordergründig? Vielleicht gehen alle Aufdecker und Interpretierer überhaupt in die Irre – weil nämlich noch *ganz andere Faktoren* mitspielen?

Der US-Regisseur John Carpenter nannte seinen Film *Sie leben* ein Plädoyer für den Verfolgungswahn. Ein Bauarbeiter in Los Angeles setzt sich eine fremdartige Sonnenbrille auf und sieht plötzlich, was wirklich vor sich geht: Aliens ziehen die Fäden.

Carpenter über den Film, den er nach einer Kurzgeschichte von Ray Nelson drehte: »Ich kam auf die Idee, daß die gesamte Ära Reagan in Wirklichkeit von Außerirdischen ge-

314

lenkt wird. Die Reichen werden reicher, die Armen ärmer, der Mittelstand löst sich in Luft auf: alles ein Teil dieser enormen Verschwörung.«

Man kann wohl zuversichtlich annehmen, daß Carpenter mit dieser Annahme nicht recht hat (schon deswegen nicht, weil es den Film dann wahrscheinlich nicht gäbe), vielleicht aber mit seiner Grundprämisse. Auch wir vermuten, daß nichts ist, wie es sich die Schulweisheit träumen läßt. Die Natur der Realität muß anders, ganz anders sein – vielleicht tröstlicher als in Carpenters Horrorvision, vielleicht noch schreckenerregender. Mal sehen.

Und wenn alles ganz anders wäre?

Selbst wenn man weiß,
daß man Paranoiker ist,
können sie hinter einem her sein.

Unbekannter Zyniker

Isaac Asimov und die Foundation-Trilogie

Am 6. April 1992 starb mit Isaac Asimov einer der berühmtesten Science-fiction-Autoren aller Zeiten, wenn nicht der berühmteste überhaupt. Viele seiner Werke sind Klassiker, manche haben – so meinen Fans wie Soziologen einhellig – das Denken ganzer Generationen beeinflußt.

Als Asimovs Hauptwerk muß die legendäre *Foundation*-Trilogie angesehen werden, deren erster Teil in den vierziger Jahren entstand. Faszinierend an diesem Zyklus sind nicht nur der weite Bogen des Konzepts, der Ideenreichtum, der darin verwobene »sense of wonder« und all die anderen Kriterien guter Science-fiction, sondern etwas anderes. So manchem Leser kam nämlich irgendwann spielerisch der Gedanke, was Asimov in ein galaktisches Umfeld setzte, könnte im Prinzip auf Erden seit Jahrhunderten de facto über die Bühne gehen. Streng geheim natürlich.

Dazu müssen einige Worte zur *Foundation* gesagt werden. Die ursprünglichen drei Teile beinhalten einen Plan zur Neuerrichtung eines zweiten galaktischen Imperiums aus den Überresten des in Aufruhr und Dekadenz versinkenden ersten Imperiums. Der zyklische Aufstieg und Niedergang großer Reiche findet auch auf Erden mit schöner Regelmäßigkeit statt. Der englische Historiker Arnold Joseph

Toynbee hat darüber Grundsätzliches veröffentlicht, aber auch der Bestseller des Historikers Paul Kennedy *Aufstieg und Fall großer Mächte* verdient Beachtung, um nur einige Bücher zum Thema zu nennen.

Bei Asimov läuft alles im überdimensionalen galaktischen Rahmen ab. Allerdings nicht unkontrolliert, und das ist der springende Punkt. Eine neue Wissenschaft, von ihrem Schöpfer Hari Seldon *Psychohistorie* genannt, macht es möglich, die Entwicklung großer und größter Populationen nicht nur exakt vorauszusagen, sondern auch durch minimale Eingriffe in bestimmte Richtungen zu lenken. Mit ihrer Hilfe entwickelt Seldon den *Seldon-* oder auch *Tausendjahresplan*, ein ambitioniertes Unterfangen, das die Periode des Chaos zwischen erstem und zweitem Imperium von den zu erwartenden dreißigtausend Jahren Barbarei auf tausend Jahre reduzieren soll. Das ist natürlich nicht ohne Einflußnahme in die Geschicke der galaktischen Völker möglich.

Die dazu notwendige gütig-wohltätige Führung geht von der Stiftung (englisch: »foundation«) aus. Die Stiftung ist eine wissenschaftliche Enklave, die Seldon zur Ausführung seines Plans auf der bedeutungslosen Randwelt Terminus einrichtet. Auf Terminus wird das Wissen der Menschheit konserviert, während sich ringsum das finstere galaktische Mittelalter ausbreitet. Die Parallelen zu der irdischen Epoche zwischen der wissenschaftlichen Hochblüte der Antike und der Aufklärung sind ebenso evident wie die Rolle der Klöster als Horte des Wissens. Sicher nicht zufällig. Unsere Geschichte scheint zwar kaum segensreiche Eingriffe aufzuweisen, aber vielleicht kommt das auf den Blickwinkel an, oder wir bemerken sie einfach nicht.

Zurück nach Terminus. Für eine lange Zeitspanne läuft der Tausendjahresplan programmgemäß. Zu festgesetzten Zeitpunkten erscheint Hari Seldon als Hologramm und erläutert den Männern der Stiftung, welche Krisen anstehen und wie sie damit fertig werden können. Die Wissenschaftler bekommen durch Seldons psychohistorische Führung und aufgrund ihrer technologischen Überlegenheit immer mehr Macht und Einfluß auf das galaktische Geschehen. Niemand, sie selbst am wenigsten, zweifelt daran, daß die Foundation nach Ablauf des Jahrtausends das Zentrum des zweiten Imperiums sein wird. Jedoch kein Menschenwerk ist perfekt. Als Seldon wieder einmal erscheint, hat die tatsächliche Lage des niedergehenden Imperiums nicht das geringste mit der psychohistorischen Analyse zu tun. Seldons Ratschläge gehen ins Leere.

In der Zwischenzeit hat nämlich ein *Zufallselement* die galaktische Bühne betreten. Der Mutant – eine Laune der Natur mit übermenschlichen Fähigkeiten zur Menschenbeeinflussung – ist dabei, die Galaxis zu erobern. Auch hier liegt die Ähnlichkeit mit der irdischen Geschichte auf der Hand. Jeder Schüler kennt Persönlichkeiten mit solcher Wirkung: Herrscher, Usurpatoren, Reichsgründer etc., deren Nichtauftreten sich zweifellos auf den Gang der Geschichte ausgewirkt hätte. Man denke nur an unser Jahrhundert. Kein Fachmann zieht in Zweifel, daß die Welt ohne Adolf Hitler heute anders aussehen würde. Natürlich wären mit ihm nicht die grundsätzlichen Spannungen, Interessen oder Gegensätze der Zeit nach dem Ersten Weltkrieg verschwunden, wohl aber *ganz bestimmte Vorstellungen*, die nur in Hitlers Kopf bestanden und die von ihm zum Leidwesen der Völker mit monströser Konsequenz in die Tat umgesetzt wurden.

Ähnliches gilt auch für den Asimovschen Mutanten. Er ist der Faktor, den niemand vorherberechnen konnte und dem nicht einmal die Stiftung gewachsen ist. Der Mutant erobert Welt um Welt, schließlich sogar Terminus. Der Seldon-Plan scheint gefallen zu sein. Plötzlich endet der Siegeszug des

Unbesiegbaren. Mit viel Mühe holpert der Tausendjahresplan ächzend und schwerfällig in die alten Gleise zurück, wo er schließlich wieder die ursprüngliche Richtung einnimmt. Was ist geschehen? Noch ein Zufall im Zufall? Keineswegs. Hari Seldon hat nämlich auch das Unvorhersehbare vorausgesehen. Natürlich nicht den Mutanten ad personam, wohl aber das Auftreten eines Unsicherheitsfaktors. Um selbst in einem solchen Fall ein Gegensteuern möglich zu machen, etablierte Seldon eine zweite Stiftung, von der niemand wußte, nicht einmal die Wissenschaftler der ersten Stiftung. Die Protagonisten der zweiten hatten sich nicht der Technik verschrieben, sondern der Macht des Geistes. Ihre Kräfte waren denen des Mutanten ähnlich und ebenbürtig, so daß sie die von ihm verursachte Abweichung rückgängig machen konnten. Soviel zur *Foundation*-Trilogie, deren Impakt auch dadurch nicht schwächer wurde, daß Asimov sie fast dreißig Jahre später massiv erweiterte, mit seinen nicht weniger bekannten Roboter-Stories zu einem Überzyklus zusammenbaute und zu einem gänzlich andersgearteten Ende führte als vorgesehen.

Schon wieder Verschwörungen?

Worauf ich hinaus will, ist das eingangs erwähnte Gefühl vieler Leser, so ähnlich könnte es im kleineren Maßstab auch auf Erden zugehen. Das mag Wunschdenken sein. Der Mensch hat, wie gesagt, den Wunsch nach überschaubarer Ordnung, nach Sinn im vordergründig Widersinnigen – ein Drang, der bei der Entwicklung der Wissenschaften zur Verständlichmachung und Katalogisierung der verwirrenden Naturphänomene Pate gestanden hat. Das Bedürfnis, hinter dem blutigen globalen Irrsinn einen Lotsen, welcher Art auch immer, zu vermuten, ist vielleicht noch verständlicher. Nun legt der Umstand, daß gerade Adolf Hitler nicht aus der Geschichte weggekürzt wurde, die Vermutung nahe, daß nichts und niemand im Hintergrund schützende Hände über den *Homo sapiens* hält. Andererseits spießen sich solche Einschätzungen schon damit, daß wir nun einmal nicht wissen, worum es eigentlich geht, abgesehen von der rein theoretischen Horrormöglichkeit, daß die Welt ohne Hitler vielleicht noch schlimmer dran wäre. Zugegeben, dies ist eine absurde, fast schon blasphemische Extremvorstellung, die einem selbst zutiefst zuwider ist, aber *mit Sicherheit* weiß man nun einmal *gar nichts*. Zudem – um zu unserer Analogie zurückzukehren – konnte sich Hitler (wie der Mutant) glücklicherweise nicht bis zum »Endsieg« entfalten, wobei manche Aspekte seines Scheiterns bis dato seltsam erscheinen und von Historikern unterschiedlich interpretiert werden.

Die mannigfaltigen Argumente, die dafür ins Treffen geführt werden, wieso der »Führer« einerseits einen sicheren Instinkt für militärische Chancen und für richtungweisende Wehrtechnologie an den Tag legen, aber anderseits haarsträubende Schnitzer machen konnte, befriedigen einige Experten nicht gänzlich. Ihnen erscheint – allen Erklärungen zum Trotz – Hitlers Entscheidung für den unorthodoxen Mannstein-Plan zur Überrumpelung des für nicht eroberbar gehaltenen Frankreich mit seinem Fehler von Dünkirchen unvereinbar (in diesen zwei Tagen der nicht weiterrückenden Panzerkolonnen ging der Krieg verloren, so die Ansicht verschiedener Strategen). Ebensowenig können manche Hitler-Interpreten seine richtige Förderung der Langrohrkanonen oder einer eigenen Panzerwaffe mit dem Stopp kriegsentscheidender Waffensysteme (Strahljäger Me 262, die Raketenentwicklung, das deutsche Atomprogramm) unter einen Hut bringen. Auch wenn sich die Fachleute über solche Fragen in den Haaren liegen, ist und bleibt die wahrscheinlichste Deutung natürlich die Sprunghaftigkeit eines entfesselten Megalomanikers mit Sendungswahn. Dessenungeachtet dürfen wir uns wohl zur Spekulation legitimiert betrachten, daß die leidvolle Geschichte des bluttriefenden und barbarischen zwanzigsten Jahrhunderts verborgene Aspekte unbekannter Natur aufweisen könnte.

Schon wieder Verschwörungen? Haben wir nicht schon genug von den Finanzgnomen aus Zürich oder sonstwo und von all den Gestalten, die in Regenmänteln zu geheimen Orten schleichen, um dort mit gesenkter Stimme Weltbewegendes von sich zu geben? Ja und nein. Worauf ich hinaus will, ist, daß die bislang entwickelten Vorstellungen vielleicht einfach zu simpel, zu konservativ sind. Darum sehnen wir uns auch tief drinnen nach Konzepten, wie sie in Asimovs *Foundation*-Trilogie zum Ausdruck kommen; nach geheimen Aktivitäten, die nicht nur negativ-profitorientiert sind, sondern ganz einfach anders, größer, umfassender – mit einem Wort: zukunftsorientiert.

Da weder heute irgendwer mit Sicherheit weiß noch früher wußte, nach welcher Pfeife die menschliche Gattung wirklich tanzen mag, könnte es mehr als ein Wortspiel sein, wenn der bereits erwähnte Großvater von Aldous Huxley, Thomas Henry Huxley, in *Collected Essays* feststellt: »Das Schachbrett ist die Welt. Der Spieler auf der anderen Seite ist unsichtbar.«

Wenig bekannt ist auch der Umstand, daß seit dem Zweiten Weltkrieg mehr Regierungswechsel mit Hilfe eines Staatsstreiches vollzogen wurden als auf irgendeine andere Weise. Da jeder Coup d'Etat das Ergebnis einer vorhergehenden Verschwörung ist, bedeutet dies nicht mehr und nicht weniger als die erschreckende Tatsache, daß seit über fünfzig Jahren Verschwörungen in der Weltgeschichte eine größere Rolle gespielt haben als alle demokratischen Veränderungen zusammen, so sieht es zumindest Edward Luttwak in seinem Buch *The Coup d'Etat.*

Das könnte man noch hinnehmen. Schließlich ist der *Homo sapiens* im wahrsten Wortsinn ein geborener Verschwörer. Bereits unter den ersten Spuren menschlichen Lebens finden sich Zeugnisse für Geheimgesellschaften. Paläolithische Malereien zeigen Stammesangehörige, die sich in den tiefsten Tiefen der Höhlen trafen, um Machenschaften gegen rivalisierende Horden auszubrüten. Jede Gemeinschaft, die der Anthropologie bekannt ist, kann mit Geheimgesellschaften aufwarten. Sie sind vom stammesgeschichtlichen Standpunkt durchaus die Norm.

Wenn das so ist, wieso gerät jedermann in den Verdacht der Paranoia, wenn er Weltverschwörungen vermutet? Verkneift man sich den Kreisbeweis, just diese Punzierung sei ein Zeichen für eine Weltverschwörung, so muß man konstatieren, daß die Größenordnung den Unterschied zwischen Verfolgungswahn und verständlichem Argwohn gegenüber den agierenden Mächten ausmachen dürfte. Wer vermutet, daß sich mehrere staatliche Institutionen »verschworen« haben, um ihm das Geld aus der Tasche zu ziehen, der kann mit Verständnis rechnen. Ist einer aber felsenfest überzeugt, daß hinter *allen* Institutionen der Erde als Produkt einer Mega-Verschwörung ein »geheimes Direktorium« steht, kann es ihm passieren, daß Männer in weißen Mänteln ihm eine Jacke mit überlangen Ärmeln anlegen.

Was spricht eigentlich gegen eine solche Mega-Verschwörung? Die Antwort ist klar und frustrierend: die menschliche Unzulänglichkeit. Nichts, was wir auf die Beine stellen, ist wirklich perfekt, und nichts hält ewig. Regierungen, Konzerne und andere Konstrukte haben durchwegs eine begrenzte Lebensdauer. Auch wenn es vordergründig nicht so aussieht, so gab und gibt es auf unserem Planeten keine Art der Regierung, die in ihrer *ursprünglichen* Form viel mehr als zweihundert Jahre überdauerte. Im Durchschnitt begann nach etwa hundert Jahren ein Verfalls- oder Veränderungsprozeß. Kleinere Strukturen zerfallen meist viel schneller, was bei manchen Vereinen oder Parteien gut zu beobachten ist. Dasselbe muß auch für Verschwörungen gelten.

Der Astrophysiker und Radioastronom Duncan A. Lunan von der Universität Glasgow brachte es mit beißender Ironie auf den Punkt: »Wo vier sich zu einer Verschwörung versammeln, sind drei Dummköpfe, und der vierte ist ein Agent der Regierung.«

Schon Machiavelli wußte um den spielerischen Reiz von Verschwörungen, aber auch um die Tatsache, daß sie in der Regel weder so wohldurchdacht noch so langlebig sind wie in den Köpfen der Verschwörer. Nur rüder, brutaler und schmutziger.

Kennedy-Rätsel und Zauberkugel

Der nunmehr seit über drei Jahrzehnten für Unruhe sorgende Kennedy-Mord könnte ein gutes Beispiel für die Grenzen von Verschwörungen sein. Daß das Urteil der Warren-Kommission auf sehr gebrechlichen Beinen steht, wurde nach oft geäußerter Ansicht nicht nur durch die Ereignisse hinterher offenbar, sondern eigentlich bereits durch die Einführung der sogenannten »Zauberkugel« (»magic bullet«, Komissionsbeweisstück Nr. 399), die in einem Ballettanz zwischen Kennedy und Gouverneur Connally hin- und hergependelt sein muß, dabei wundersame Kurven beschrieb und kurz mal anhielt. Dessenungeachtet wurde die »Zauberkugel« als Fakt anerkannt und die heute wie damals attackierte Einzeltätertheorie zur offiziellen Lesart. Eine nach wie vor unbekannte Gruppe hatte es scheinbar geschafft, ein Attentat auf den regierenden US-Präsidenten zu arrangieren, danach Beweise zu verfälschen oder zu unterdrücken, ja sogar ganze Gruppen von Zeugen zu »verunfallen«, so könnte man es sehen. Das wäre Macht pur. Und dennoch: in ihrem Bemühen, die Sache wirklich zu vertuschen, versagten die Kennedy-Verschwörer.

Der Autor Donald Holmes weist in seinem interessanten Buch *Die Verschwörung der Illumination* darauf hin, daß Verschwörungen als Ausfluß der Primatenpsychologie zwangsläufig relativ schnell an inneren Widersprüchen zugrunde gehen, so daß eine allumfassende Verschwörung über die Zeiten hinweg nicht bestehen kann. Sollte sie dennoch existieren, muß sie *nichtmenschlichen*, konkreter gesagt: übermenschlichen Ursprungs sein.

Nichtmenschlicher Ursprung?

Nun ist es soweit. Die letzten Hemmungen sind gefallen. Es bleibt nur noch der Griff zum dünnsten aller Strohhalme: zu den Außerirdischen, die in Lichtschiffen herabkommen, um eine frustrierte Menschheit in sichere Gefilde zu geleiten. Ganz so ist es nicht. Mögliche UFO-Besatzungen können aus dem Spiel bleiben. Nichtmenschlich beziehungsweise übermenschlich muß nicht zwangsläufig außerirdisch im lokalen Sinn bedeuten.

Was sonst? Lenken wir unsere Aufmerksamkeit in den Fernen Osten. Dort herrscht seit Jahrtausenden die im Volksglauben fix verankerte Überzeugung, alle Vorgänge auf Erden würden durch eine höhere Erkenntnisebene kontrolliert, also nicht von Finanzhaien oder Potentaten, sondern von intelligenten Wesenheiten, die uns ungeheuer überlegen sind, vergleichbar mit den weisen Gottkönigen aus Platos Staatsutopie *Politeia*. Die verborgenen Lenker, deren Legende durch die Kreuzzüge in den Westen kam, residieren in geheimen »markas« (Krafthäusern). Das zentrale Krafthaus soll im zentralasiatischen Hochland, in Tibet, liegen. Die Parallele zur Asimovschen zweiten Stiftung ist frappierend (möglicherweise wurde Asimov von den Legenden inspiriert). Diese Mächte sind hierarchisch geordnet. Auf der obersten Ebene tummeln sich Wesenheiten mit einer Entwicklungsstufe jenseits unseres Begriffsvermögens. In den »markas« wachen ihre nicht ganz so abgehobenen Statthalter, und eine Exekutive repräsentiert die tiefste Ebene. Diese Ausführungsorgane treten gelegentlich mit der Menschheit in Verbindung, und das mit beträchtlichen Nachwirkungen, da sie durch gezielte Eingriffe die Geschichte in die eine oder andere Richtung zu lenken pflegen. Solche Interventionen dienen der Realisierung des »Großen Werkes«, einer spirituellen Evolution, die sich unserer Vorstellungskraft entzieht und mit dem landläufigen Begriff nichts zu tun haben dürfte.

Jetzt heißt es die Bremse anziehen. Derartige Vorstellungen sind psychologisch naheliegend, angenehm tröstlich und frustrationsabbauend. Aber – gibt es auch nur den Hauch eines Indizes für sie?

Die Beweisforderung führt in eine Pattstellung. Die Logik sagt uns, daß wir überlegenen Intelligenzen, die sich vielleicht seit Jahrhunderten unter uns bewegen, ebensowenig die Maske herunterreißen können, wie Hunde eine Chance haben, den Hundefänger auszumanövrieren. Dessenungeachtet kann man nicht mit Sicherheit ausschließen, daß solche Intelligenzen *ganz bewußt* dezente Lebenszeichen von sich geben oder im Zuge ihrer unerforschlichen Missionen gelegentlich gewisses Aufsehen *nicht vermeiden können.* Akzeptiert man die Vorstellung, möglicherweise mit einem höherentwickelten Etwas, das eben nur so aussehen *will* wie unsereins, im selben Büro zu arbeiten, wird man in bester Paranoikertradition auf entsprechende Hinweise stoßen. Das Dilemma ist nur: Wie stichhaltig sind sie?

Die anderen unter uns?

Schon im Vorwort – womit sich der Kreis zu schließen beginnt – wurde angedeutet, daß es immer wieder Persönlichkeiten gibt, die ihre Mitmenschen um ein beträchtliches an Geist und Wissen überragen. Geheimnisvolle, die auf unserer Erde oder in ihrer jeweiligen Epoche fehl am Platz zu sein scheinen. Leonardo da Vincis kryptischer Ausspruch wurde erwähnt und Rudjer Boscovich, ein Mann, der seiner Zeit de facto um Jahrhunderte voraus war, aus dem Dunkel des Vergessens geholt. Solches Anderssein ist kein Einzelfall. Auch Leonard Euler (1707–1783), einer der größten Mathematiker überhaupt, würde jederzeit Übermenschenkriterien erfüllen. Euler, ein Supergehirn reinsten Wassers, konnte die kompliziertesten wissenschaftlichen Arbeiten in Minutenschnelle lesen und verarbeiten. Er besaß ein buchstäblich komplettes Wissen auf den Gebieten Physik, Chemie, Zoologie, Botanik, Geologie, Medizin, Geschichte sowie in griechischer und lateinischer Literatur. Keiner seiner Kollegen aus der Wissenschaftsgemeinde vermochte es ihm auch nur *in einer einzigen* von diesen Disziplinen gleichzutun. Eulers erstaunliches Gedächtnis erlaubte es ihm, aus jedem Buch zu zitieren, das er jemals gelesen hatte. Er konnte durch reine Konzentration ungeheure Denk- und Rechenaufgaben vollbringen, gleichgültig, welcher Trubel rings um ihn herrschte. Einer seiner Schüler berichtet, daß Leonard Euler bei einer Diskussion über eine komplexe mathematische Operation, an der Zahlen mit siebzehn Dezimalstellen beteiligt waren, den ganzen Rechenvorgang im Kopf durchführte und die richtige Lösung präsentierte. Im Bruchteil einer Sekunde, wohlgemerkt. Computerschnell.

Euler stieß auf Erkenntnisse und entdeckte Zusammenhänge, die allen Philosophen und Wissenschaftlern seit der Antike entgangen waren, beispielsweise den mathematischen

Charakter der Verse von Vergil. Bezeichnenderweise pflegte Leonard Euler mit Rudjer Boscovich regen Gedankenaustausch und Kontakt.

Beide Geistesriesen scheuten Aufmerksamkeit, öffentliche Auftritte und Ehrungen. Sie – und wer weiß, wie viele andere noch – zogen relative Anonymität vor. Es scheint nicht unwahrscheinlich, daß sie sich in anderen Zeitaltern, in denen außergewöhnliche Denker entweder als Hexer verbrannt oder in die Waffenproduktion eingespannt wurden, *vollständig* getarnt hätten. Im Bewußtsein der Allgemeinheit noch weniger präsent als Euler und Boscovich ist das Mathematikwunder Srinivasa Ramanujan (1887–1920). Dabei ragt der faszinierende Inder gleich aus mehreren Gründen wie ein Leuchtturm aus der wissenschaftlichen Elite heraus. In seinen wenigen Lebensjahren schuf Ramanujan umfassende Theorien, die völlig neue Zugänge ermöglichten und zum Großteil erst heute durch Computer bis zur letzten Konsequenz erfaßt werden können (vielleicht nicht einmal jetzt). Den Mathematikerbrüdern Jonathan und Peter Borwein gelang durch Computer im Jahr 1987 ein exotischer Algorithmus zur schnelleren iterativen Erweiterung der Zahl Pi. Dazu die Brüder Borwein: »Die Berechnung beruht auf einer bemerkenswerten Gleichung, die Ramanujan entdeckt hat.«

Es mag zu denken geben, daß der Inder für viele seiner Sätze gar keinen Beweis nannte und es der Nachwelt überließ, ihre Richtigkeit festzustellen, was seither laufend geschieht. Ramanujan erklärte, die indische Göttin Namagiri würde ihm die Formeln geistig mitteilen. Ob dies ein verklausulierter Hinweis, echter Glaube oder was auch immer ist, weiß niemand. Fakt jedoch bleibt, daß seine Methoden außerhalb aller herkömmlichen mathematischen Beweisverfahren angesiedelt sind. Man muß sie als nicht nachzuvollziehende Inspiration hinnehmen. Sie stehen in einer Reihe mit so manchen Aussagen von Isaac Newton (1643–1727), die für seine Zeitgenossen buchstäblich aus dem Nirgendwo kamen. Man erinnere sich nur an Newtons richtungweisende Aussage, eine Kugel müsse so behandelt werden, als wäre ihre Masse in ihrem mathematischen Mittelpunkt zusammengefaßt, die er »einfach so« machte. Viele der Newtonschen Axiome konnten erst nach seinem Tod bewiesen werden.

Eine Geheimgesellschaft der Superwesen durch die Jahrhunderte? Wenn ja, könnten wir sie kaum enttarnen, das steht fest. Möglicherweise kommunizieren überlegene Intelligenzen seit jeher in aller Ruhe miteinander, ohne daß wir uns dessen bewußt sind. Beispielsweise lenkte 1958 eine Reihe mysteriöser Botschaften in der Anzeigenkolumne »Persönliches« der *Times* das Interesse mehrerer nationaler Polizeibehörden auf sich. Namhafte Kryptographen konnten sie nicht entschlüsseln. Ein solches Verbindungssystem hätte sich damals so manches Syndikat des organisierten Verbrechens gewünscht. Vernimmt man, heute seien bereits mehr als zehntausend Universitäten zu einem globalen Informationsnetz – das auch den Medien zur Verfügung steht – miteinander verknüpft, so beginnt man zu ahnen, daß durch die schiere Menge der Datenflüsse überhaupt nichts mehr zu entdecken oder gar zu verfolgen ist. Im Internet, auf dem Super-Info-Highway usw. können sich in unseren Tagen neben seriösen Zeitgenossen auch Mafiosi und Radikale aller Schattierungen frei bewegen, von den Möglichkeiten ganz zu schweigen, die sich hypothetischen Superwesen erschließen.

Der unsterbliche Graf

Trotz allem mag man geneigt sein, außergewöhnliche Erscheinungen wie Boscovich und ähnliche ganz einfach für Genies zu halten. Bei allem Respekt vor den beachtlichen

Denkleistungen des *Homo sapiens* erscheinen mir andere Deutungen dennoch zulässig. Gänzlich problematisch wird die »menschliche Interpretation« bei anachronistischen Exoten mit Fähigkeiten, die in einem einzigen normalen Leben einfach nicht zu erwerben sind. Bestes Beispiel dafür ist der legendäre Graf von Saint-Germain, den ich gern bemühen will. Kann man einen anscheinend jahrhundertelang durch die Welt geisternden exzellenten Alchimisten, Dichter, Künstler, Sprachvirtuosen, Universalwissenschaftler, Diplomaten, Illuminaten und sonst noch einiges mehr zum lediglich begabten Normalmenschen degradieren?

Erste Aufzeichnungen über den Grafen, der niemals beim Essen beobachtet wurde, nach eigenen Angaben über dreitausend Jahre alt war und Pontius Pilatus ebenso zu seinen persönlichen Bekannten zählte wie die zwölf Apostel, finden sich etwa ab 1740. Sein vorläufig letztes Auftreten fand angeblich 1972 im französischen Fernsehen statt. Nichts davon ist wirklich beweiskräftig. Tatsache jedoch bleibt, daß der exotische Graf – wie Euler und andere – Fertigkeiten an den Tag legte, deren Aneignung mehr als ein Menschenleben in Anspruch genommen hätte. Ganz besonders wenn man in Rechnung zieht, daß Saint-Germain nicht unbeträchtliche Zeit mit Intrigen, höfischem Leben, diplomatischen Missionen, Führen von Geschäften, Betreiben einer Industrie und mit anderen Aktivitäten verbringen mußte.

Die reinen Fakten sind überwältigend: Der Graf von Saint-Germain beherrschte zumindest Französisch, Englisch, Deutsch, Italienisch, Spanisch, Chinesisch, Indisch, Russisch, Portugiesisch, Arabisch, Türkisch, Persisch sowie zahlreiche alte Sprachen, die nur Experten kannten. Er besaß und demonstrierte ein medizinisches Wissen, das auch heute nicht veraltet wäre, und zeigte sich in *allen* Wissenschaften nicht nur bewandert, sondern seinen Zeitgenossen weit voraus. Allein seine Kenntnisse in Metallurgie waren nicht aus seiner Ära und konnten von niemandem verstanden werden. Durch diese Beschäftigungen offensichtlich nicht ausgelastet, betrieb der Graf Textilherstellung, Porzellanmanufaktur und war ein brillanter Juwelier. Damit die Kunst nicht zu kurz kam, spielte er zahlreiche Musikinstrumente und malte vollendet. Neben alldem verfaßte er das umfangreiche okkulte Werk *Die heiligste Trinosophie*, das als einer der bedeutendsten Beiträge zur mystischen Tradition des Westens gilt. Beachtlich, nicht wahr? Schwer zu klassifizieren und noch schwerer in einen sinnvollen Zusammenhang zu bringen. Hat Saint-Germain etwas mit Chidr, dem ebenfalls unsterblichen Führer der Sufis, gemein, der wegen seiner Aura auch »der Grüne« (grün Leuchtende) genannt wird, oder mit anderen Unsterblichen, von denen die Legenden berichten?

Physische Superleistungen

Nun ist es wieder einmal an der Zeit zuzugeben, daß wir im dunkeln tappen. Wir können nur vermuten und nach den Schatten von Fingerzeigen für Kräfte jenseits der unseren suchen. Dabei drängt sich ein neuer, wenig erörterter Gesichtspunkt auf: Wieso eigentlich nicht auch die Natur von übermenschlichen *physischen* Leistungen in Frage stellen, an die wir uns sozusagen schon gewöhnt haben? Ich denke an die erstaunlichen Taten fernöstlicher Meister und die noch erstaunlicheren, die überliefert werden. Immer wieder stößt man auf Leistungen, die sich durch kein vorstellbares Training erklären lassen, wie asiatisch und rigide es auch sein mag.

Kampfkunst- und Taomeister beherrschen in großer Zahl die »Kunst des Gekko« (P'i Hu Kung). Darunter versteht man das sogenannte Wändeklettern, eine Fertigkeit, die man kaum erlernen kann wie Stabhochsprung oder Klavierspielen. Der Großmeister des Pa-kua-Kung Fu, Tung Hai Ch'unan (1798–1879), pflegte glatte Wände hinaufzulaufen, und der berühmte Hsing-I-Boxer Sung Shih soll sogar minutenlang an einer glatten Hausmauer geklebt sein. Die *absolute* Steigerung des Untrainierbaren findet sich in der regelrechten Überwindung der Gravitation durch die »fliegenden Meister«, von denen in mehreren Quellen berichtet wird. Unter ihnen sind Lieh Yu-Ko (400 v. Chr.), Chang Tao Ling und Tien Shih, der erste Taoist, den man auch den »Papst des Tao« nennt.

Wir wollen uns nicht vergaloppieren. Natürlich kann man nicht angesichts der Fähigkeiten von Boscovich, Bruce Lee und des Grafen von Saint-Germain erklären: Wer solches kann, ist nicht von hier; die *anderen* sind unter uns – das sind einige von ihnen. Eine solche Aussage mit derart vagen Indizien wäre nicht nur kühn, sondern absurd.

Das ist ja die Krux: Wir wissen einfach nicht, womit wir es wirklich zu tun haben. Was wir bei diesen Grabungen in unbekannten Gefilden ans Tageslicht befördert haben, mögen Puzzlesteine sein, aber ebensogut können wir in eine Vielzahl von Sackgassen hineingestürmt sein. Die Frage, ob der »neue Mensch« tatsächlich unter uns ist, dem Adolf Hitler begegnet sein will – wobei der nicht eben zart besaitete »Führer« von Furcht geschüttelt wurde –, oder ob einige der »schlafenden Maschinen« erwacht sind, als die der Esoteriker Georg Iwanowitsch Gurdjieff alle Normalmenschen betrachtete und die er durch seine Übungen erwecken wollte, ist nicht zu beantworten. Man könnte sogar so weit gehen, PSI-Phänomene als zufälliges Auftreten winziger Teile jenes umfassenden Fähigkeitskatalogs zu interpretieren, den uns weit überlegene Individuen in seiner Gänze besitzen mögen. Eine Pattstellung. Das Grundproblem bleibt die Systemlosigkeit bei der Suche nach dem *wirklich* Verborgenen. Man kann nur da hineinstochern, dort herumschnüffeln und über seltsame Umtriebe den Kopf schütteln. Ein Gesamtbild schält sich dabei nicht heraus. Die Verschwörungsliteratur, in der wir geblättert haben, ist auch keine sonderliche Hilfe, denn jeder ihrer Autoren versteift sich auf eine bestimmte Richtung. Mal sind es die Banker, dann wieder ein geheimes Übermenschendirektorium. Fatalerweise lassen sich für die meisten Thesen dieser Art – ebenso wie für die Hohlwelt-lehre oder die Behauptung, der Mond sei aus grünem Käse – auch Indizien finden; wie im »Verschwörungszusam-menhang« vorexerziert werden konnte.

Esoterische Deduktion

Jagen wir also unserem eigenen Schatten nach, ohne eine Chance, den Teufelskreis zu durchbrechen? Das muß nicht sein. Wir können uns vielleicht wie Münchhausen am eige-nen Zopf aus dem Sumpf kreisförmiger Argumentationen ziehen. Dazu ist es allerdings notwendig, mit der herkömm-lichen linearen Logik ebenso rücksichtslos zu brechen, wie dies Münchhausen bei seiner Selbstrettungsaktion mit den Gesetzen der Mechanik getan hat. Wie sollte das zu bewerk-stelligen sein? Durch eine Vorgehensweise, die der Science-fiction-Autor A. E. van Vogt möglicherweise *Null-A-Logik* (nichtaristotelische Logik) nennen würde. Wem das immer noch zu kausal-rationalistisch klingen mag, dem schlage ich den Begriff »esoterische Deduktion« vor.

Genug der Wortklauberei. Die Sache klingt verrückt und ist es auch. Trotzdem: nehmen wir uns ruhig ein Beispiel an dem berühmten Physiker Niels Bohr, der zu einem jun-gen Wissenschaftler sagte: »Ihre Theorie ist verrückt, aber nicht verrückt *genug*, um wahr zu sein.« Unsere *wäre* ver-rückt genug.

Lassen wir uns also nicht ins Bockshorn jagen, und halten

wir Ausschau nach »esoterisch-okkulten Konstanten« (sofern sich solche entdecken lassen).

Die mystische Zahl Neun

Da wir niemals hoffen können, alle Puzzlesteine für ein Gesamtbild zusammenzubekommen, könnte das Beschreiten des umgekehrten Weges – vom Allgemeinen zum Speziellen – neue Einsichten bringen. Wonach also suchen? Nach irgendwelchen Prinzipien, Faktoren, Gesetzlichkeiten, bedeutungsvollen Zahlen oder was auch immer, die in der naturwissenschaftlichen Welt der Spiralnebel und Atomkerne keine Rolle spielen – wohl aber in der verborgenen Welt der geheimen Kräfte, Mächte und Gesellschaften. Und siehe da! Eine Zahl springt aus dem Kosmos geheimen Wissens förmlich hervor: die Zahl *Neun*.

Sie soll große Macht verkörpern. Mystiker nennen sie die »Zahl der Liebe«, aber auch – und das erscheint mir beachtlicher – »die Zahl der Lehrer und Weisen«. Numerologen bezeichnen sie als »das Alpha und das Omega« (der Anfang und das Ende) der menschlichen Möglichkeiten. Der neunte Himmel findet sich im katholischen Tagesbrevier als *primus movens:* die oberste Sphäre, die alle anderen bewegt. Neun Ebenen hat die Hölle, zu der Dante in der *Göttlichen Komödie* absteigt. In der Freimaurerei ist die Neun die Zahl des Heils und das Symbol geistiger Wiedergeburt. Die Kabbala spricht von neun himmlischen Sphären und neun Ordnungen himmlischer Geister, der Volksmund wiederum davon, daß eine Katze neun Leben habe (warum nicht acht oder zehn?).

Der Buddhismus nimmt neun geistige Stufen an und gibt seinen Tempeln neun Etagen und Dächer. In Peking thront über jedem der alten Tore ein solcher Neunetagenbau, und der Gouverneur von Peking trug den Titel »General der neun Tore«. Die älteste Provinz des Reichs der Mitte hatte neun Bezirke. Der alte Rosenkreuzerorden zählte neun Grade, desgleichen die Große Landesloge von Deutschland. Es gibt neun Musen, neun Ordnungen der Seligen unter den Engeln, neun Steine des Propheten Hesekiel.

Das »Enneagramm« (griechisch für »Neunheit«), die okkulte Typologie der neun Persönlichkeiten, soll bereits 2500 vor Christus in Babylon entstanden, vom mystisch-islamischen Sufiorden (speziell von der Bruderschaft der Naqshbandits) übernommen und von Gurdjieff in den Westen gebracht worden sein. Gleichzeitig symbolisiert das aus neun Linien gebildete Enneagramm die immerwährende Selbsterneuerung.

Der evangelische Mystiker Jakob Böhme (1575–1624), ein Schuhmacher aus Altseidenberg bei Görlitz, der die Philosophie Hegels beeinflußte, sagt im Zusammenhang mit der alchimistischen »Zahl der Tinktur«: »Bis in die neunte Zahl sollen wir gehen, weiter nicht. In der neunten Zahl sieht man alle Dinge.«

Man findet wenige Weisheitslehren, die sich nicht in der einen oder anderen Weise auf die Zahl Neun beziehen. Sie spielt aber auch in der diffusen Grauzone der geheimnisvollen Drahtzieher, Gesellschaften und Mächte, hinter denen wir her sind, eine dominante Rolle.

Damit kehren wir – vorerst – wieder auf eine einigermaßen konkrete Ebene zurück. Auf die Ebene der Überlieferungen.

Aschoka der Große

Als eine der langlebigsten und auch ältesten Legenden präsentiert sich jene von den »Neun Unbekannten«. Das Faszinierende an ihr ist die Verbindung von Mythos mit konkretem geschichtlichen Background, wobei man den Punkt nicht fixieren kann, an dem eine historische Persönlichkeit den Schritt zum Übermenschen und in der Folge zum Gründer einer Vereinigung nicht weniger superhumaner Individuen gemacht haben soll. Die Rede ist vom indischen Maurya-Kaiser Aschoka (ca. 272–232 v. Chr.). Wer sich mit Aschokas Wirken befassen will, braucht keine okkulten Folianten zu Rate zu ziehen, sondern kann in jedem Geschichtswerk über diesen ersten fürstlichen Gönner des Buddhismus nachlesen, der ein bedeutendes Gesetzeswerk hinterlassen hat.

Aschoka, zweiter Nachfolger und Enkel von Tschandragupta, vereinigte das Indusbecken, das Dschamma-Ganges-Becken sowie das östliche Halbinselhochland Dekhan in einem Großreich und brachte Indien nach dem Zerfall der Induszivilisation erstmals staatliche Einheit und innenpolitischen Frieden. Er vertrieb die letzten makedonischen Garnisonen, setzte sich in den Besitz der lokalen Hinterlassenschaft Alexanders des Großen, annektierte das Magdah-Reich und andere. Nachdem er sich das Reich Kalinga (heute Orissa) einverleibt hatte, entsagte der erstaunliche Potentat freiwillig jeder weiteren Eroberung, obgleich ihm niemand hätte Einhalt gebieten können.

Statt weiterer Expansion widmete er sich nur noch der Verbreitung des buddhistischen Dharma als reguläre Außenpolitik. Dabei lag die Betonung mehr auf der konfuzianischen Definition des Tao als auf den geistigen Übungsanweisungen des Buddha, die acht Jahrhunderte später durch Buddhas achtundzwanzigsten Nachfolger Bodidharma in der von ihm begründeten Urform des Karate/Kung Fu ihre praktische Ausformung finden sollten.

Aschoka schrieb Toleranz Andersgläubigen gegenüber auf seine Fahnen und schuf einen modernen Sozialstaat mit starkem Tierschutz. Es gibt Historiker, die in der indischen Fauna eine bis ins Heute reichende Nachwirkung der Tierliebe des Herrschers erkennen wollen.

Wie auch immer. Aschokas riesiges Maurya-Reich im Gangesbecken erlebte neunzig Jahre lang eine unglaubliche Hochblüte. Nach Aschokas Tod brach sein Imperium, das immerhin auch noch das heutige Malaysia, Sri Lanka und Indonesien umfaßte, jäh zusammen und verschwand fast über Nacht. Für viele Fachleute ist diese kurze Hochblüte – eine für die damalige Zeit untypische historische Stichflamme – mehr als mysteriös, besonders unter dem Aspekt, daß hier eine der ersten großen Mächte die Bühne der Geschichte betreten hat. Mit ziemlicher Sicherheit wüßte man wenig bis gar nichts über die Aschoka-Epoche, fänden sich nicht von Bangladesch im Osten bis in den Süden auf die Breite von Madras Felsinschriften und Denkmalsäulen über diese Ära. Dazu kommen Chroniken, die später auf Ceylon unter dem Gesichtspunkt der buddhistischen Therawadinschule geschrieben wurden.

Beeindruckend, aber was ist daran übermenschlich? Um diese Frage zu beantworten, muß die *Legende* von Aschoka herangezogen werden. Sie beruht auf einer sachlich unbestrittenen Basis. Weniger eindeutig wird Aschokas Person selbst gesehen. Während H. G. Wells in einer Ausgabe seiner *Geschichte unserer Welt* meint, »unter den Zehntausenden Monarchen, die im Verzeichnis der Geschichte aufscheinen, erstrahlt der Name Aschoka in einsamem Glanz wie ein Stern«, so hat Arnold Joseph Toynbee seine Zweifel über die einzigartige Güte des Herrschers.

Bereits erwähnte Tatsache ist jedenfalls, daß Aschoka nach dem Massaker von Kalinga jede kriegerische Aktivität schlagartig beendete. Der Grund für diesen Sinneswandel soll das mit über hunderttausend Gefallenen bedeckte Schlachtfeld gewesen sein. Im Gegensatz zu so manchen

Staatsmännern unserer Tage, deren Nachtruhe von Leichen-
bergen in keiner Weise gestört wird, war Aschoka in seinem
Innersten erschüttert. Nie wieder, so schwor er sich, würde
er Völker mit Gewalt in sein Reich führen oder Rebellionen
grausam niederschlagen. Er wurde Buddhist und erklärte,
der einzige gerechte Kampf sei der um die Seelen der Menschen. Die Waffen dazu dürften weder Schwerter noch Lan-
zen, sondern müßten die Gesetze der Natur und die Regeln
der Anständigkeit sein. Ohne einen weiteren Tropfen Blut
zu vergießen, nur durch die Kraft seiner Überzeugung und
seines Beispiels, verbreitete Aschoka den Buddhismus in seinem Imperium und in der Folge in Nepal, China, Tibet und
der Mongolei. Als echter Frühliberaler akzeptierte er allerdings auch alle anderen Religionen, Glaubensbekenntnisse
und Sekten.
Die Greuel des Krieges hatten den Kaiser, so heißt es weiter,
zu einem Mann des Friedens gemacht. Mehr noch, er wollte
für alle Zeiten verhindern, daß mit den Früchten des
menschlichen Geistes Schindluder getrieben wurde. Damit
Erfindungen nicht als Waffen mißbraucht werden könnten,
ordnete Aschoka die Tarnung jeglichen Fortschritts an. Von
Stund an wurden alle Erkenntnisse, von Einsichten in das
Wesen der Materie und der Energie bis hin zu massenpsy-
chologischen Techniken, hinter einem mystischen Schleier
verborgen.

Neun Bücher der Macht

Um diese Geheimhaltung und gleichzeitig die Führung der
nichtsahnenden Menschheit durch eine kleine Gruppe Ein-
geweihter zu gewährleisten, soll Kaiser Aschoka vor über
zweitausend Jahren die Gesellschaft der »Neun Unbekannten« ins Leben gerufen haben – ein mehr als exklusiver Zirkel, dessen Mitglieder in einer Kunstsprache kommunizie-

ren und ihr Wissen aus neun geheimen Büchern beziehen, die permanent weitergeschrieben werden. Ein Buch für jeden der Unbekannten.

Die Bücher verdienen Beachtung. Das *erste* erläutert die kompulsiven Techniken der Propaganda und der psychologischen Kriegsführung. »Dies ist die gefährlichste aller Wissenschaften«, meinte Talbot Mundy, der 1924 in seinem Werk *The Nine Unknown* erstmals auf die exotische Vereinigung zu sprechen kam. Das *zweite* Buch befaßt sich mit Physiologie und legt die verborgensten Kämmerchen des menschlichen Körpers frei. Die asiatischen Kampfkünste Judo, Aikido, Kung Fu und andere, einschließlich Dim Mak, mit welcher Technik Großmeister durch bloße Berührung, mit Zeitverzögerung und sogar aus der Ferne töten oder einen bestimmten Ziegel inmitten eines ganzen Stapels selektiv zertrümmern können, sollen auf winzige, in die Bevölkerung durchgesickerte Informationsfragmente aus diesem Buch zurückzuführen sein.

Das *dritte* Buch behandelt die Mikrobiologie. Man braucht nur an die derzeitige Gentechnologiedebatte zu denken, um zu ermessen, was das bedeutet.

Das *vierte* Buch verrät das Geheimnis der Transmutation, der Umwandlung von einem Element ins andere. Es heißt, manche Tempel und Religionen hätten in Notzeiten auf diese Weise große Mengen reinen Goldes erhalten. Wahrscheinlich hat die Suche nach dem Stein der Weisen ihre Wurzel in einer Fehlinterpretation der spärlichen Hinweise auf die Existenz dieses Buches.

Das *fünfte* Buch referiert über Kommunikation jeglicher Art, irdische und nichtirdische.

Das *sechste* Buch enthüllt das Wesen der Gravitation. Bedenkt man, *wie* wenig die Physik darüber tatsächlich weiß und gleichzeitig davon schwärmt, *was* eine Kontrolle der Gravitation bedeuten würde (interstellare Raumfahrt, Lösung der Energiefrage, Beherrschung von Raum und Zeit, Macht über den Mikro- und Makrokosmos), so sagt das wohl schon alles.

Das *siebente* Buch entrollt eine umfassende Kosmogonie, mit der verglichen neueste physikalische Theorien Grundschulüberlegungen sind.

Das *achte* Buch befaßt sich mit dem Licht. Heute beginnen wir zu ahnen, daß Licht der Schlüssel zu den Geheimnissen des Lebens (Stichwort »Biophysik«) und zu den Ungereimtheiten im Kosmos wie im subatomaren Bereich (Stichwort »Wellen/Teilchen-Dualismus«) sein dürfte.

Das *neunte* Buch behandelt die Evolution der Arten und der Gesellschaften. Es erlaubt, den Aufstieg und Fall von Lebensformen und von Zivilisationen vorherzusagen. Man wird unwillkürlich an Isaac Asimovs Psychohistorie erinnert.

Ganz schön, nicht wahr? Wer seit zweitausend Jahren im Besitz eines Wissensschatzes dieser Größenordnung ist, der noch dazu ständig erweitert wird, könnte fürwahr alles und jedes bestimmen.

Da Macht bekanntlich korrumpiert (wir erleben es tagtäglich) und absolute Macht daher absolut korrumpiert, müßten die Träger eines solchen Potentials mehr sein als gewöhnliche Menschen, um der Versuchung offener Machtergreifung zu widerstehen. Genau das soll auf die Neun Unbekannten zutreffen. Über alle Leidenschaften erhaben, nur ihrer heiligen Aufgabe gewidmet, den *Homo sapiens* unauffällig, aber mit sicherer Hand durch die Wechselfälle eines chaotischen Schicksals zu lenken, wenden sie ihre unvorstellbaren Mittel mit äußerster Behutsamkeit an. Unter ihrer Observanz entstehen und vergehen große und kleine Zivilisationen, vollziehen sich Tragödien und Hochentwicklungen. Neun Männer mit einer für uns unergründlichen Aufgabe, gebunden nur an ein oberstes Gebot: das Gebot des Stillschweigens.

Eine schöne Legende, ohne Zweifel. Betrachtet man die tatsächliche Geschichte mit ihrer Vielzahl von Niedergängen, Schlachtfesten, Untaten und dem kaum zu beschreibenden Elend, fragt man sich, *wie* schlimm die letzten zweitausend Jahre wohl *ohne* die Neun Unbekannten geworden wären.

So zu argumentieren ist zynisch, demagogisch und scheuklappenbewehrt. Als Teile des Systems können wir – so sagt bereits die Kommunikationstheorie – dieses nicht von außen betrachten. Simpler ausgedrückt: Da wir nicht wissen, worum es geht und wohin die Reise fährt, sind wir zu einem objektiven Urteil nicht in der Lage. Massenhaftes Leid ist schrecklich, muß aber (leider) kein Gradmesser für den Erfolg einer Mission sein, die »größer als das Leben« ist. Dieses Dilemma läßt sich nicht lösen, wohl aber ist die Frage zu stellen, ob man Indizien für tatsächliche Aktivitäten der Neun Unbekannten entdecken kann, sowenig humanitär sie uns kurzfristig auch erscheinen mögen. Zu einer langfristigen Perspektive sind wir ja offensichtlich nicht fähig, wie der Zustand der Welt beweist.

Es liegt auf der Hand, daß die Neun Unbekannten bestenfalls extrem unauffällige Spuren hinterlassen haben. Ihre Kontakte zu den gewöhnlichen Sterblichen dürften entweder sehr selten oder bestens getarnt verlaufen sein. Die Vermutung drängt sich auf, daß außergewöhnliche (nichtmenschliche?) Persönlichkeiten wie die bereits erwähnten – da Vinci, Boscovich, Saint-Germain usw. – Mitglieder der Neun Unbekannten waren oder mit ihnen in Verbindung standen. Zu beweisen oder zu widerlegen ist das allerdings nicht.

Louis Jacolliot

Ein überzeugter Verfechter der Existenz der Neun Unbekannten war der Schriftsteller und Jurist Louis Jacolliot (1837–1890), der französischer Gesandter in Kalkutta und Oberster Justizbeamter in Chandernagore war. Er widmete viele Jahre dem Studium der Geschichte des Subkontinents und des Hinduismus (mit Schwerpunkt auf den Wundern heiliger Männer) und verfaßte ein eminentes Werk über okkulte Wissenschaften im alten Indien. Jacolliot erwähnt 1860 im Zusammenhang mit den Neun Unbekannten wissenschaftliche Methoden, die ihrer Zeit weit voraus waren, darunter die Umwandlung von Masse in Energie oder Sterilisation durch Strahlung. Wie er um die Mitte des neunzehnten Jahrhunderts diese Aussagen machen konnte, stellt bereits ein Rätsel dar.

Louis Jacolliot ging jedoch noch weiter. Er nahm die Legende beim Wort, die Neun Unbekannten seien für den unerklärlichen Effekt des Gangeswassers verantwortlich. Bekanntlich wird dem heiligen Fluß eine mystische Heilkraft zugeschrieben. Fakt ist, daß sich seit Jahrhunderten Millionen und Abermillionen von Pilgern, die mit den grausigsten und infektiösesten Krankheiten behaftet sind, in seinen Fluten tummeln. Trotzdem erfolgt keine signifikante Ansteckung der gesunden Badenden, obgleich der Strom ein einziger Seuchenherd sein müßte. Die wenig befriedigende Erklärung macht Bakteriophagen dafür verantwortlich, wobei niemand zu sagen vermag, wieso diese nicht auch im Brahmaputra, im Hoangho oder im Amazonas zu finden sind. In seinem Buch vertritt Jacolliot die Ansicht, der Ganges würde von einem geheimen Tempel aus durch Strahlung sterilisiert – hundert Jahre bevor die abendländische Wissenschaft eine solche Methode anwandte.

Es gibt noch mehr Ereignisse, die mit den Neun Unbekannten in direkte Verbindung gebracht werden. Beispielsweise soll der Schweizer Tropenarzt und Mitarbeiter Pasteurs, Alexandre Yersin (1863–1943), im Jahr 1890 bei einem Besuch in Madras biologische Geheimnisse erfahren haben, durch die er ein Serum gegen die Cholera und die Pest entwickeln konnte.

Wissensvernichtung durch die Jahrtausende

Die menschliche Geschichte ist voller Anachronismen, die bequemerweise mit dem Hinweis unter den Teppich gekehrt werden, man lasse sich durch das heutige Wissen zu Fehlinterpretationen verleiten. Erich von Däniken und andere Erforscher von Vergangenheitsrätseln können ein Lied davon singen, wie schnell ein unerklärliches Fundstück als Kultgegenstand »identifiziert« wird, egal, wie technisch es auf jeden naturwissenschaftlich Gebildeten wirken mag. Technologie oder gar Supertechnik sind einzig und allein unserem Jahrhundert vorbehalten, und damit basta.

Wieso eigentlich? Wie armselig wenig wissen wir doch über die Einsichten, die in dem ungeheuren Berg von Aufzeichnungen niedergelegt waren, der im Laufe der Jahrtausende vernichtet wurde. Was mögen die über zweihunderttausend Bände der Bibliothek von Pergamon in Kleinasien beinhaltet haben, die von Kaiser Theodosius und später von den Sarazenen endgültig zerstört wurde? Was die legendären Sibyllinischen Bücher, die 83 v. Chr. beim Brand Roms ein Opfer der Flammen wurden, und was die keltischen Druidenschriften, die Julius Cäsar in alle Winde zerstreuen ließ? Welches uralte Wissen verzehrten die Flammen beim Brand der siebenhunderttausend Schriftrollen der Bibliothek von Alexandria im Zuge der Eroberung Ägyptens durch Julius Cäsar? Wie viele Erkenntnisse verschwanden bei der Einäscherung der fünfhunderttausend Papyrusrollen umfassenden Samm-

lung des Brucheion? Was mag 640 n. Chr. in Rauch aufge-
gangen sein, als Omar, der zweite Kalif des Islams, der alex-
andrinischen Bibliothek den Rest gab, indem er Millionen
unersetzlicher Buchrollen zur Befeuerung der städtischen
Badeanlagen verwenden ließ?

Wohin sind etwa 600 v. Chr. die Sammlungen des Pisistratus
beziehungsweise Pisander in Athen gekommen, wohin die
von Theben, die des Tempels von Jerusalem oder jene im
Sanktuarium des Phtah in Memphis? Was wurde aus den
Tontafelarchiven der Minoer zu Knossos auf Kreta, deren
ärmliche Überreste erst zum kleinsten Teil übersetzt wurden,
und was aus dem heute verschollenen ungeheuren Schatz
von antiken Schriftrollen, der sich im Besitz des russischen
Zaren Iwan des Schrecklichen befand?

Welche Denkleistungen verschlang der Untergang der syri-
schen Bibliotheken, und was würden wir heute wissen, gäbe
es noch die »Stadt der Bücher« König Sargons von Uruk mit
ihren vernichteten akkadischen und sumerischen Schriften
oder die Bibliotheken von Nippur und Ninive?

Warum gab Alexander der Große den Befehl zur Vernichtung der in goldenen Lettern geschriebenen Urschrift des
einundzwanzigbändigen heiligen Buches der Parsen, *Awesta*,
bei deren Niederschrift dem Religionsgründer Zarathu-
stra/Zoroaster der »Herr des Lichts Ahura Mazda« beige-
standen haben soll?

Nicht anders erging es den heiligen Texten Südamerikas. Neben der Vernichtung von Aufzeichnungen durch die miteinander rivalisierenden indianischen Stämme ist die Einäscherung der gesamten aztekischen Schriften von Texcuco auf
Geheiß von Erzbischof Don Juan de Zumárraga besonders
schmerzlich. Wie ein spanischer Zeuge berichtet, stapelten
die Missionare die Schriften auf dem Marktplatz zu einem
Hügel von mehrfacher Mannshöhe auf. Und dann verbrann-

ten, so der Chronist, »die Erinnerungen an viele recht seltsame und merkwürdige Ereignisse zu Asche«. Dasselbe Schicksal erlitten die umfangreichen Aufzeichnungen der Maya.

Immer wieder, überall in der Welt, ging Wissen in Flammen auf. Im achten Jahrhundert überantwortete Leo Isaurus dreihunderttausend Bücher den Öfen von Konstantinopel. Unschätzbares Wissen bargen die Tausende von Büchern aus Chinas Vorgeschichte, die Li Ssi, ein Minister des Kaisers Chin Shi Huang-Ti, 213 v. Chr. einäschern ließ, wie auch die halbe Million Bücher der Bibliothek von Karthago, die bei der Eroberung durch die Römer 146 v. Chr. verbrannt wurden.

Die Liste derartiger Monstrositäten durch die Jahrtausende ist unendlich lang und vielfältig, eine einzige Parade der Schande, die sich viele Seiten lang fortsetzen ließe. Man spricht nicht zu Unrecht von der *Wissensexplosion* unserer Tage. Der Umfang der *Wissensvernichtung* im Laufe der Zeiten kann nicht einmal annähernd geschätzt werden. Was im Mittelalter in Flammen aufging, entzieht sich jeder Bestimmung. Trotz dieses unvorstellbaren Aderlasses lugen da und dort die Zeugnisse anachronistischer Vorgänge wie scheue Pflänzchen durch die sie verhüllende Schicht der Ignoranz. Der Kahlschlag an den Rätseln der Vergangenheit ist trotz größter Bemühungen nicht hundertprozentig gelungen. Damit bleibt zwar nach wie vor fraglich, ob die Neun Unbekannten ihr Wissen aus dem Fundus einer niedergegangenen technologischen Hochzivilisation schöpften oder aus einer noch exotischeren Quelle, nicht aber die Möglichkeit des Wissens selbst.

Kriege der Götter

Das bekannteste Beispiel für vorgeschichtliche Superwissenschaft ist die Beschreibung eines Götterkrieges, die sich im berühmten altindischen National- und Heldenepos *Mahab-harata* (wie auch in den *Weden*) findet. Seine Entstehung läßt sich bis ins Jahr 500 v. Chr. zurückverfolgen. Manche datieren es sogar um 7000 v. Chr. Sozusagen schwarz auf weiß sind dort Ereignisse festgehalten, die nach unserer Zeitrechnung vor vier- bis fünftausend Jahren stattgefunden haben sollen.

Besondere Beachtung verdienen die detailreichen Berichte über den achtzehn Tage dauernden Krieg zwischen den Kauravas und Pandavas im oberen Gangesgebiet sowie über die kurz danach erfolgte Auseinandersetzung zwischen Vrishnis und Andhakas. In beiden Kriegen kamen Flugmaschinen, sogenannte »vimanas«, sowie eine Art von Energie- und Raketenwaffen zum Einsatz, die als »agneya« bezeichnet wurden. Hier handelt es sich nicht um eine kühne Interpretation nebuloser Formulierungen, sondern um präzise Schilderungen, die kaum untechnisch gedeutet werden können.

Wer würde bei den folgenden Beschreibungen nicht an gegenwärtige und zukünftige Kriege denken: »... der kühne Adwattan zielte genau, dann ließ er das schillernde Geschoß lodernden Feuers losrasen. Flammende Pfeile hüllten die gegnerischen Pandavas ein. Dunkelheit brach herein. Meteorschauer ergossen sich vom Himmel. Brüllende Winde erhoben sich. Wolken türmten sich himmelwärts und ließen Staub und Steine herabregnen. Die Sonne taumelte am Firmament. Die Erde erbebte unter der Hitze der Götterwaffe. Elefanten gingen in Flammen auf. Das Wasser des Flusses kochte und tötete alles Leben in ihm. Vieles wurde zu feiner Asche. Überall stürzten die Tiere zu Boden und starben. Feuerblitze regneten vom Himmel. Die feindlichen Soldaten wurden von Flammen eingehüllt. Tausende von fliegenden Kriegsmaschinen fielen auf beiden Seiten zur Erde. Gurkha sandte ein einzelnes Geschoß mit der Kraft des Universums von seiner fliegenden Vimana gegen die drei Städte der Vrishnis und Andhakas. Eine riesige Säule aus Rauch und Feuer erhob sich, strahlend wie tausend Sonnen. Dieser eine Todesbote verwandelte die gesamte Rasse der Vrishnis und Andhakas zu Asche. Die Körper verbrannten zur Unkenntlichkeit. Haare und Nägel waren ausgefallen. Vögel fielen vom Himmel, weiß geworden. Überlebende Krieger sprangen in die Flüsse, um sich vom unsichtbaren Gift reinzuwaschen, das den Tod brachte.«

Eine bedrückende Schilderung, die unangenehm vertraut klingt. Wer diese eindeutige Aufzählung von Folgeerscheinungen radioaktiver und atomarer Einwirkungen für willkürliche Phantasien hält, der treibt mit dem gern bemühten »Zufall« eindeutig Schindluder. Dazu kommt die störende Tatsache, daß im oberen Gangesbereich in Nordindien, zwischen dem Ganges und den Rajamahal-Bergen, dort, wo der im *Mahabharata* beschriebene Bharata-(Atom-)Krieg stattgefunden haben soll, verbrannte Ruinen zu finden sind. Sie wurden nicht Opfer eines gewöhnlichen Feuers, sondern regelrecht zusammengeschmolzen.

In den dichten Wäldern des Halbinselhochlandes Dekhan stehen sogar riesige Felder solcher teilweise zu einer glasartigen Substanz gewordenen Ruinen. Die Hitze der Sterne muß über sie hinweggegangen sein. Im Inneren mancher Gebäude finden sich Gegenstände, die zuerst geschmolzen und dann kristallisiert sind. In derselben Region des Dekhans entdeckte der russische Forscher A. Gorbovsky ein menschliches Skelett mit einem Radioaktivitätspegel fünfzigmal so hoch wie normal. Unwillkürlich muß man dabei an die radioaktiven Mumien im ägyptischen Museum in Kairo denken.

Aber bleiben wir noch einen Augenblick in Indien. War nicht der Dekhan ein Teil des Imperiums von Kaiser Aschoka? Genau! Also weiter mit neu gestärkter Zuversicht.

Zeugnisse in aller Welt

Überall in der Welt finden sich Ruinen und Überreste von Städten, die von sonnenheißen Feuerbällen berührt wurden, beispielsweise eine Tempelstruktur, genannt »Zikkurat«, unweit des antiken Babylon.

Erich von Fange meinte zu den Verwüstungen der Anlage: »Der Turm scheint von einem Flammenschwert geteilt worden zu sein. Viele Gebäudeteile sind in Glas verwandelt, manche vollständig geschmolzen. Die gesamte Ruine wirkt wie ein verbrannter Berg.«

Die westarabische Wüste ist mit schwarzen Steinen, genannt »harras«, bedeckt, die stärkster Strahlung ausgesetzt gewesen sein müssen. Auf einer Fläche von über zehntausend Quadratkilometern gibt es achtundzwanzig Harras-Felder.

In prähistorischen Festungen und Türmen in ganz Europa, von den Britischen Inseln bis zu den norwegischen Lofoten, sind Wände und anderes durch infernalische Hitze unbekannten Ursprungs zu Glas geworden. In Frankreich, England, Schottland und Irland finden sich Steinverglasungen auf zahlreichen Bergen und Anhöhen. Besonders faszinierend ist der 560 Meter hohe Hügel Tap O'Noth unweit des Dörfchens Rhynie im schottischen Aberdeenshire, auf dessen Spitze eine Mauer aus glasartig zusammengeschmolzenen Felsen thront, die ein Rechteck von 28 mal 45 Metern umschließt. Dazu Professor Hans Schindler Bellamy: »Die Steine müssen einer Hitze von weit mehr als eintausend Grad Celsius ausgesetzt gewesen sein.« Weitere Steinverglasungen lassen sich wenige Kilometer von Rhynie entfernt in Dunnideer sowie bei Craigh Phadrig und in Inverness besuchen. Manche Granitbauten entlang der irländischen Küste und Gebäude in Schottland sind bis einen Fuß tief unter der Erdoberfläche glasiert.

Auf der geheimnisumwitterten polynesischen Osterinsel im

Pazifik umgibt am Fuße des Vulkans Rana-Kao eine riesige, scharf begrenzte Furche einen »orito« genannten Hügel. Diese achthundert Meter lange und zweihundert Meter breite Rille ist ein klar begrenztes Obsidianlager und besteht aus geschmolzenem Fels. Aus großer Höhe wirkt das Ganze wie ein scharf ziselierter Ring. Es sieht aus, als wäre er von einem Riesenzirkel mit einer Spitze aus Laserfeuer gezogen worden.

Unweit der mysteriösen Präinkafestung Sacsayhuaman zehn Kilometer oberhalb von Cuzco in Peru wurde ein fünfzehntausend Quadratmeter großes Felsenareal durch titanische Hitzeeinwirkung kristallisiert. Auch die Festung selbst muß etwas abbekommen haben, denn bei ihr finden sich ebenfalls Schmelzspuren, unter anderem der Steinkoloß »kenko grande«, der wirkt, als habe ihn ein Gigant mit einem sonnenheißen Messer bearbeitet.

In Brasilien stößt man südlich von Teresina zwischen Piripiri und Rio Longa auf Ruinen, die »sete ciddaes« genannt werden. Geschmolzene Ruinen, versteht sich. Das Besondere an ihnen ist, daß sie zusätzlich wie von einer riesigen Hand in den Boden gedrückt wurden.

Lange bevor sich die europäischen Kolonisten dort ausbreiteten, muß auch Nordamerika Schauplatz unheimlicher Energieausbrüche gewesen sein. Die heutigen US-Bundesstaaten Kalifornien, Arizona und Colorado können mit einer Vielzahl gesinterter Uraltruinen aufwarten. 1850 nahm Captain Ives William Walker »besondere Plätze« im kalifornischen Death Valley in Augenschein. Dabei stieß er auf eine Stadt von eineinhalb Kilometer Länge, die buchstäblich verdampft sein muß. Nur noch so etwas wie ein Grundriß von Straßen und Gebäuden war am Boden zu erkennen. Einzig in ihrer Mitte stand einsam und allein ein zehn Meter hoher Stein, auf dessen Spitze sich eine Struktur befunden hatte.

Sie war, ebenso wie der hinter dem Felsen liegende Gebäudeüberrest, geschmolzen. Captain Walker machte einen Vulkan für die Verheerungen verantwortlich. Allerdings gibt es dort keinen Vulkan, und selbst wenn, hätte seine Hitze für diese Art von Verheerung niemals ausgereicht. Ein Mitarbeiter Walkers faßte später zusammen: »Die gesamte Region zwischen den Flüssen Gila und San Juan ist mit den Überresten von Städten mit Schmelzspuren bedeckt. Gebäude und Gegenstände müssen einer Temperatur ausgesetzt gewesen sein, die groß genug ist, um Felsen und Metall zu verflüssigen. Man hat den Eindruck, eine riesige Feuerwalze sei über das Gebiet hinweggerollt.«

Dann gibt es noch die *Artefakte*. Archäologen gruben 1952 in Israel eine Platte zu Glas verschmolzenen Quarzsandes mit einer Größe von über einhundert Quadratmetern aus. Das Gebilde ist so gut wie identisch mit jenen, die nach den Atomtests in der Wüste von Nevada gefunden wurden. Gleichartige Funde gab es im Irak in einer Bodenschicht unterhalb jungsteinzeitlicher Formationen sowie in der Sahara, in der Wüste Gobi, in der nordamerikanischen Mohave-Wüste und noch andernorts. Besonders skurril sind die zu Glas gewordenen Bodenpartien von Lop Nor in Sinkiang, nahe dem chinesischen Atomtestgelände. Die dort vorhandenen uralten Stücke unterscheiden sich nämlich überhaupt nicht von den Quarzverschmelzungen, die sich bei den chinesischen Atomversuchen bildeten. Auch diese Liste ließe sich fortsetzen.

Recht überzeugend, die Beweise für die »Legenden« in den alten Aufzeichnungen, oder? Besonders wenn man bedenkt, daß nur noch ein winziger Überrest davon existiert und daß davon wiederum nur ein Bruchteil übersetzt wurde.

Einen Eindruck vom verlorengegangenen Wissen bekommt man bei näherer Beschäftigung mit den noch vorhandenen alchimistischen Schriften, die zu neunzig Prozent unbeachtet und unentziffert vor sich hin dämmern. Es ist keine kühne Spekulation, in ihnen Erkenntnisse zu vermuten, die das Prädikat anachronistisch mehr als verdienen. Kopernikus, Galilei, Newton und viele andere gaben zu, wesentliche Anregungen aus der Antike geschöpft zu haben.

Altes Wissen, neu verstanden

Immer wieder erlaubt erst unser *neues* Wissen das Verständnis von *altem* Wissen. Was ursprünglich für ein Ritual, eine kultische Handlung etc. gehalten wurde, entpuppt sich plötzlich als etwas anderes, betrachtet man es vom richtigen Standpunkt aus.

Ein immer wieder zitiertes Beispiel ist die alchimistische Bereitung des Wassers zur Gewinnung des Elixiers vermittels Tausende Male wiederholten Destillierens. Die dabei stattfindende Transmutation wurde ohne weiteres Hinterfragen als psychologischer Prozeß erkannt. Verändert werden sollte nicht die Flüssigkeit, sondern der Geist des Alchimisten durch unzählige Wiederholungen desselben Vorgangs: ein meditatives Training zur Ausbildung von Charakter, Willensstärke und Geduld. Physik und Chemie konnten bei den Interpretationen der diesbezüglichen Texte aus dem Spiel bleiben. Eine klare Sache. Peinlicherweise stellte sich jedoch heraus, daß just diese geistige Übung zur Anreicherung des Wassers führt. Am Ende steht nicht nur der transmutierte Alchimist, sondern *schweres Wasser*, jene Substanz, die das Feuer der Hölle in den zu Recht gefürchteten H-Bomben entfacht. Einige Wissenschaftler sind nicht davon abzubringen, daß der unsterbliche Alchimist Fulcanelli jener Geheimnisvolle war, der sie und andere einflußreiche Persönlichkeiten 1937 vor den Gefahren der Uranspaltung warnte. Obgleich das Plutonium erst 1941 von dem Physiker Glenn T. Seaborg im kalifornischen Berkeley-Institut entdeckt wurde, kannte der Fremde bereits vier Jahre früher das Element vierundneunzig (Plutonium) und wußte genau, was sich Verhängnisvolles damit anstellen ließ.

Veranlaßt durch den diesbezüglichen Bericht des Chemikers, Autors und Ritters der Ehrenlegion, Jacques Bergier (1912–1978), der vor und im Krieg an Projekten mit schwerem Wasser und mit Radioaktivität arbeitete, machte die Vorgängerorganisation des CIA, das Office of Strategic Services (OSS) 1945 allen Ernstes Jagd auf Fulcanelli. Ein Mann, der die Atomgeheimnisse sogar noch vor den USA besaß, mußte dingfest gemacht werden. Der Jagd war allerdings kein Erfolg beschieden.

Genug der Anachronismen und Ungereimtheiten. Zumindest der Indizienbeweis scheint gelungen, daß die Neun Unbekannten über ein Wissen verfügt haben können, das unserem nicht nachsteht oder sogar überlegen ist. Damit kehren wir zurück zum Rätsel der Zahl Neun, das sich ohne Unterbrechung von der Vergangenheit bis ins Heute erstreckt, und zwar durchaus greifbar.

Neun Prinzipien und Kräfte

Zur Zeit der Kreuzzüge übernahmen 1118 n. Chr. neun französische Ritter den Schutz der Pilger auf dem Weg von der Küste zu den heiligen Stätten von Jerusalem, nachdem sie vor dem Patriarchen von Jerusalem das Gelübde der Armut, der Keuschheit und des Gehorsams abgelegt hatten. Diese neun Rittermönche waren die Gründer des Templerordens, den nach wie vor der Schleier des Geheimnisses umgibt. Im achtzehnten Jahrhundert stoßen wir auf die Freimaurerloge der »Neun Schwestern«, der Denis Diderot, der Rechtsphilosoph Charles de Montesquieu und Voltaire angehört haben sollen.

Auch in unseren Tagen regt sich so manches. So wurde der Neurologe, Parapsychologe und Inhaber mehrerer Patente für Miniaturhörhilfen, Dr. Henry Karl »Andrija« Puharich, aus heiterem Himel mit einer Macht, oder was auch immer, konfrontiert, bei der die Neun eine Rolle spielt.

Bei einer Arbeitssitzung im Jahr 1952 mit dem Inder Dr. Vinod begann letzterer, zur grenzenlosen Verblüffung von Dr. Puharich, mit veränderter Stimme zu sprechen. Mit einem englischen Akzent erklärte der Inder, aus ihm spreche ein Mitglied der »Neun Prinzipien und Kräfte«, ein Konsortium übermenschlicher (kosmischer?) Intelligenzen, das der Menschheit unauffällig beistehe. Nach dieser ersten kurzen Kontaktaufnahme wurde Dr. Vinod wieder er selbst.

Trotz aller Seltsamkeit legte der Neurologe den Vorgang erst einmal geistig zu den Akten. Allerdings nicht für lange, denn kurze Zeit später traf er in Mexiko eine amerikanische Arztfamilie, die nach eigenen Aussagen mit den Neun Kräften und Prinzipien laufend in Verbindung stand. Auch das wäre noch hinzunehmen gewesen. Gänzlich unerklärlich ist allerdings das Faktum, daß die Neun Kräfte über die Arztfamilie den Dialog mit Dr. Puharich exakt an dem Punkt wiederaufnahmen, an dem der Erstkontakt via Dr. Vinod geendet hatte. All das ist mit Vorsicht zu genießen, da Dr. Puharich die Neun laut Colin Wilson für außerirdische Wesen hält, die in nicht allzu ferner Zukunft in UFOs herabkommen würden. Er bringt sie auch in Verbindung mit dem PSI-begabten Israeli Uri Geller, mit dem er gearbeitet hat und der behauptet, Kontakt mit einem nichtirdischen Wesen mit Falkenkopf zu haben. Trotzdem betrachte ich die Ziffer Neun, bei allen Vorbehalten diesem Fall gegenüber, im generellen Zusammenhang als signifikant.

Damit wollen wir es bewenden lassen. Weiterführende Spekulationen in der eingeschlagenen Richtung dürften unweigerlich in einer Sackgasse enden. Sofern es eine Vereinigung wie die Neun Unbekannten tatsächlich geben sollte, liegt es in der Natur der Sache, daß Normalsterbliche sie niemals enttarnen könnten. Es scheint mir daher müßig, sich den Kopf zu zerbrechen, ob die Neun Unbekannten mit den noch dubioseren Neun Kräften irgend etwas zu tun haben oder gar identisch sind und welches Mitgliedsabzeichen man Fulcanelli oder Saint-Germain anheften soll. Speziell der geheimnisvolle Graf wäre ein Kandidat für die unterschiedlichsten Übermenschen-, Initiierten- oder Erweckten-gruppierungen, auf die man allenthalben stoßen kann. Läßt man nämlich die nicht beweisbare Unsterblichkeit von Saint-Germain ebenso beiseite wie seine (vom bloßen Umfang her) übermenschlichen Fertigkeiten, bleibt immer noch seine Präkognition. Beispielsweise prophezeite er die Französische Revolution, machte den Schwedenkönig Gustav III. auf kommende Gefahren aufmerksam und wußte noch anderes im vorhinein.

Es nützt alles nichts, die umstrittenen geheimen Meister legen ihre Karten nicht auf den Tisch, und ihr Ursprung liegt im dunkeln. Die Frage, ob die Neun Unbekannten die letzten einer erloschenen oder die ersten einer neuen Spezies sein könnten, ist so unlösbar wir das Paradoxon, ob Henne oder Ei zuerst da war. Will man nicht Außerirdische oder Wesenheiten aus anderen Dimensionen und Seinsebenen bemühen, die ohnehin einen umfangreichen Literaturzweig bevölkern, so stehen reichlich Deutungen zur Auswahl.

Möglicherweise konnte ein Volk oder eine Gruppe vor Jahrtausenden das gesamte Gehirnpotential erwecken, ein Prozeß, dem nicht nur Neurophysiologen nach wie vor verbissen hinterherjagen. Der bekannte Esoteriker Georg Iwanowitsch Gurdjieff meinte einmal: »Hundert Erweckte können den Lauf der Welt bestimmen.« Vielleicht tun sie es. Ebensogut mögen Mitarbeiter jener mystischen hochentwickelten Vorrasse unter uns weilen, die Anthropologen parallel zum Neandertaler entdeckt haben wollen, hunderttausend Jahre vor unserer Zeit. Nicht weniger attraktiv ist die Vorstellung, schlafende Genprogramme könnten in Aktion getreten (oder aktiviert worden) sein und einen Evolutionssprung bewirkt haben. Von alldem abgesehen, legt der *Homo sapiens* immer wieder übermenschliche Züge an den Tag, wie im Abschnitt »Wunderwesen Mensch« gezeigt wurde. Vielleicht sind wir auch nur – wie es der berühmte Chronist des Unerklärlichen Charles Hoy Fort desillusionierend ausgedrückt hat – schlicht und einfach »Eigentum«. Ebenso denkbar ist, daß die Spezies Mensch behutsam an den Klippen des Schicksals vorbeigelotst wird und sich ohne diese Führung bereits ausgerottet hätte (den festen Willen dazu beweisen wir ja täglich aufs neue).

Wer wagt die Antwort?

Was auch der Fall sein mag, die Fußspuren der Unbekannten (seien es nun die berühmten Neun oder andere) existieren. Parallel dazu stößt man auf mannigfaltige Indizien für anachronistische Kenntnisse in fernster Vorzeit, oftmals verpackt in Rituale und Traditionen. Beispielsweise wurde in der TV-Dokumentationsserie *Barfuß durch Zeit und Raum* das alte asiatische Dharma-Spiel mit der Beobachterhypothese der Quantenphysik verglichen. Nach den Spielregeln laufen Kinder um ein weiteres, in der Mitte stehendes, herum, das die Augen geschlossen hat. Öffnet es die Augen, bleiben die anderen stehen. Das Kind in der Mitte kann die Mitspieler daher niemals in Bewegung wahrnehmen. Ganz so, wie es uns bei den Wellen/Teilchen ergeht, deren Tanz uns für immer verborgen bleibt. Darüber hinaus bewegen sich die Kinder just in jenen verborgenen Zufallsbahnen, die wir den Wellen/Teilchen statistisch zuordnen. Frappierend ist die Ähnlichkeit des Charakters dieses Spieles mit der griechischen Sage vom Meergreis Proteus, dem die gesamte Vergangenheit, Gegenwart und Zukunft bekannt war. Um sie nicht enthüllen zu müssen, nahm er unentwegt verschiedene Gestalten an. Erst nachdem er gefangen und gezwungen wurde, eine bestimmte Gestalt zu behalten, konnte die Zukunft mit Sicherheit bestimmt werden. Manche Physiker unserer Tage sind über die Parallele zwischen dem Proteus-Mythos und dem Zusammenbruch der Wellenfunktion (beziehungsweise des Zustandsvektors) in der Quantenmechanik verblüfft. Offenbaren sich in solchen Überlieferungen einfach nur Zufälligkeiten, geheime Naturkonstanten oder verschüttete Wissensüberreste? Wer will darauf die Antwort wagen?

Fest stehen dürfte allerdings, daß sich die Puzzleteile kaum zu einem verständlichen oder gar vollständigen Bild zusammenfügen lassen. Wenn irgend etwas mit Sicherheit anzunehmen ist, dann die Tatsache, daß wir im Besitz von armselig wenigen Steinchen sind. Wir können sie nur herumschieben und die verbleibenden riesigen Lücken frustriert betrachten. Definitiv herauslesen läßt sich einzig und allein, daß nicht nur Vertreter des altbekannten *Homo sapiens* auf unserem Globus das Sagen hatten beziehungsweise haben und daß die Erde von Zeugnissen strotzt, die es nicht geben dürfte. Aller Schulwissenschaft zum Trotz.

Genug davon. Ernsthafte Zweifel an unserem vermeintlich gesicherten Wissen über die Vergangenheit scheinen mir unter den verschiedensten Gesichtspunkten hinlänglich untermauert und ebenso berechtigt zu sein wie solche am gegenwärtigen Weltbild.

Also auf in die Endrunde. Verlassen wir die Ebene geheimer Umtriebe, übermenschlicher Persönlichkeiten und rätselhafter Mächte. Es ist Zeit für die endgültige Zäsur, für den Schritt über die letzten Grenzen. Wagen wir den Gedankensprung in einen phantastischen Kosmos, wo alles bisher Vermutete wie biederer Kinderkram erscheinen muß. Damit unsere Vorstellungen – frei nach Niels Bohr – *absurd genug* werden, um *wahr* sein zu können.

Fremde Wirklichkeit

Ohne Frage gibt es eine unsichtbare Welt.
Das Problem ist: Wie weit ist sie von der Stadtmitte entfernt,
und wie lange hat sie täglich geöffnet?

Woody Allen

Virtuelle Realität

Nach getaner Tagesarbeit macht sich ein Mann in seiner Wohnung zur Entspannung bereit, und das im strikten Wortsinn. Er zieht seinen Entspannungsanzug an, eine Art elastischen Ganzkörperstrumpf, der ihn wie ein überdimensioniertes Kondom umschmeichelt. Auf der Innenseite dieser exklusiven Freizeitkleidung für das moderne Heim befindet sich ein dichtes Netz von Sensoren und Effektoren. Letztere sind winzige Relais von unterschiedlichen Dimensionen, die auf dem Körper unseres Freundes Vibrationen in abgestufter Stärke und Intensität sowie das Gefühl von Wärme, Feuchtigkeit und anderen Sensationen hervorrufen können. Das vermittelt einen absolut realistischen Eindruck taktiler Vorgänge. Einfacher ausgedrückt: Körperliche Nähe und die Berührung durch eine andere Person werden vorgegaukelt. Natürlich ließe sich auch der Eindruck simulieren, eine Ameisenstraße würde über den eigenen Körper laufen, doch wer will das schon?

Nachdem unser Freund richtig angezogen ist, begibt er sich in seine gutgepolsterte Kammer, die etwas kleiner ist als ein Flugsimulator, verkabelt seinen Anzug, streift den Datenhandschuh über, setzt einen Helm auf, und es kann losgehen. Die Wunschkassette ist bereits eingelegt. Heute will er sich etwas ganz Besonderes gönnen: Sex ohne Tabu mit Katharina der Großen.

Dieses Szenario entstammt keineswegs den Phantasien pubertierender Videofreaks, sondern wird laut Aussagen von Technikern und Computerexperten noch vor der Jahrhundert- beziehungsweise Jahrtausendwende Wirklichkeit. Stichwort »virtuelle Realität« oder »Cyberspace«. Letzterer Begriff setzt sich aus »cyber« von Kybernetik (abgeleitet vom griechischen Wort »kybernetike« für Steuermannskunst) und »space« (Raum) zusammen. Man könnte durchaus auch sagen: »Weltschöpfung« in neuem Gewande.

Der kalifornische Fachautor Howard Rheingold ist ebenso von der Machbarkeit totaler Kunstwelten überzeugt wie Robert Trappl vom Forschungsinstitut für künstliche Intelligenz in Wien. Der Hamburger Medienforscher und Spezialist für künstliche Intelligenz, Benjamin Heidersberger, bringt es auf den Punkt: »Die letzte Konsequenz von Cyberspace ist Sex mit Marilyn Monroe. Stars werden per Software nachempfunden, vervielfältigt und zu Hause als Kassette eingeworfen.«

So phantastisch dies auch anmuten mag, angesichts der heute bereits im Einsatz befindlichen Techniken dürften sogar solche Visionen bald überholt sein. Wohl ist der Schritt in eine andere Realität mittels elektronischer Simulation noch nicht so unmittelbar und real wie der gute alte LSD-Trip, aber man darf hoffen.

Zuerst einmal braucht man allerdings reichlich Hardware: eine stereoskopische Brille im Cyberhelm, die jedes Auge mit ausreichenden Bildinformationen versorgt, um subjektive Realität zu erzeugen. Das gibt es. Beispielsweise präsentierte der japanische Elektronikgigant Sony mit dem »Visotron Prototype Personal LCD Monitor« eine Brille mit zwei in der Diagonale zirka 1,75 Zentimeter messenden LCD-Bildschirmen mit einer Kapazität von je einhundertdreitausend Bildpunkten sowie integrierten Stereokopfhörern – TV-Genuß par excellence. Dementsprechend ließen sich Testpersonen auch nur äußerst widerwillig in die triste Alltagswirklichkeit zurückholen.

Dann gibt es noch den bereits erwähnten Datenhandschuh (»data glove«), nach dessen Anweisungen der Großrechner agiert. Jede Handbewegung löst Signale aus, die berechnet, entschlüsselt und in aktives Agieren innerhalb der Kunstwelt umgesetzt werden. Mit diesem und anderen Hilfsmitteln kann man sich in die virtuelle Realität einklinken, die sich auf dem normalen Bildschirm oder auf den Minimonitoren der Cyberbrille – jedenfalls aber im eigenen Schädel – entfaltet. Körperliche Reize werden mitgeliefert, etwa das Fühlen echten Widerstands beim Öffnen einer Tür im Cyberspace. Die britische Firma Advanced Robotics Research ist eine von jenen, die an der Herstellung von Datenhandschuhen arbeiten, die solche Sinneswahrnehmungen immer perfekter möglich machen. Die Entwicklung ist im wahren Wortsinn eine rasende.

Vom Computer-added-System zu Doktor Schapirows Gehirn

Je mehr sich aus der wachsenden Menge von Einzelteilen ein Gesamtsystem herausschält, desto realer wird das Irreale. Es ist kein Problem, den Cyberspace-TV-Sessel rückkoppelnd zu bewegen, erzittern zu lassen etc., so daß beispielsweise bei einem virtuellen Kamelritt die passende Schaukelbewegung erfolgt. Im Sexkämmerchen unseres Freundes wird die Sache dann total. Natürlich kommt die virtuelle Realität nicht nur im Alltag bei Freizeit und Unterhaltung zum Einsatz, sondern in Medizin, Forschung usw. Mit den diversen Computer-added-Systemen (CA) konnte man bislang beim Entwerfen von Gebäuden und Bauten, beim Restaurieren usw. das Gewünschte imaginär auf dem Bildschirm entstehen lassen und körperlos darin herumwandern. Im Cyberspace kann man sogar Hand anlegen, auf virtuellen Möbelstücken Platz nehmen und ähnliches. Chemiker können an Molekülen herumschneidern, Geologen tektonische Bewegungen hautnah simulieren, Ärzte die Herzkammern eines Patienten direkt inspizieren usw. All das ist keine Zukunftsmusik.

Die San Franciscoer Computerfirma VPL Research vertreibt Cyberspace-Soft- und -Hardware. Die NASA operiert mit einem System namens VIEW (»virtual interface environment workstation«). An der Universität von Nordkalifornien designt man Medikamente im Cyberspace. Eine virtuelle Kopie des kompletten Menschen ist für Simulationschirurgie im Entstehen. Entdeckungsreisen im Inneren des *Homo sapiens* sind bereits medizinischer Alltag (virtuelles Gegenstück zu Isaac Asimovs *Die phantastische Reise* und *Doktor Schapirows Gehirn*, in welchen Storys verkleinerte Wissenschaftler im menschlichen Inneren herumgeistern). Der Golfkrieg des Jahres 1991 wurde von offiziell so bezeichneten US-»Computeroffizieren« geleitet und fand sowohl in der irakischen Wüstenrealität als auch in der simulierten Parallelrealität eines darauf zugeschnittenen Cyberspace statt. Nicht zu vergessen die eingangs erwähnte Unterhaltungsindustrie. Im Londoner Fun Land (korrekt: Funland Limited Luna Park), der modernsten Spielhalle Europas, wird man für wenig Geld in drei Stockwerken unvorstellbarer Genüsse »virtuellen Entertainments« teilhaftig. Neben klassischen Flipperautomaten, einer Autodrombahn und anderem Gewohnten warten volldigitalisierte Virtual-reality-Welten auf den von der schnöden Wirklichkeit Gelangweilten. Er kann in das gewünschte dreidimensionale, plastische Abenteuer mit Haut und Haar einsteigen. Wer beispielsweise einmal den voll drehbaren, nicht grundlos mit einem Sicherheitsgurt ausgestatteten Sitz des SE-GA-Flugsimulators im Fun Land kennengelernt hat, weiß, wie sich der Pilot eines Kampfjets fühlt. In Wallnut Creek bei Los Angeles eröffnete Tim Disney, der Urenkel von Walt Disney, das Unternehmen Virtual World, welches ein großes Computerspiel mit Virtual-reality-Techniken zur sozusagen persönlichen Integration ins Spiel selbst anbietet. Deutschland hält mit der Entwicklung durchaus mit, und sogar das traditionsbewußte Wien hat sich dem Konzept des Cyberspace-Kaffeehauses in Theorie und Praxis geöffnet. Amerikanische Zahnarztpatienten werden durch einen Cyberhelm von der unangenehmen Realität einer Wurzelbehandlung wohlig abgelenkt.

All das sind nur die bescheidenen Anfänge computergesteuerter Kybernetikwelten. *Wild Palms* und *Tek Wars*, so die Namen von US-TV-Serien über die Brutalvermarktung von Virtual reality, sind näher, als wir glauben. Echt progressive Schwarmgeister entwickeln bereits Visionen radikal neuer Gesellschaftsformen, einschließlich einer völligen Umgestaltung der menschlichen Partnerschaft. (Man begegnet einander nur einmal. Von dem Moment an ist harmonische Zweisamkeit ohne störende Nähe des anderen gesichert. Dafür sorgen elektronisch gespeicherte Sinnesdaten, die man bei sich trägt, jederzeit abrufen und nach Herzenslust konsumieren kann. Befriedigung garantiert.) »Cyber-Sex«, dezenter auch »Fernverkehr« genannt, war eines der Gesprächsthemen des Jahres 1994 und ist nunmehr durch das amerikanische System »Interactor« für wenig Geld auch für den durchschnittlichen Sexfreund erschwinglich.

361

Minskys Absage

Marvin Minsky, Leitfigur der künstlichen Intelligenz, sieht die zu erwartende Kopplung Mensch–Computer so absolut, daß er der realen Welt die folgende Absage erteilte: »Im Jahr 3000 wird man in Häusern leben, Gegenstände benutzen und Dinge tun, die nicht vorhanden sind.« Ein Satz, in dem die altbekannte Aussage des Kommunikationsforschers, Therapeuten und Bestsellerautors Paul Watzlawick »Die Wirklichkeit ist eine Frage der Kommunikation« eine neue Dimension erhält.

Noch ist es nicht ganz *so* weit. Schon das heute Mögliche erfordert gehörig Computerzeit. Ein interaktives Reagieren des Rechners auf Handlungen des Akteurs ist in einem anderen Größenordnungsbereich angesiedelt als das gute alte Videospiel *Dungeons and Dragons*. Bereits für die laufende Wechselwirkung von Kunstwelt und Data glove muß mächtig gerechnet werden, beim interaktiven Abtasten aller Körperbewegungen (»whole body tracking«) steigert sich die Rechenzeit nochmals um einige Größenordnungen.

Trotzdem ist man sehr zuversichtlich. Die Schaffung der totalen Illusion wird durch den Umstand erleichtert, daß der *Homo sapiens* einer vorgegaukelten Wirklichkeit hilflos ausgeliefert ist. Seine Evolution hat ihn darauf nicht vorbereitet. Die Praxis zeigt, daß der Mensch so gut wie keinen Schutzmechanismus gegen geschickte Täuschungen besitzt. Das nimmt nicht wunder, denn die sogenannte Realität ist unserem direkten Zugriff ohnedies für immer verschlossen, ein Faktum, das nicht erst seit der Kopenhagener Deutung der Quantenphysik erkannt wurde. Unsere Wirklichkeit ist ein reduziertes Abbild des Kosmos. Es wird durch unser Sensorium gefiltert und dabei selektiv auf die Überlebensbedingungen der Frühmenschen zugeschnitten. Außerirdische mögen die Realität völlig anders wahrnehmen.

Millionen Besucher von Rummelplätzen, von Disneyland und Disneyworld, der Paramount-Filmstudios oder des Raumfahrtzentrums in Houston, Texas, und von anderen Örtlichkeiten können ein Lied davon singen, wie leicht sich Raumflüge, Stürze ins Nichts usw. simulieren lassen. Dabei sind die eingesetzten Mittel in manchen Fällen alles andere als aufwendig. Nicht einmal neu.

Die echte Zeitmaschine von H. G. Wells

Am 24. Oktober 1895 meldeten zwei Engländer eine Erfindung zum Patent an. Der eine von ihnen war der neunundzwanzigjährige H. G. Wells, der seine Lehrtätigkeit an der Norman School of Science im englischen South Kensington aufgegeben hatte, um Berufsschriftsteller zu werden. Der andere war der gleichaltrige Robert Paul, von Beruf Hersteller wissenschaftlicher Instrumente. Die Erfindung, welche die beiden jungen Briten patentieren lassen wollten, betraf eine Apparatur, die jene Effekte bewirken sollte, die H. G. Wells in seiner im Jahr davor veröffentlichten Story *Die Zeitmaschine* beschrieben hatte. Bei der Patentanmeldung handelte es sich natürlich nicht um eine Zeitreiseapparatur, sondern um eine frühe Multimediashow: eine Vorführkammer mit beweglichen Böden und Wänden, Einlaßöffnungen, durch die Luftströmungen hineingeblasen werden sollten, und Bildschirmen zur Vorführung von Filmen und Dias aus verschiedenen Zeitepochen. Der Ansturm auf mehrere Sinne gleichzeitig würde den Besuchern den Eindruck vermitteln, sie bewegten sich durch die Zeit. Dieses Medienkonzept, das seiner Epoche um ein gutes Jahrhundert voraus war, konnte aus Geldmangel nie realisiert werden und geriet in Vergessenheit. H. G. Wells wurde ein berühmter Vorläufer der Science-fiction, und Robert Paul versank in Frustration und Anonymität. Beide erlebten

nicht, wie die Elektronik ihre Idee wahr machte und weit
übertraf.

Zwei Seiten einer Medaille

Doch es geht auch ohne High-Tech, wie schon Wells und
Paul erkannt haben, sogar mit *noch* geringerem Aufwand, als
die beiden einsetzen wollten. Das kann ich aus eigener Erfahrung bestätigen. Ich bin immer wieder davon fasziniert,
wie wenig mir das Wissen um die tatsächlichen Gegebenheiten in einem Unterhaltungspalast im Wiener Prater nützt.
Dort sind in einem der Räume lediglich der Boden und die
Wände schief, und schon hat man das Gefühl, Andruck ausgesetzt zu sein. Ein klein bißchen mehr Drumherum, und
niemand könnte einen Menschen, der betäubt wird und dort
wieder erwacht, davon überzeugen, *nicht* in einem starten-
den Raumschiff zu sein.

Das ist die eine Seite der Medaille, die *menschliche*. Es gibt
auch eine andere, weniger ins Bewußtsein der Öffentlichkeit
dringende: die *kybernetische*. Die Evolution des Computers
von einem Ungetüm der Größe eines Häuserblocks bis zum
Minitaschenrechner, der ein Vielfaches der Leistung des
hausgroßen Gerätes erbringt, war eine galoppierende und ist
es immer noch. Ein Fachmann meinte, wenn man die Entwicklung des Computers mit der des Flugwesens vergleicht,
so wären die Brüder Wright am *Montag* bei Kitty Hawk auf-
gestiegen, und am *Freitag derselben Woche* würde bereits der
Flug des Spaceshuttle stattfinden.

Was *hinter* den Bildschirmen vor sich geht, kann man ohne
sonderliche Übertreibung bereits als eigenständige kybernetische Entwicklung bezeichnen. Digitalrechner, die in Autos
die Benzineinspritzung und anderes regeln, gehören heute
zum Alltag. Daß sie aber bereits immer mehr mit einer bewußten Unschärfe namens *Fuzzy logic* ausgestattet werden,

die analoges Reagieren auf unberechenbare Situationen er-
möglicht und den Prozessen in unseren Hirnen nicht ganz
unähnlich ist, muß erst ins Bewußtsein der Allgemeinheit
eindringen. Mit Fuzzy logic werden auch viele U-Bahn-Sy-
steme gesteuert. Bis auf wenige Insider weiß kaum jemand
von einer drei Jahrzehnte alten warnenden Aussage des
Massachusetts Institute of Technology (M. I. T.). Nach einer
Reihe von Black-box-Experimenten machte das M. I. T. im
Jahr 1965 darauf aufmerksam, daß aufgrund eines Entschei-
des Objekte schon bald vor Gericht als »Person« anerkannt
werden könnten.

Der 1994 vorgestellte Neurocomputer Synapse-1 hat mit
einer Leistung von 3,2 Milliarden Rechenoperationen pro
Sekunde erst die Kapazität eines Fliegengehirns, aber die
Entwicklung schreitet schnell voran.

Vorerst vage, aber dennoch unübersehbar zeichnen sich
faustische Gebilde am Horizont ab: Photonencomputer, Bio-
chips und Neuralsysteme, Parallelrechner mit einer Billion
Operationen in der Sekunde und Quantennetzwerke, die
mit SQUIDS (»supraconducting quantum interference de-
vices«) durch Supraleitung *überlichtschnell* arbeiten, so daß
die heutigen schnellsten Prozessoren dagegen wie ein System von Flaggensignalen anmuten. Computer bauen selbsttätig andere Computer, die niemand mehr versteht. Der
Computerterminus »Emulation« bedeutet die softwaremäßi-
ge Simulation eines fremden Computers auf dem eigenen
Gerät. Man spricht in diesem Zusammenhang von »virtuellen Maschinen«. Sie lassen sich mit einiger Konzilianz als
Vorläufer von »Computerleben« definieren. Andrew Tanen-
baum, Autor des Buches *Structured Computer Organization*,
meint zu dieser Systemnachahmung durch Computer:
»Große Computersysteme sind ein Stapel aufeinander auf-
bauender virtueller Maschinen, von denen nur die unterste

real ist.« Die einzelnen Ebenen sollen nicht miteinander kommunizieren, sind dazu aber in der Lage. Eine solche kybernetische Wabe könnte sogar »aus sich selbst heraus« entstehen, ohne Wissen und Erkennen des Users, der schlußendlich gar nicht feststellen kann, wer sein Partner ist. Man wird unwillkürlich – nicht zu Unrecht – an den Film *Tron* erinnert, in dem es von lebenden Programmen wimmelt. Denkt man all dies weiter, so erscheint die Entwicklung einer für uns neuen Art von Leben im Inneren von Computern nicht mehr abwegig: körperlose Silizium-Kunstwesen aus reinem Geist, die allerdings nicht die Vergeistigung repräsentieren, von der antike Philosophen träumten. Eines steht fest: Der Zug ist ohne Rückfahrkarte zu diesem Ziel unterwegs. Schon heute wagt kein Fachmann mit Sicherheit zu behaupten, daß Cyberspace-Kreaturen dereinst nicht ein Bewußtsein, eine Wissenschaft sowie die Fähigkeit zur eigenständigen Fortpflanzung entwickeln könnten und sich vielleicht sogar zu fragen beginnen, wer ihr Schöpfer sein mag und wieso ihre Realität so inkonsistent ist (was man von unserer auch sagen kann). Haben wir nämlich erst einmal begonnen, in unserem privaten Cyberkosmos nach Belieben als Superhelden, Gespenster, Filmstars, aber auch als tote Gegenstände, Sterne oder was uns eben einfällt, aufzutreten und mitunter auch die Sau herauszulassen, müssen sich die so heimgesuchten Siliziumwesen ein für allemal von einer fixen Realitätsvorstellung verabschieden. Wozu auch wir in unserer seltsamen Welt manchmal gezwungen sind.

Was ist Bewußtsein?

Genug damit. Das Fachgebiet Computer in seiner unüberblickbaren Komplexität soll an dieser Stelle nicht entfaltet werden. Begnügen wir uns damit, daß die uralte Frage »Was ist Leben?«, konkreter »Was ist Bewußtsein?« (die sich bereits im Abschnitt »Denken ohne Gehirn« erhoben hat), um eine neue Dimension erweitert wurde und unter diesem Aspekt ernsthaft diskutiert wird.

Manche Verfechter von Computerbewußtsein und eigenständiger kybernetischer Intelligenz sind davon überzeugt, daß Geist bei einer gewissen Informationsdichte spontan entsteht. Dies erinnert an den Wissenschaftsterminus des »synergetischen Phasenüberganges«, den man bei chemischen Uhren, beim Laser und bei anderen schlagartigen Übergängen von einem Zustand in den anderen – meist in den einer höheren Ordnung und Komplexität – kennt. Solche Spontanübergänge erfolgen bei einem kritischen Schwellenwert. Eine gewisse Informationsdichte könnte durchaus ein solcher Schwellen- und damit Übergangswert vom rechnenden zum *denkenden* Etwas sein.

Science-fiction-Lesern ist solches nicht fremd. Zahlreiche Werke, meist aus der Feder von Wissenschaftlern, befassen sich mit kybernetischen Evolutionen. In der Serie *Raumschiff Enterprise, das nächste Jahrhundert,* Episode *Die Macht der Naniten,* entwickeln sich kybernetische Nano-Organismen (die Naniten), die in Computern Fehler korrigieren sollen, zu einer *echten Lebensform.* Schlußendlich werden sie (wie eine fremde Intelligenz) gleichberechtigt behandelt. In einer weiteren Folge derselben Serie, die den Titel *Sherlock Data Holmes* trägt, erlangt eine vom Computer der Enterprise simulierte Person – der notorische Sherlock-Holmes-Gegner Professor Moriati – eigenständiges Bewußtsein. Er begreift die Situation und beginnt, um seine Existenz zu kämpfen. Ähnlich ist die Episode *Der große Abschied.*

Der Computerwissenschaftler Alexander K. Dewdney schildert in seinem Roman *Das Planiversum – Computerkontakt mit einer zweidimensionalen Welt* ebendiesen. Im Rahmen eines Computerprogramms zur Erforschung der Gesetzmäßigkeiten in zwei Dimensionen melden sich plötzlich Lebewesen aus einem elektronischen »Flachland«. Das Faszinierende an diesem Werk ist, daß es von konkreten physikalischen Prämissen für eine belebte 2-D-Welt im Computer ausgeht, einschließlich zweidimensionaler Technologie, Soziologie und Biologie. Erinnert das nicht irgendwie an den erwähnten träumenden Amstrad-1512-Computer, aus dessen Innerem jemand nach Einschätzung des Computerexperten Ken Hughes mit der Außenwelt Verbindung aufzunehmen versuchte?

Maschinenleben und Maschinenzivilisationen waren immer schon beliebte Themen. Ihre Quintessenz hat der US-Autor James P. Hogan in seinem preisgekrönten Roman *Der Schöpfungscode* bis zur letzten Konsequenz geführt. Außerirdische, selbstreproduzierende Von-Neumann-Automaten stranden auf dem Saturnmond Titan, setzen eine fremdartige Evolution in Gang und bevölkern schließlich ihren Kleinplaneten mit einer anorganischen Zivilisation, die ebenso vielschichtig ist wie die unsere. Weitere Storys von Poul Anderson, John Sladek, Anatoly Dnjeprow und anderen ließen sich aufzählen.

Die letztgenannten Beispiele haben eine Gemeinsamkeit: *Absichtslosigkeit.* Das Ganze ist nicht vorprogrammiert, Eigendynamik ist die Triebfeder. Das muß nicht sein. Ebenso naheliegend wäre die Vorstellung eines gewollten Szenarios wie bei den Cyberwelten.

Welt am Draht

Schon 1964 wies der amerikanische Autor Daniel F. Galouye mit seinem berühmten Roman *Welt am Draht* in diese Richtung. Der Plot beginnt mit einer Krimihandlung Hitchcockschen Zuschnitts. Der Leiter der Forschungsabteilung des auf Kybernetik und Zukunftsforschung spezialisierten Unternehmens TEAG begeht Selbstmord. Sein Nachfolger und engster Mitarbeiter Douglas Hall vermutet mehr hinter dem Todesfall. Während seiner Nachforschungen geschehen unmögliche Dinge. Lynch, der Sicherheitsbeauftragte der TEAG, verschwindet vor Halls Augen. Niemand scheint Lynch je gekannt zu haben. Während rings um Hall die Realität mehr und mehr aus den Fugen gerät, erfährt er schließlich, wie die Dinge tatsächlich liegen: Seine Welt ist eine gigantische Computersimulation, genau wie jene, die von der TEAG mit dem Namen Simulacron errichtet wird, um politische, gesellschaftliche und wirtschaftliche Modelle durchzuspielen. Das erklärt die mysteriösen Wirklichkeitsveränderungen und das Verschwinden von mißliebigen Personen, die rückwirkend gelöscht werden. Ein Aufstieg in die höhere (reale) Welt ist allerdings möglich. Hall schafft dies gerade noch, ehe die Anlage abgeschaltet wird.

Es liegt auf der Hand, daß es bei einem solchen System zu Realitätsbrüchen kommen muß, wenn Tests unter variierenden Bedingungen wiederholt werden. Im Interesse der Gesamtsimulation werden Eingriffe dezent vorgenommen, können aber extreme Formen annehmen, sobald Enttarnung droht.

Galouyes Story wurde von Rainer Werner Faßbinder verfilmt, wobei es zu einem gravierenden Unterschied zwischen Film und Romanvorlage kam. Er besteht nicht darin, daß der Ort der Handlung von den USA in die damalige Bundesrepublik verlegt wurde, sondern in dem Umstand, daß die Hauptfigur des Films am Ende in eine Welt gelangt, die unsere sein soll, während im Roman unsere Welt die Simulation ist (eine Kette ohne Ende?). Speziell dieser Unterschied zwischen Film und Roman wirft ein faszinierendes Licht auf die Realitätsproblematik.

Realitätszusammenbrüche

Halt! Nun muß die Bremse gezogen werden. Ich bin nicht der Ansicht, wir – oder gar das Universum – wären Kreationen eines unvorstellbaren Mega-Mega-Übercomputers im Irgendwo, so verlockend es auch sein mag, die bislang unter die Lupe genommenen Unerklärlichkeiten auf diese Weise zu erklären. Unsere Welt erscheint einfach zu verrückt und der *Homo sapiens* zu mörderisch und zu selbstmörderisch, um von einer Superintelligenz simuliert zu sein. Selbst wenn man so weit geht, all das als Teil eines Programms zu betrachten, das durchspielen soll, wie weit eine heillos irrsinnige Spezies kommen kann, sollten weder der »Geist der Materie« aus dem so übertitelten Abschnitt noch schemenhaft erkennbare verborgene Kräfte und Mächte mit einem außer Rand und Band geratenen Cyberspace-Programmierer gleichgesetzt werden, der Gott spielen will. Das erscheint mir einfach viel zu simpel.

Aufgezeigt werden sollte vielmehr folgendes Dilemma: Wir sind überzeugt, in keinem Simulacron-Universum zu leben – aber können wir dessen jemals *sicher* sein? Anders ausgedrückt: Eine Theorie sagt, daß das Universum sofort verschwindet und durch ein noch bizarreres und unerklärlicheres ersetzt wird, wenn wir entdecken, was es wirklich ist und wozu es wirklich dient. Eine ergänzende Theorie merkt an, daß dies bereits geschehen ist. Remis!

Die Realität ist und bleibt unerkennbar. Es geht uns wie den Protagonisten von James E. Gunns mehrfach ausgezeichnetem Roman *Die Wächter des Glücks*. Diese Wächter sind Computer, die den Menschen das Glück schenken, indem sie ihre Schützlinge lebenslang in einer Nährlösung schwimmend halten und sie mit angenehmen Gedanken und Wohlgefühlen versorgen. Dieses zweifelhafte Paradies wird schließlich von Eindringlingen zerstört, die sich unter der

Bestimmung des Menschen etwas anderes vorstellen. Der letzte Satz des Buches ist charakterisierend für das Problem, mit dem wir uns herumschlagen. Er lautet: »Wie konnten sie sicher sein, daß sie ihn [den glückerzeugenden Roboter] *tatsächlich* besiegt hatten und nicht in einer Zelle eine Illusion erlebten? Die Antwort war: Nie konnten sie sicher sein!«

Damit schließt sich der Kreis. Wir haben die Ungreifbarkeit der Realität von zwei Seiten kennengelernt: von der inneren und der äußeren. Mit der inneren Seite meine ich die erschreckende Leichtigkeit, mit der das menschliche Bewußtsein trotz besseren Wissens in eine künstliche Realität zu verstricken ist (vom simplen schiefen Zimmer im Wiener Prater bis zum wundersamen Cyberspace). Mit der äußeren Seite verbinde ich die Vorstellung, wir könnten Schachfiguren in einer größeren Realität sein – Schachfiguren, mit denen ein überdimensionaler Puppenspieler beziehungsweise mehrere seiner Art nach Lust und Laune umspringen.

Lassen wir zwei Wissenschaftler zu Worte kommen, die über das Wesen des Universums und des Lebens Wesentliches zu sagen haben. Albert Einstein meinte: »Was weiß der Fisch vom Wasser, in dem er schwimmt?« Und der britische Physiologe J. B. S. Haldane: »Das Universum ist nicht seltsamer, als wir uns vorstellen, sondern seltsamer, als wir uns vorstellen *können*.«

Die Wahrheit dürfte – wie so oft – in der Mitte liegen. Wir werden sie wohl nie erfahren, aber wir können abschließend über all das spekulieren und tröstliche Aspekte dankbar zur Kenntnis nehmen.

Nachgedanken: Hoffnung aus dem Unbegreiflichen?

Eine Landkarte ist nicht das Land.

Graf Alfred Korzybski

Es gibt eine unsichtbare Welt, die die sichtbare durchdringt.

Gustav Meyrink, *Das grüne Gesicht*

»Da steh' ich nun, ich armer Tor! Und bin so klug als wie zuvor«, sagt Goethes Faust. Diese lapidare Aussage ist heute nicht weniger zutreffend. Wie sich glaubwürdig gezeigt hat, kann der Mensch trotz seines faustischen Erkenntnisdranges und all seiner immer phantastischer werdenden Mittel bestenfalls huschende Schemen der Wirklichkeit erspähen. Wie die sogenannte Frontpsychose (die bekannte Erscheinung, daß man in einer Situation lauernder Gefahr immer wieder aus den Augenwinkeln eine Bewegung wahrnimmt, beim direkten Hinsehen aber nichts da ist) zeigt sich die Realität und zeigt sich gleichzeitig nicht – ein Phänomen, das interessanterweise in jenen Bereichen am deutlichsten zutage tritt, die uns bis vor kurzem vollkommen verschlossen waren.

Ich spreche von der Welt des ganz Kleinen und des ganz Großen. Dort, im Subatomaren und in den Tiefen des Kosmos, scheint die Realität ihre Karten noch am ehrlichsten auf den Tisch zu legen. Wie der Abschnitt »Der Geist der Materie« beweist, können wir diese Karten zwar nach wie vor nicht begreifen, aber wenigstens wahrnehmen. Paradoxe Wissenschaft *ist* der Widerschein einer paradoxen Realität, daran führt kein Weg vorbei. Schrödingers Katze hat mehr Substanz, als dem gesunden Menschenverstand lieb ist, und eine funktionierende Zeitmaschine – die Albert Einstein für möglich hielt – würde ausreichen, um der stabilen Realität den Garaus zu machen. Vielleicht ist das bereits geschehen. Naturgemäß können nur wenige mit alldem etwas anfangen. Dazu bedarf es der Intuition eines Albert Einstein, der zum Beispiel 1907 jäh erkannte, daß ein Mensch, der vom Dach fällt, gleichzeitig in Ruhe und in Bewegung ist und keine Schwerkraft verspürt, und der aus dieser abstrakten Einsicht die allgemeine Relativitätstheorie entwickelte. Solche Heureka-Erlebnisse dürften rar bleiben. Das Zwischenspiel »Der Geist der Materie« kann vielleicht dazu beitragen, sie auf allen Ebenen zu fördern. Wenn wir erst einmal verdaut haben, daß Licht *gleichzeitig* kontinuierlich und unterbrochen sein kann, daß Elementarteilchen entweder rege Kommunikation miteinander betreiben oder zu einem unfaßbaren größeren Ganzen gehören, daß Materie und Energie nur Chiffren für Unbegreifliches sind, daß die Zukunft die Vergangenheit verändern kann, daß nichts da ist, wenn keiner hinsieht, daß Bewußtsein in den Tiefen der Atome herumzuspuken scheint, daß die Naturgesetze sich je nach Beobachtungsmethode so oder so präsentieren – dann, ja dann können wir mit Fug und Recht Ungereimtheiten auf der irdischen Ebene, ja sogar im Alltag erwarten.

Solchen Ungereimtheiten haben wir nachgespürt und einige recht handfeste entdeckt, die mit schöner Regelmäßigkeit unter den Teppich gekehrt werden. Dieses Potpourri ist ohne Zweifel nur ein winziger Ausschnitt. Dessenungeachtet soll, nein, muß es zu denken geben, daß rings um den Globus Orte existieren, auf denen unsichtbare »Betreten verboten«-

Schilder stehen, daß Selbstverbrennung und Tierverstümmelung weitergehen und neue Aspekte an den Tag legen, daß Gegenstände aller Art ein bizarres Eigenleben entfalten, daß, kurzum, *alles lebt*, daß die Zeit kein steter Fluß, sondern ein Zickzackkurs ist, daß der menschliche Geist sich vom Körper lösen und auch ohne Gehirn rege arbeiten kann, daß wir eine Reihe von unglaublichen Fähigkeiten besitzen, daß die Tiere alles andere als dumme Lebewesen sind, daß hinter der Weltbühne Ungeheuerliches vor sich gehen könnte, daß überall auf der Erde anachronistische Zeugnisse zu finden sind, daß Geheimwissen kein Humbug sein muß, daß die Wirklichkeit in vielerlei Hinsicht eine private Sache ist …

Ein ganz schönes Paket, aber, so mag man versucht sein zu fragen, was bringt das? Auch wenn wir uns vom klassischen Schulweltbild verabschieden, leben wir trotz allem als verkorkste, bestialische Menschheit auf einer verkorksten, zugrunde gehenden Erde. Gibt es Aussicht auf eine Apotheose, die uns dereinst über den gegenwärtigen Sumpf an Abscheulichkeiten erhebt? Befinden wir uns vielleicht in einer Übergangsphase, auf die der Ausspruch von Konrad Lorenz zutrifft: »Die Verbindung von Affe und Mensch sind wir«?

Oder, um eine bekannte Parabel zu zitieren: Ein Psychologe will herausfinden, was ein Schimpanse tut, wenn er nicht beobachtet wird. Der Psychologe läßt den Schimpansen allein und blickt durch das Schlüsselloch – direkt in ein braunes Auge. Der Schimpanse wollte nämlich auch wissen, was der Psychologe tut, wenn er nicht beobachtet wird. Die Frage, die sich dabei stellt, lautet: Auf welcher Seite der Tür befinden *wir* uns?

Auch der 1989 verstorbene Hoimar von Ditfurth, dem man weder haltlose Spekulation noch Neigung zum Okkultismus nachsagen kann, hielt den *Homo sapiens* für ein Geschöpf des

Übergangs. Davon ausgehend versuchte sich Ditfurth an einer wissenschaftlichen Theorie über das Unbekannte, die sogar das Jenseits einschließt. Basierend auf dem resignativen Eingeständnis der Wissenschaft, daß die Welt mehr Dimensionen aufweist, als wir mit unseren Sinnen und unserem derzeitigen Verstand erfassen können (ich verweise nochmals auf »Der Geist der Materie«), unsere Wirklichkeit also nur ein winziger Ausschnitt einer nicht darstellbaren Überwelt ist, prognostizierte Ditfurth unser Hineinevolvieren in diese Überwelt. Da in unserer Gehirnrinde auch weiterhin neue Zentren mit nicht absehbaren Funktionen entstehen, erscheint eine solche Voraussage legitim. Nach Hoimar von Ditfurth verwandelt unsere akkumulierende Erkenntnisfähigkeit laufend Transzendenz in subjektive Wirklichkeit. Er vertrat diese Ansicht in seinem Buch *Wir sind nicht nur von dieser Welt* wie auch bei einem Gespräch im Bayerischen Fernsehen mit den Worten: »Der Geist entstand nicht in unseren Köpfen. Er war immer schon da.«

Unser anwachsender Geist rückt demnach nicht ins Leere vor, sondern in Bereiche der Welt, die uns heute noch verschlossen sind (anderen möglicherweise aber nicht). Damit erscheint die alte philosophische Forderung, aus der Form einer Vogelfeder die aerodynamischen Bedingungen der Welt, aus diesen den planetaren Aufbau, die Struktur des Sonnensystems und schlußendlich das Wesen des Universums ableiten zu können, in neuem Licht.

Das mag ein Trost für kommende Generationen sein. Bei persönlichen Sorgen, Zukunftsängsten, ja nicht einmal bei Zahnschmerzen nützt er wenig. Wir sind dem stofflichen Bereich so sehr verbunden, daß wir uns von ihm weder lösen noch registrieren können, was jenseits seiner engen Grenzen liegt. Mehr als die Fußabdrücke des Unerklärlichen vermögen wir nicht zu erhaschen, und das nur mit allergrößter Anstrengung, da wir von der klassischen Wissenschaft und von der Gesellschaft aufs Wegschauen konditioniert werden.

Diese Konditionierung kann auch die Lektüre eines Stapels von Büchern wie das vorliegende kaum durchbrechen. Trotzdem scheint mir der Wert horizonterweiternden Denkens unbestreitbar. Einfach als innere Haltung. Die kommenden Jahre warten mit Herausforderungen auf, denen man mit Gedankengängen von gestern und heute kaum gewachsen sein wird. Je bereitwilliger wir die Welt als Schein einer übergeordneten Realität betrachten, die die unsere da und dort durchdringt und dabei unerklärliche Phänomene der unterschiedlichsten Art produziert, desto besser sind wir gerüstet.

Akzeptieren wir, Teile eines absurden Theaterstücks zu sein, in dem nur wenige Mitspieler auf der Bühne stehen, Drehbuchautor und Regisseur jedoch völlig verborgen sind. Auch wenn eine solche Einstellung konkrete Sorgen nicht beheben kann, so mag sie Probleme gelegentlich in eine andere Perspektive rücken und damit lindern.

Vielleicht sind wir in einem grenzenlosen und feindlichen Universum doch nicht grenzenlos verlassen und entbehrlich. Die eisige Sinnlosigkeit eines materialistischen Daseins voller unvernünftiger Vernunft, Sorgen und Elend und mit seinem absehbaren Ende *muß* vielleicht doch nicht die Quintessenz *von allem* sein. Zudem müssen wir uns als Individuum mit eigenen Wünschen und Vorstellungen in diesem unbegreiflichen Kosmos nun einmal zurechtfinden. Wenn wir ihn als unbegreiflich, aber nicht zwangsläufig als stumpfsinnig, grausam und verkommen hinnehmen, wird der Schmerz vielleicht dann und wann doch geringer. Über diese Betrachtungsweise nachzudenken lohnt sich zweifellos. Es ist nun einmal alles unsicher und wird es immer bleiben. Wir können weder das Optimist-Pessimist-Dilemma lösen, das da lautet: »Der Optimist glaubt, wir leben in der besten aller möglichen Welten, und der Pessimist fürchtet, daß es *tatsächlich so* ist«, noch die philosophische Frage beantworten, ob wir und das Universum erst eine Sekunde alt sind und uns alles andere nur vorgetäuscht wird (womit der berühmte »Genesis-Stein« vom Mond – getreu der Beobachterhypothese – nicht wirklich 4,3 Milliarden Jahre auf dem Buckel hat, sondern erst zu existieren begann, als ihn der Astronaut erblickte).

Trösten wir uns einfach zum Abschluß mit dem Satz aus Stanislaw Jerzy Lecs *Unfrisierte Gedanken 1977:* »Erwartet euch nicht zuviel vom Weltuntergang.«

Literatur

TEIL I:
HINTER DEN GRENZEN DES BEGREIFENS

Spielball des Unbekannten

Paul Begg: *Into Thin Air* (North Pomfret 1979)

Charles Berlitz: *Die Welt des Unbegreiflichen – Erlebnisse mit einer anderen Dimension* (München 1990)

– *Unglaublich* (München 1989)

Johannes von Buttlar: *Drachenwege* (München 1990)

Allen Churchill: *They Never Came back* (New York 1960)

Arthur C. Clarke's Chronicle of the Strange and the Mysterious (New York 1987)

R. De Witt Miller: *Impossibe – yet it happened* (New York 1947)

Viktor Farkas: *Unglaublich, aber wahr! Das große Buch der unerklärlichen Phänomene* (München 1991)

The Complete Books of Charles Fort (New York 1974)

Gould/Pyle: *Anomalies and Curiosities of Medicine* (New York 1937)

Michael Harrison: *Vanishings* (London 1981)

– *Fire from Heaven* (London 1977)

Mack/Harwood/Riley: *The World of the Unexplained* (London 1984)

Michell/Rickard: *Phenomena* (London 1977)

Jenny Randles: *Mind Monsters* (Wellingborough 1990)

G. Rattray-Taylor: *A Natural History of the Mind* (Grafton 1981)

Eric Frank Russel: *Great World Mysteries* (London 1957)

W. H. Watkins: *Preternatural Inflammablitiy of the Human Body* (New Orleans 1870)

Verzauberte Objekte – beseelte Dinge

Charles Berlitz: *Die Welt des Unbegreiflichen – Erlebnisse mit einer anderen Dimension* (München 1990)

C. G. Dettelbach: *In the Driver's Seat* (Westport 1976)

Viktor Farkas: *Esoterik – eine verborgene Wirklichkeit* (Frankfurt 1990)

John Fuller: *The Ghosts of Flight 401* (New York 1978)

R. Garretti: *Flight into Mystery* (London 1986)

Geller/Playfair: *Der Geller-Effekt* (Genf 1986)

J. Keats: *The insolent Chariots* (New York 1958)

George Langelaan: *Die unheimlichen Wirklichkeiten* (Bern 1969)

Ernst Meckelburg (Hrsg.): *Unheimlich, unglaublich, ungeheuerlich* (Frankfurt 1990)

H. Perkin: *The Age of the Automobile* (London 1976)

L. E. Rhine: *Mind over Matter* (New York 1970)

Lyall Watson: *The Nature of Things – The Secret Life of Inanimate Objects* (Sevenoaks 1990)

– *Beyond Supernature* (London 1986)

Robert Anton Wilson: *The Science of the Impossible* (New York 1969)

Zwischenspiel: Der Geist der Materie

Friedrich Bestenreiner: *Der phantastische Spiegel* (München 1988)

Davies/Brown (Hrsg.): *Der Geist im Atom* (Basel 1988)

Jean E. Charon: *Der Geist der Materie* (Wien 1979)

Viktor Farkas: *Unerklärliche Phänomene – jenseits des Begreifens* (Frankfurt 1988)

Nick Herbert: *Jenseits der neuen Physik* (Basel 1987)

Rudy Rucker: *Der Ozean der Wahrheit* (Frankfurt 1988)

Erwin Schrödinger: *Geist und Materie* (Wien 1986)

Michael Talbot: *Jenseits der Quanten* (München 1990)

Felix Weber: *Der Kosmos tanzt* (Basel 1983)

Martin Ebon: *Können wir in die Zukunft sehen?* (München 1984)

Hall/King: *Zukunftsvisionen* (Mannheim 1979)

Michael Harrison: *Vanishings* (London 1981)

Jeremy Kingston: *Rätselhafte Begebenheiten* (Mannheim 1979)

Walter Lord: *A Night to Remember* (New York 1955)

Ernst Meckelburg: *Zeittunnel – Reisen an den Rand der Ewigkeit* (München 1991)

Ernst Meckelburg (Hrsg.): *Unheimlich, unglaublich, ungeheuerlich* (Frankfurt 1990)

– *Traumsprung* (München 1993)

Stewart Robb: *Strange Prophecies that came true* (New York 1973)

Emil-Heinz Schmitz: *Das Zeit-Rätsel* (Genf 1979)

Michael Shallis: *On Time* (Harmondsworth 1982)

Michael Talbot: *Jenseits der Quanten* (München 1990)

Wallechinsky/Wallace/Wallace: *The Book of Predictions* (London 1981)

Lyall Watson: *Beyond Supernature* (London 1986)

Colin Wilson: *Beyond the Occult* (London 1988)

Danah Zohar: *Through the Time Barrier* (London 1983)

TEIL II:
RÄTSEL DES LEBENDIGEN

Wunderwesen Mensch: Frei von den Banden der Materie

Andreas/Kilian: *Die phantastische Wissenschaft* (Düsseldorf 1973)

– *Unglaublich, aber wahr* (Stuttgart 1976)

Charles Berlitz: *Unglaublich* (München 1989)

– *Die Welt des Unbegreiflichen* (München 1990)

Johannes von Buttlar: *Drachenwege* (München 1990)

Robert A. Monroe: *Der zweite Kaiser* (München 1987)

Michael Talbot: *Jenseits der Quanten* (München 1990)

Lyall Watson: *Beyond Supernature* (London 1986)

Colin Wilson: *Mysteries* (St. Alban 1978)

– *Beyond the Occult* (London 1988)

Robert Anton Wilson: *Die Illuminati Papiere* (Reinbek 1983)

Wunderwesen Mensch: Denken ohne Gehirn

Charles Berlitz: *Die Welt des Unbegreiflichen* (München 1990)

– *Unglaublich* (München 1989)

R. De Witt Miller: *Stranger Than Life* (New York 1955)

Dr. Gustave Geley: *From the Conscious to the Unconscious*
(o. O. 1920)

Roger Lewin: *Is Your Brain Really Necessary?* (Washington 1980)

George A. Miller: *When we Think What Thinks?* (New York 1984)

Popper/Eccles: *Das Ich und sein Gehirn* (München 1990)

Anthony Smith: *The Mind* (New York 1984)

Wunderwesen Mensch: Den Göttern gleich?

Charles Berlitz: *Die Welt des Unbegreiflichen* (München 1990)

– *Unglaublich* (München 1989)

Werner F. Bonin (Hrsg.): *Lexikon der Parapsychologie*
(Herrsching 1984)

Das Beste: Verblüffend, phantastisch, unglaublich (Stuttgart 1990)

R. De Witt Miller: *Impossible – yet it happened* (New York 1947)

Fairley/Welfare: *Arthur C. Clarke's World of Strange Powers*
(London 1985)

Vincent H. Gaddis: *Mysterious Fires and Lights* (New York 1967)

John Godwin: *This Baffling World* (New York 1968)

Stuart Gordon: *The Paranormal – An Illustrated Encyclopedia*
  (London 1992)
Brian Inglis: *The Hidden Power* (London 1986)
Muses/Young: *Consciousness and Reality* (New York 1972)
Francis X. King: *The Encyclopedia of Mind, Magic and Mysteries*
  (London 1991)
Lynn Pickett: *The Complete Guide to the Unexplained* (London 1990)
Harry Price: *Fifty Years of Psychical Research* (New York 1975)
Michael Talbot: *Mystik und neue Physik* (München 1989)
Colin Wilson: *Mysteries* (St. Alban 1978)
Ian Wilson: *The Bleeding Mind* (London 1991)
– *Faszination des Unfaßbaren* (Stuttgart 1983)

*Tiere mit übermenschlichen Fähigkeiten und
Geschöpfe aus dem Anderswo*

A. E. Abbot: *Encyclopedia of the Occult Sciences* (London 1976)
Andreas/Kilian: *Die phantastische Wissenschaft* (Düsseldorf 1973)
Charles Berlitz: *Unglaublich* (München 1989)
– *Die Welt des Unbegreiflichen* (München 1990)
Werner F. Bonin (Hrsg.): *Lexikon der Parapsychologie*
  (Herrsching 1984)
Carsten C. Bresch: *Zwischenstufe Leben* (München 1977)
R. De Witt Miller: *Forgotten Mysteries* (New York 1947)
Martin Ebon: *Können wir in die Zukunft sehen?* (München 1984)
Frank Edwards: *Stranger than Science* (London 1963)
– *Strangest of All* (New York 1962)
Fairley/Welfare: *Arthur C. Clarke's World of Strange Powers*
  (London 1985)
Viktor Farkas: *Esoterik – eine verborgene Wirklichkeit* (Frankfurt 1990)
Farkas/Krassa: *Lasset uns Menschen machen* (München 1985)
H. Gerloff: *Das Medium Carlos Mirabelli* (Bayerisch Gmain 1960)

Stuart Gordon: *The Paranormal – An Illustrated Encyclopedia*
(London 1992)

Michael Harrison: *Vanishings* (London 1981)

Tim Healey (Ed.): *Strange but true – the world's weirdest newspaper stories* (London 1984)

Francis Hitching: *Die letzten Rätsel unserer Welt* (Frankfurt 1982)

Günter Karweiner: *Der sechste Sinn der Tiere* (Hamburg 1982)

John C. Lilly: Im *Zentrum des Zyklons* (Frankfurt 1976)

Mackl/Harwood/Riley: *The World of the Unexplained* (London 1984)

Michell/Rickard: *Ungelöste Rätsel der Tierwelt* (Augsburg 1993)

Oskar Pfungst: *Clever Hans, The Horse of Mr. von Osten*
(New York 1965)

Lynn Pickett: *The Encyplopedia of the Paranormal* (London 1990)

Ivan T. Sanderson: *Things and More Things* (New York 1967)

Peter Schwertner: *PSI im Tierreich* (Hannover 1984)

V. J. Stanek: *The Pictorial Encyclopedia of the Animal Kingdom*
(New York 1973)

Michael Talbot: *Jenseits der Quanten* (München 1990)

Lyall Watson: *Beyond Supernature* (London 1986)

– *Lifetide* (New York 1980)

Paul Watzlawick: *Wie wirklich ist die Wirklichkeit?* (München 1976)

Colin Wilson: *Beyond the Occult* (London 1988)

Wilson/Grant: *The Directory of Possibilities* (London 1982)

Wilson/Holroyd: *Rätsel des menschlichen Geistes* (Mannheim 1979)

TEIL III:
DAS UNDENKBARE

Hinab ins Meer der Phantasie

Edgar Allan Poe: *Unterredung mit einer Mumie und andere phantastische Geschichten* (Wien 1947)

Gary Allen: *Die Rockefeller-Papiere* (Wiesbaden 1978)

– *Die Insider* (Wiesbaden 1980)

Peter Blackwood: *Die Netzwerke der Insider* (Leonberg 1986)

Walter Bowart: *Operation Mind Control* (New York 1978)

William Bramley: *Die Götter von Eden – Eine neue Betrachtung der Menschheitsgeschichte* (Burggen 1990)

J. H. Brennan: *Occult Reich* (Aylesbury 1974)

Ernst Burkel (Hrsg.): *Der Aids-Komplex – Dimension einer Bedrohung* (Frankfurt 1988)

E. R. Carmin: *»Guru« Hitler* (Zürich 1985)

David St. Clair: *The Psychic World of California* (New York 1972)

John Coleman (Dok.): *Conspirators' Hierarchy* (Carson City 1989)

F. William Engdahl: *Mit der Ölwaffe zur Weltmacht* (Wiesbaden – Nordenstadt 1992)

Hans und Michael Eysenck: *Der durchsichtige Mensch – wie uns Psychologen sehen* (München 1983)

Marilyn Ferguson: *The Aquarian Conspiracy* (London 1981)

Robert Gallo: *Die Jagd nach dem Virus* (Frankfurt 1991)

Carol Greene: *Mörder aus der Retorte* (Wiesbaden – Nordenstadt 1992)

Des Griffin: *The Missing Dimension in World Affairs* (Pasadena 1981)

L. R. Groves: *Now it can be told* (New York 1962)

Werner Heisenberg: *Ordnung der Wirklichkeit* (München 1989)

Jost Herbig: *Kettenreaktionen – Das Drama der Atomphysiker* (München 1976)

Donald Holmes: *Die Verschwörung der Illuminaten* (München 1989)

Aldous Huxley: *Schöne neue Welt* (Leipzig 1932)

– *Die Pforten der Wahrnehmung* (München 1995)

E. W. Kemmerer: *ABC of the Federal Reserve System* (Princeton 1919)

Stephen Knight: *The Brotherhood* (London 1985)

Erwin Erasmus Koch: *Das Feuer der Sterne* (Berlin 1958)

Dr. med. Michael G. Koch: *AIDS – die lautlose Explosion*
(Baden-Baden 1988)

Lamamer/Sidla: *UFO-Geheimhaltung* (München 1995)

Lee/Shlain: *Acid Dreams. The CIA, LSD and the Sixties Rebellion*
(New York 1985)

F. Lewis: *One of our H-Bombs is missing* (New York 1967)

H. Malitz: *AIDS – die unbesiegbare Seuche* (Bad Nenndorf 1992)

John Marks: *The CIA and Mind Control* (New York 1979)

Mullings/Bohlinger: *Die Bankiersverschwörung* (Struckum 1980)

Pauweis/Bergier: *The Morning of the Magicians* (New York 1968)

Piller/Yamamoto: *Der Krieg der Gene – Das Militär und
die Gentechnik* (Hamburg 1989)

John Ranelagh: *The Agency: The Rise and Decline of the CIA*
(New York 1983)

John Rappoport: *AIDS Inc. – Scandal of the Century* (Forster City
1988)

Theodore Roszak: *The Making of a Counter Culture* (New York 1968)

Mark Satin: *New Age Politics* (New York 1979)

Hermann und Georg Schreiber: *Geheimbünde von der Antike
bis heute* (Augsburg 1992)

Hans See: *Kapitalverbrechen – Die Verwirtschaftung der Moral*
(Düsseldorf 1990)

Sheflin/Opton jr.: *The Mind Manipulators: A Non-Fiction Account*
(London 1978)

Anthony C. Sutton: *Wall Street and the Rise of Hitler*
(Seal Beach 1976)

G. R. Taylor (Comp.): Vom *Faustkeil zum Laserstrahl*
(Stuttgart 1982)

R. T. Taylor: *Hot Money and the Politics of Debt* (London 1987)

Edward Teller: *Die dunklen Geheimnisse der Physik* (München 1993)

Nick Tosches: *Die Geschäfte mit dem Vatikan – Die Affäre Sidona*
(München 1989)

Jacques Vallé: *Enthüllungen* (Frankfurt 1994)

Peter Watson: *War and the Mind* (New York 1977)

Tim Weiner: *Files and Whispers: The CIA opens its Safe*
(New York 1993)

– *Blank Check – The Pentagon's Black Budget* (New York 1991)

Peter Wendling: *Die Unfehlbaren – die Geheimnisse exklusiver Klubs,
Logen und Zirkel* (Zürich 1991)

David Y. Yallop: *Im Namen Gottes?* (München 1984)

Und wenn alles ganz anders wäre?

A. E. Abbot: *Encyclopedia of the Occult Sciences* (London 1986)

Isaac Asimov: *Der Tausendjahresplan* (München 1966)

Bauco/Millocca: *Das Geheimnis des Pendels entschlüsselt*
(München 1990)

Richard Breuer: *Die Pfeile der Zeit* (München 1984)

John Buchan (Lord Tweedsmuir): *The Powerhouse* (London 1908)

Cassiel: *Encyclopedia of Forbidden Knowledge* (London 1990)

William Corliss: *A Handbook of Puzzling Artifacts* (Glen-Arm 1990)

Michael Crichton: *Electronic Life* (Reinbek bei Hamburg 1984)

W. B. Crow: *A History of Magic, Witchcraft & Occultism*
(London 1968)

Ulrich Dopatka: *Lexikon der außerirdischen Phänomene*
(Bindlach 1992)

Hubert L. Dreyfus: *Die Grenzen der künstlichen Intelligenz*
(Königstein/Ts. 1985)

Frank Edwards: *Stranger than Science* (London 1963)

Jim Garrison: *Wer erschoß John F. Kennedy?*
(Bergisch Gladbach 1992)

Fred Gettings: *Encyclopedia of the Occult* (London 1986)

Amit und Maggis Goswami: *The Cosmic Dancers* (New York 1983)

Douglas R. Hofstadter: *Gödel, Escher, Bach* (Stuttgart 1985)

Hofstadter/Dennet: *Einsicht ins Ich* (Stuttgart 1986)

Donald Holmes: *Die Verschwörung der Illuminaten*
(München 1989)

Lincoln/Baigent/Leigh: *Der Tempel und die Loge*
(Bergisch Gladbach 1990)

– *Der Heilige Gral und seine Erben* (Bergisch Gladbach 1984)

– *Das Vermächtnis des Messias* (Bergisch Gladbach 1987)

Horst E. Miers: *Lexikon des Geheimwissens*
(Freiburg im Br. 1970)

Richard Mooney: *Colony Earth* (Greenwich 1975)

Talbot Mundy: *The Nine Unknown* (New York 1924)

Rene Noorbergen: *Secret of the lost Races* (London 1978)

Pauwels/Vergier: *The Morning of the Magicians* (New York 1986)

Ricardo Riso: *Die neun Typen der Persönlichkeit und das Enneagramm*
(München 1989)

Ernest Scott: *Die Geheimnisträger – Auf den Spuren der verborgenen
Baumeister der Evolution* (München 1989)

Walter Stace: *Mysticism and Philosophy* (London 1960)

Thompson/Cremo: *Verbotene Archäologie* (Essen 1993)

– *Geheimnisvolle Kultur der Osterinsel* (Mainz 1993)

Joseph Arnold Toynbee: *Menschheit und Mutter Erde –
Die Geschichte der großen Zivilisationen* (Düsseldorf 1979)

Lyall Watson: *Geheimes Wissen* (Frankfurt 1976)

H. G. Wells: *Die Geschichte unserer Welt* (Wien 1926)

Neal Wilgus: *The Illuminoids* (New York 1979)

Bryn Williams (Hrsg.): *Die Kunst der Selbstverteidigung*
(Zollikon 1976)

– *The Secret Art of Bruce Lee* (New Yersey 1976)

Colin Wilson: *Mysteries* (St. Alban 1978)

– *Beyond the Occult* (London 1988)

Robert Anton Wilson: *The Science of the Impossible*
(New York 1969)

William F. Allmann: *Von der Gehirnforschung zur nächsten Computer-generation* (München 1990)

Margret A. Boden: *Die Flügel des Geistes – Kreativität und Künstliche Intelligenz* (München 1992)

Alexander K. Dewdney: *Das Planiversum – Computerkontakt mit einer zweidimensionalen Welt* (Wien 1985)

Hoimar von Ditfurth: *Wir sind nicht nur von dieser Welt* (Hamburg 1981)

Bothe/Engel: *Die Evolution entläßt den Geist des Menschen* (Frankfurt 1993)

Viktor Farkas: *Das SF-Quizbuch 1984, Fragen und Antworten aus Science-fiction und Fantasy* (München 1984)

Daniel F. Galouye: *Welt am Draht* (München 1965)

John Gribbin: *In Search of Schrödinger's Cat* (London 1985)

James E. Gunn: *Die Wächter des Glücks* (Rastatt 1966)

Raymond Kurzweil: *Das Zeitalter der künstlichen Intelligenz* (München 1993)

Brunak/Lautrup: *Neuronale Netze – Die nächste Computerrevolution* (München 1993)

Lawrence LeShan: *Von Newton zu PSI – Neue Dimensionen im Umgang mit der Wirklichkeit* (Reinbek bei Hamburg 1986)

Steven Levy: *KL – Künstliches Leben aus dem Computer* (München 1993)

Norbert Lossau: *Neuronale Netzwerke – Wenn Computer denken lernen* (Frankfurt 1992)

McNeill/Freiberger: *Fuzzy Logic* (München 1994)

Hans Moravec: *Mind Children – Der Wettlauf zwischen menschlicher und künstlicher Intelligenz* (Hamburg 1990)

Clifford A. Pickover: *Mit den Augen des Computers – Phantastische Welten aus dem Geist der Maschine* (Haar bei München 1992)

David Ritchie: *Gehirn und Computer – Die Evolution einer neuen Intelligenz* (Stuttgart 1984)

John A. Searle: *Die Wiederentdeckung des Geistes* (München 1993)

Lawrence Stevens: *Auf der Suche nach der künstlichen Intelligenz – Wege zur perfekten Maschine* (Landsberg am Lech 1985)

Felix Weber: *Die schnellen JA/NEIN-Sager – Über Dasein und Tätigkeit der Computer* (Basel 1987)

Benjamin Woolley: *Die Wirklichkeit der virtuellen Welten* (Basel 1994)

Ferner dienten Zeitschriften und Periodika als Quellenmaterial.

Das Zitat auf S. 186/188 stammt aus dem Buch »Jenseits der Quanten« von Michael Talbot, © der deutschen Übersetzung by Wilhelm Heyne Verlag GmbH & Co. KG, München, übersetzt von Ursula Fassbender.
Veröffentlichung mit freundlicher Genehmigung der Paul & Peter Fritz AG, Zürich.

Namen- und Sachregister